高等职业技术教育土建类专业“十三五”规划教材

建设工程项目管理与实训

主　编　赵漫宇　高盛廷

武汉理工大学出版社
·武　汉·

内 容 简 介

“建设工程项目管理与实训”是建筑施工及工程管理类专业的必修课程，是讲述如何对建设工程项目施工全过程实施科学有效的管理，研究建设工程项目管理一般方法和规律的一门综合性学科。本书共分九个项目，主要内容包括：建设工程项目管理概论、建设工程项目管理组织与实训、建设工程项目招投标及合同管理、建设工程项目施工安全与实训、建设工程项目质量控制与实训、建设工程项目进度控制与实训、建设工程项目成本控制与实训、建设工程项目风险管理与实训、BIM建筑信息模型简介。

本书可作为高等职业技术院校建筑施工技术专业、工程管理专业、工程造价专业的通用教材，也可作为土建类各相关专业的选用教材及行业岗位培训教材。

图书在版编目(CIP)数据

建设工程项目管理与实训/赵漫宇，高盛廷主编. —武汉：武汉理工大学出版社，2018.8
ISBN 978-7-5629-5867-3

Ⅰ.①建… Ⅱ.①赵… ②高… Ⅲ.①基本建设项目-项目管理-教材 Ⅳ.①F284

中国版本图书馆CIP数据核字(2018)第181855号

项目负责人：张淑芳　戴皓华　　**责任编辑**：戴皓华
责任校对：刘　凯　　**装帧设计**：芳华时代
出版发行：武汉理工大学出版社
社　　址：武汉市洪山区珞狮路122号
邮　　编：430070
网　　址：http://www.wutp.com.cn
经　　销：各地新华书店
印　　刷：京山德兴印刷有限公司
开　　本：787×1092　1/16
印　　张：13
字　　数：325千字
版　　次：2018年8月第1版
印　　次：2018年8月第1次印刷
印　　数：2000册
定　　价：32.00元

凡购本书，如有缺页、倒页、脱页等印装质量问题，请向出版社发行部调换。
本社购书热线电话：(027)87785758　87381631　87165708(传真)

前　言

本书根据教育部《国家中长期教育改革和发展规划纲要》(2010—2020)、《国家高等职业教育发展规划》等文件要求，全面按照高职土建类专业教学计划及教学大纲组织编写而成。全书紧紧围绕高职高专土建类专业的人才培养方案，以“必需、够用”为度，以“实用”为准，关注现代理论与实践的发展趋势及专业发展动向，及时吸收专业前沿知识，不断进行内容更新。全书按照项目导向、任务驱动的教学模式构建知识体系，注重实践技能的培养，突出实用性。

本书具有以下特点：重视任务的驱动引导作用，使学生明确建设工程项目管理的学习目标，掌握学习方法；及时引入学科最新发展成果，更新、充实内容；正确处理教材内容的基础性和先进性的关系，突出针对性和实用性，便于学生学习。本书共分九个项目，主要内容包括：建设工程项目管理概论、建设工程项目管理组织与实训、建设工程项目招投标及合同管理、建设工程项目施工安全与实训、建设工程项目质量控制与实训、建设工程项目进度控制与实训、建设工程项目成本控制与实训、建设工程项目风险管理与实训、BIM 建筑信息模型简介。

本书引用了大量有关专业文献和资料，未在书中一一注明出处，在此对有关文献的作者一并表示感谢。本书由天津滨海职业学院赵漫宇、高盛廷担任主编并统稿。

由于编者水平有限，加之时间仓促，难免存在错误与不足之处，恳请读者批评指正！

编　者

2018 年 6 月

目　　录

项目1　建设工程项目管理概论

【教学目标】

1. 熟悉工程项目的分类；
2. 掌握建设工程项目的概念及特点；
3. 掌握建设工程项目管理的类型、任务。

【教学目标】

能结合任务背景，熟悉工程项目管理的特点，掌握建设工程项目管理的类型和任务。

任务1.1　项目及工程项目

任务背景

2004年6月22日，人类首次将铁路铺入世界屋脊上的西藏(图1.1)，翻越这一带的铁路最高点海拔将超过5070m。当时，青藏线估算总投资为194亿元(甘藏线为638.4亿元，滇藏线为635.91亿元，川藏线为767.87亿元)，以我国的科技水平、施工水平和国家财力，进藏铁路首先选择续建青藏铁路。

图1.1　青藏铁路——世界上海拔最高的铁路

【工作任务】

试列举生活中遇到的一些项目。

【任务目标】

1. 熟悉项目的概念。
2. 熟悉工程项目的特点。
3. 能够列举生活中遇到的一些项目。

相关知识

1.1.1 项目的定义

“项目”一词已越来越广泛地被人们应用于社会经济和文化生活的各个方面。人们经常用“项目”来表示一类事物。“项目”定义很多，许多管理专家都企图用简单通俗的语言对项目进行抽象性概括和描述。许多文献常引用 1964 年 Martino 的定义：“项目为一个具有规定开始和结束时间的任务，它需要使用一种或多种资源，具有许多个为完成该任务（或者项目）所必须完成的互相独立、互相联系、互相依赖的活动。”

但是，这个定义还不能将项目与人们常见的一些生产过程相区别。所以人们常通过对项目的特征描述予以定义，例如《质量管理 项目管理质量指南》(ISO 10006)定义项目为，“具有独特的过程，有开始和结束日期，由一系列相互协调和受控的活动组成。过程的实施是为了达到规定的目标，包括满足时间、费用和资源等约束条件”。

德国国家标准《项目控制・项目管理・管理》(DIN 69901)将项目定义为，“项目是指在总体上符合如下条件的具有唯一性的任务（计划）：

具有预定的目标；

具有时间、财务、人力和其他限制条件；

具有专门的组织。”

项目：是一件事情、一项独一无二的任务，也可以理解为是在一定的时间和一定的预算内所要达到的预期目的。

项目侧重于过程，它是一个动态的概念。

1.1.2 项目的广义性

在现代社会生活中符合上述定义的“任务”“项目”是很普遍的，最常见的有：

各类开发项目，如资源开发项目、地区经济开发项目、小区开发项目、新产品开发项目；

各种建设工程项目，如各类工业与民用建筑工程、城市基础设施建设、机场工程、港口工程、高速公路工程；

各种科研项目，如基础科学研究项目、应用研究项目、科技攻关项目等；

各种环保和规划项目，如城市环境规划、地区规划等；

各种社会项目，如星火计划、希望工程、申办奥运会、人口普查、社会调查、举办体育运动会等；

各种投资项目，如银行的贷款项目、政府及企业的各种投资和合资项目等；

各种国防项目，如新型武器的研制、“两弹一星”工程、航空母舰的制造、航天飞机计划、国防工程等；

安排一个演出活动、开发和介绍一种新产品、策划一场婚礼、设计和实施一个计算机系统、进行工厂的现代化改造、主持一次会议等这些在我们日常生活中经常可以遇到的一些事情都可以称为项目。

从上述可见，项目已渗入了社会的经济、文化、军事的各个领域，社会的每一层次和每一角落。随着我国社会经济的发展,项目也将会越来越广泛。

1.1.3 项目的分类

按照项目的性质,项目可分为军事项目、工业项目、农业项目、IT 项目、建设工程项目等;按照项目的大小,项目可分为大型项目、中型项目和小型项目等;按照项目完成的周期,项目可分为长期项目、中期项目和短期项目等。

1.1.4 工程项目

工程项目是以工程建设为载体的项目,是作为被管理对象的一次性工程建设任务。它以建筑物或构筑物为目标产出物,需要支付一定的费用、按照一定的程序、在一定的时间内完成,并应符合质量要求。

工程项目是最为常见也是最为典型的项目类型,是项目管理的重点。工程项目具有如下特点:

1.1.4.1 具有特定的对象

任何项目都应有具体的对象,项目对象确定了项目的最基本特性,是项目分类的依据;同时它又确定了项目的工作范围、规模及界限。整个项目的实施和管理都是围绕着这个对象进行的。

工程项目的对象通常是有着预定要求的工程技术系统。而"预定要求"通常可以用一定的功能要求、实物工程量、质量等指标表达。如工程项目的对象可能是:

一定生产能力(产量)的流水线;

一定生产能力的车间或工厂;

一定长度和等级的公路;

一定发电量的水力发电站或核电站;

一定规模的医院、住宅小区等。

工程项目的对象在项目的生命期中经历了由构思到实施、由总体到具体的过程。通常,它在项目前期策划和决策阶段得到确定,在项目的设计和计划阶段被逐渐分解、细化和具体化,并通过项目的施工过程一步步得到实现,并在运行(使用)中实现价值。

工程项目的对象通常由可行性研究报告、项目任务书、设计图纸、规范、实物模型等定义和说明。

在实际工程中必须将工程项目对象与工程项目本身相区别。工程项目的对象是具有一定功能的技术系统;而工程项目是指完成(如建造)这个对象(技术系统)的任务和工作的总和,是行为系统。混淆两者不仅会产生概念的错误,而且会造成计划和实施控制上的困难。

1.1.4.2 有时间限制

人们对工程项目的需求有一定的时间限制,希望尽快地实现项目的目标,发挥项目的效用,没有时间限制的工程项目是不存在的。这有两方面的意义:

(1)一个工程项目的持续时间是一定的,即任何项目不可能无限期延长,否则这个项目无意义。工程项目的时间限制不仅确定了项目的生命期限,而且构成了工程项目管理的一个重要目标,例如规定一个工厂建设项目必须在四年内完成。

(2)市场经济条件下工程项目的作用、功能、价值只能在一定历史阶段中体现出来，则项目的实施必须在一定的时间范围(如 2000 年 1 月至 2003 年 12 月)内进行。例如企业投资开发一个新产品，只有尽快地将该工程建成投产，产品及时占领市场，该项目才有价值。否则因拖延时间，让其他企业捷足先登，则同样的项目就失去了它的价值。

项目的时间限制通常由项目开始期、持续时间、结束期等构成。

1.1.4.3 有资金限制和经济性要求

任何工程项目都不可能没有财力上的限制，必然存在着与任务(目标)相关的(或者说相匹配的)投资、费用或成本预算。如果没有财力的限制，人们就能够实现当代科学技术允许的任何目标，完成任何工程项目。

工程项目的资金限制和经济性要求常常表现在：

(1)必须按投资者(企业、国家、地方教育等)所具有的或能够提供的财力策划相应工程范围和规模的项目；

(2)必须按项目实施计划安排资金计划，并保障资金供应；

(3)以尽可能少的费用消耗(投资、成本)完成预定的工程目标，满足预定的功能要求，提高工程项目的整体经济效益。

现代工程项目资金来源渠道较多，投资呈多元化，人们对项目的资金限制越来越严格，经济性要求也会越来越高。这就要求尽可能做到全面的经济分析、精确的预算、严格的投资控制。

在现代社会中，财务和经济性问题已成为工程项目能否立项，能否取得成功的最关键问题。

1.1.4.4 一次性

任何工程项目作为总体来说都是一次性的，不重复的。它经历前期策划、批准、设计和计划、施工、运行的全过程，最后结束。即使在形式上极为相似的项目，例如两个相同的产品、相同产量、相同工艺的生产流水线，两栋建筑造型和结构形式完全相同的房屋，也必然存在着差异和区别，例如实施时间不同、环境不同、项目组织不同、风险不同。所以它们之间无法等同、无法替代。

项目的一次性是项目管理区别于企业管理最显著的标志之一。通常的企业管理工作，特别是企业职能管理工作，虽然有阶段性，但它却是循环的，无终了的，具有继承性。而项目是一次性的，这就决定了项目管理也是一次性的：对任何项目都有一个独立的管理过程，它的计划、控制、组织都是一次性的。工程项目的一次性特点对项目的组织和组织行为的影响尤为显著。

1.1.4.5 特殊的组织和法律条件

由于社会化大生产和专业化分工，现代工程项目都有几十个、几百个，甚至几千、几万个单位和部门参加。要保证项目有秩序、按计划实施，必须建立严密的项目组织。与企业组织相比，项目组织有它的特殊性。

企业组织按企业法和企业章程建立，组织单元之间主要为行政的隶属关系，组织单元之间的协调和行为规范按企业规章制度执行，企业组织结构是相对稳定的。而工程项目组织是一次性的，随项目的确立而产生，随项目结束而消亡；项目参加单位之间主要以合同作为纽带，建立起组织，同时以经济合同作为分配工作、划分责权利关系的依据；项目参加单位之间在项目过程中的协调主要通过合同和项目管理规则实现；项目组织是多变的，不稳定的。

工程项目的建设和运行应遵守相关的法律条件，例如：合同法、环境保护法、税法、招标投标法等。

1.1.4.6 复杂性和系统性

现代工程项目越来越具有如下特征：

(1)项目规模大，范围广，投资大；

(2)有新知识、新工艺的要求，技术复杂、新颖；

(3)由许多专业组成，有几十个、上百个甚至几千个单位共同协作，由成千上万个在时间和空间上相互影响、互相制约的活动构成；

(4)工程项目经历由构思、决策、设计、计划、采购供应、施工、验收到运行的全过程，项目使用期长，对全局影响大；

(5)受多目标限制，如资金限制、时间限制、资源限制、环境限制等。

1.1.5 工程项目的生命期

工程项目的时间限制决定了项目的生命期是一定的，在这个期限中项目经历由产生到消亡的全过程。不同类型和规模的工程项目生命期是不一样的，但它们都可以分为如下四个阶段：

(1)项目的前期策划和确立阶段。这个阶段工作重点是对项目的目标进行研究、论证、决策。其工作内容包括项目的构思、目标设计、可行性研究和批准(立项)。

(2)项目的设计与计划阶段。这个阶段的工作包括设计、计划、招标投标和各种施工前的准备工作。

(3)项目的施工阶段。这个阶段从现场开工直到工程建成交付使用为止。

(4)项目的使用(运行)阶段。

例如，一个工程建设项目的阶段划分可如图1.2所示。

近几十年来，人们对项目生命期的认识经历了一个过程。早期的项目管理以工程建设为主要目标，人们将工程项目的生命期定义为从批准立项到交付使用为止。随着项目管理实践和研究的深入，项目的生命期不断地向前延伸和向后拓展。首先向前延伸到可行性研究阶段，后来又延伸到项目的构思；向后拓展到运行管理(包括物业管理、资产管理)阶段。这样形成项目全寿命期的管理，更加保证了项目管理的连续性和系统性。

在同一个工程项目中，不同的参加者承担的工作任务不同。这些工作任务属于整个工程项目的不同阶段，但又都符合"项目"的定义，也都可以独立地作为一个项目。

(1)对项目投资者，如项目融资单位、BOT项目的投资者，他们必须参与项目全过程的管理，从前期策划直到工程的使用阶段结束，工程报废，或合资合同结束，或者到达BOT合同规定的转让期限。他们的目的不仅是工程建设，更重要的是收回投资和获得预期的投资收益。国外大企业或项目型公司确定的投资责任中心，以及我国实行的建设项目投资业主责任制中的业主就是要进行全过程的项目管理。

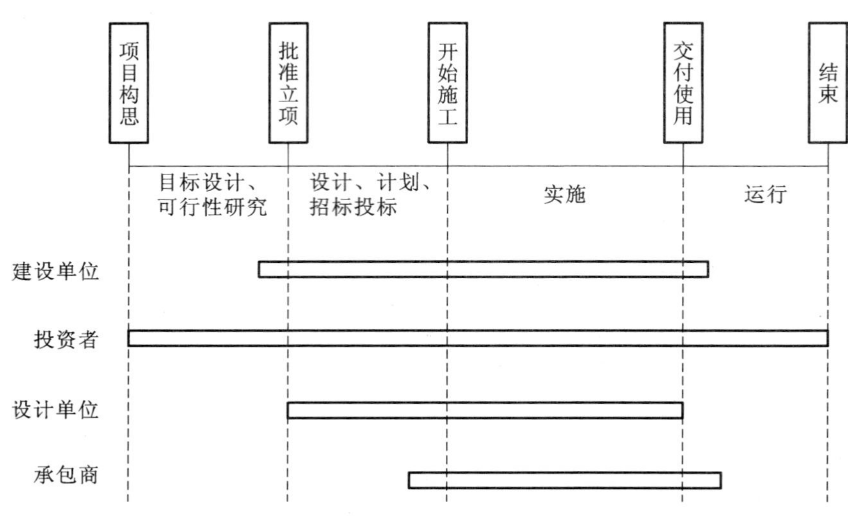

图 1.2 工程建设项目阶段划分

(2)工程项目建设的负责人。进行工程项目的建设必须委派专门人员,或专门的组织来负责工程项目建设期的管理,如我国的基建部门、建设单位和通常所说的业主。对于他们,工程项目的生命期是从项目的策划,或从可行性研究,或从最广泛意义上讲,从他们接受项目任务委托开始到项目建成、试运行后交付使用,完成委托书所规定的任务为止。

(3)设计单位。在项目被批准后,设计单位进入项目。他的项目任务是,按照项目的设计任务书完成项目的设计工作,提出设计文件,并参与设备选型,在施工过程中提供技术服务。

(4)工程承包商。一般在项目设计完成后,承包商通过投标取得工程承包资格,按承包合同完成工程施工任务,交付工程,完成工程保修责任。他在项目中的工作范围、责任和持续时间由承包合同确定。

对于参加项目建设的分包商或供应商,其项目生命期一般由他所签订的合同所规定的工期(包括维修期或缺陷责任期)确定。

在现代工程中,业主越来越趋向于将工程项目的全部任务交给一个承包商完成,即采用“设计—施工—供应”总承包方式。这样的承包商在项目批准立项后,甚至在可行性研究阶段,或项目构思阶段就介入项目,为业主提供全过程、全方位的服务,甚至包括项目的运行管理,参与项目融资。这样的承包商在项目中的持续时间很长,责任范围很大。

(5)咨询或监理公司。咨询和监理公司在不同的项目生命期承担着不同的任务,按咨询或监理合同的规定,一般在可行性研究前,或设计开始前,或工程招标开始前承担项目任务,直到工程交付使用,咨询或监理合同结束为止。

对上述参加者来说他们的工作任务都符合“项目”的定义。他们都将自己的工作任务称为“项目”,都要进行项目管理,也都有自己相应的项目管理组织。例如在同一个工程项目中业主有项目经理、项目经理部;工程承包商也有项目经理和项目经理部;设计单位、供应商甚至分包商都可能有类似的组织。

由于他们各自在项目中的角色不同,上述各方“项目管理”的内容、范围和侧重点有一定的区别,因此就有业主的项目管理,承包商的项目管理,设计单位的项目管理,监理单位的项目管理等。这在许多专业文献中都体现了出来。

但他们都在围绕着同一个工程对象进行“项目管理”，所采用的基本的管理理论和方法都是相同的，所遵循的程序和原则又是相近的。例如业主要进行项目前期策划、设计及计划、采购和供应、实施控制、运行管理等；承包商也要有项目构思（得到项目招标信息后）、目标设计，也要做可行性研究、环境调查，也要作设计和计划，也要分包、材料采购，作实施控制等。从项目构思产生到项目交付使用为止的全过程的项目管理，是最常见的，涉及各个方面的“项目管理”。

任务1.2　建设工程项目

任务背景

某系统集成商B负责某大学城A的3个校园网的建设，是某弱电总承包商的分包商。田某是系统集成商B的高级项目经理，对三个校园网的建设负总责。关某、夏某和宋某是系统集成商B的项目经理，各负责其中一个校园网建设项目。项目建设方聘请了监理公司对项目进行监理。

系统集成商B承揽的大学城A校园网建设项目，计划从2015年5月8日启动，至2017年8月1日完工。期间因项目建设方的资金问题，整个大学城的建设延后5个月，其校园网项目的完工日期也顺延到2018年1月1日，期间田某因故离职，其工作由系统集成商B的另一位高级项目经理鲍某接替。鲍某第一次拜访客户时，客户对项目状况非常不满。和鲍某一起拜访客户的有系统集成商B的主管副总、销售部总监、销售经理和关某、夏某和宋某3个项目经理。客户的意见如下：

你们负责的校园网项目进度一再滞后，你们不停地保证，又不停地延误。

你们在实施自己的项目过程中，不能与其他承包商配合，影响了他们的进度。

你们在项目现场，不遵守现场的管理规定，造成了现场的混乱。

你们的技术人员水平太差，对我方的询问，总不能提供及时的答复。

……

听到客户的意见，鲍某很生气，而关某、夏某和宋某也向鲍某反映项目现场的确很乱，他们已完成的工作经常被其他承包商搅乱，但责任不在他们。至于客户的其他指控，关某、夏某和宋某则显得无辜，他们管理的项目不至于那么糟糕，他们项目的进展和成绩客户一概不知，而问题却被扩大甚至扭曲。

【工作任务】

1. 请简要叙述发生上述情况的可能原因有哪些。
2. 简要指出如何制订有多个承包商参与的项目的沟通管理计划。
3. 试析项目为什么会失败。

【任务目标】

1. 掌握建设工程项目的概念。

2. 掌握建设工程项目的分类。

相关知识

1.2.1 建设工程项目的概念

(1)建设项目是指按一个总体设计组织建设的固定资产投资项目,即基本建设(投资)项目。

(2)项目生命(寿命)周期是指项目自概念产生至项目结束(交付使用)的过程。即项目作为一种创造独特产品与服务的一次性活动是有始有终的,项目从始到终的整个过程构成了一个项目的生命周期。

项目生命周期都有其共性和特性。特性是指每个项目都有一个自己的生命周期,它的时间长短与项目一一对应,是独一无二的,有两个项目就有两个不同的生命周期,两个不同的生命周期也不可能属于一个项目。共性是指所有的项目的生命周期在阶段的数量、名称、顺序、项目发展速度、工作量分布等方面的相同性,这里都有一般性的规律。

(3)项目生命周期特征包括:

①成本与人力投入,在开始时较低,在工作执行期间达到最高,并在项目快要结束时迅速回落。

②干系人的影响力、项目的风险与不确定性,在项目开始时最大,并在项目的整个生命周期中随时间推移而递减。

③在不显著影响成本的前提下,改变项目产品最终特性的能力在项目开始时最大,并随项目进展而减弱。

(4)项目生命周期的内容包括:

①项目的阶段性(客观规律—按秩序进行),包括一个具体项目主要阶段的划分和各个主要阶段中具体阶段的划分,这种阶段划分将一个项目分解成一系列前后接续,并且便于管理的项目阶段。项目的任务包括项目各个阶段的主要任务和项目各阶段主要任务中的主要活动等。项目生命周期同时还需要明确给出项目各阶段的可交付成果。这同样包括项目各个阶段和项目各个阶段中主要活动的成果。

②项目的时限(时间长短/速度—提高效益),包括一个项目的起点和终点,以及一个项目各个阶段的起点和终点。

③项目的综合性—系统性,包括项目的综合协调、配合和科学管理。

【例】

三峡工程的施工工期

三峡工程建设分三期,从 1993 年开工,到 2009 年竣工,总工期 17 年。

一期工程 5 年(1993—1997 年),工程主要任务除准备工程外,主要进行一期围堰填筑,导流明渠开挖。修筑混凝土纵向围堰,以及修建左岸临时船闸(120m 高),并开始修建左岸永久船闸、升爬机及左岸部分石坝段的施工。

二期工程 6 年(1998—2003 年),工程主要任务是修筑二期围堰,左岸大坝的电站设施建设及机组安装，同时继续完成永久特级船闸、升船机的施工。

三期工程6年(2004—2009年)，本期进行右岸大坝和电站的施工，并继续完成全部机组安装。完工的三峡水库是一座长达600km，最宽处达2000m，面积达10000km^2，水面平静的峡谷型水库。

1.2.2　建设工程项目的建设程序及分类

1.2.2.1　建设工程项目的建设程序

(1)项目建议书阶段；

(2)可行性研究阶段；

(3)设计工作阶段；

(4)建设准备阶段；

(5)建设施工阶段；

(6)竣工验收交付使用阶段。

1.2.2.2　建设工程项目的分类

由于工程建设项目种类繁多，为了适应科学管理的需要，正确反映工程建设项目的性质、内容和规模，可从不同角度对工程建设项目进行分类。

(1)按建设性质划分

基本建设项目可分为新建项目、扩建项目、迁建项目和恢复项目。

①新建项目　是指根据国民经济和社会发展的近远期规划，按照规定的程序立项，从无到有、“平地起家”的建设项目。现有企事业单位和行政单位一般不应有新建项目。有的单位如果原有基础薄弱需要再兴建的项目，其新增加的固定资产价值超过原有全部固定资产价值(原值)3倍以上时，才可算新建项目。

②扩建项目　是指现有企事业单位在原有场地内或其他地点，为扩大产品的生产能力或增加经济效益而增建的生产车间、独立的生产线或分厂的项目；事业单位和行政单位在原有业务系统的基础上扩充规模而进行的新增固定资产投资项目。

③迁建项目　是指原有企事业单位，根据自身生产经营和事业发展的要求，按照国家调整生产力布局的经济发展战略的需要或出于环境保护等其他特殊要求，搬迁到异地建设的项目。

④恢复项目　是指原有企事业单位和行政单位，因在自然灾害或战争中使原有固定资产遭受全部或部分报废，需要进行投资重建来恢复生产能力和业务工作条件、生活福利设施等的建设项目。这类项目，不论是按原有规模恢复建设，还是在恢复过程中同时进行扩建，都属于恢复项目。但对尚未建成投产或交付使用的项目，受到破坏后，若仍按原设计重建的，原建设性质不变；如果按新设计重建，则根据新设计内容来确定其性质。

基本建设项目按其性质分为上述四类，一个基本建设项目只能有一种性质，在项目按总体设计全部建成以前，其建设性质是始终不变的。

(2)按投资作用划分

工程建设项目可分为生产性建设项目和非生产性建设项目。

①生产性建设项目是指直接用于物质资料生产或直接为物质资料生产服务的工程建设

项目。主要包括：

a. 工业建设，包括工业、国防和能源建设；

b. 农业建设，包括农、林、牧、渔、水利建设；

c. 基础设施建设，包括交通、邮电、通信建设，地质普查，勘探建设等；

d. 商业建设，包括商业、饮食、仓储、综合技术服务事业的建设。

②非生产性建设项目是指用于满足人民物质和文化、福利需要的建设和非物质资料生产部门的建设。主要包括：

a. 办公用房，国家各级党政机关、社会团体、企业管理机关的办公用房；

b. 居住建筑，住宅、公寓、别墅等；

c. 公共建筑，科学、教育、文化艺术、广播电视、卫生、博览、体育、社会福利事业、公共事业、咨询服务、宗教、金融、保险等建设；

d. 其他建设，不属于上述各类的其他非生产性建设。

(3)按项目规模划分

为适应对工程建设项目分级管理的需要，国家规定基本建设项目分为大型、中型、小型三类；更新改造项目分为限额以上和限额以下两类。不同等级标准的工程建设项目，国家规定的审批机关和报建程序也不尽相同。划分项目等级的原则如下：

①按批准的可行性研究报告(初步设计)所确定的总设计能力或投资总额的大小，依据国家颁布的《基本建设项目大中小型划分标准》进行分类。

②凡生产单一产品的项目，一般按产品的设计生产能力划分；生产多种产品的项目，一般按其主要产品的设计生产能力划分；产品分类较多，不易分清主次、难以按产品的设计能力划分时，可按投资总额划分。

③对国民经济和社会发展具有特殊意义的某些项目，虽然设计能力或全部投资不够大、中型项目标准，经国家批准已列入大、中型计划或国家重点建设工程的项目，也按大、中型项目管理。

④更新改造项目一般只按投资额分为限额以上和限额以下项目，不再按生产能力或其他标准划分。

⑤基本建设项目的大、中、小型和更新改造项目限额的具体划分标准，根据各个时期经济发展和实际工作中的需要而有所变化。现行国家的有关规定如下：

a. 按投资额划分的基本建设项目，属于生产性建设项目中的能源、交通、原材料部门的工程项目，投资额达到5000万元及其以上为大、中型项目；其他部门和非工业建设项目，投资额达到3000万元及以上为大、中型建设项目。

b. 按生产能力或使用效益划分的建设项目，以国家对各行各业的具体规定作为标准。

c. 更新改造项目只按投资额标准划分，能源、交通、原材料部门投资额达到5000万元及以上的工程项目和其他部门投资额达到3000万元及以上的项目为限额以上项目，否则为限额以下项目。

⑥一部分工业、非工业建设项目，在国家统一下达的计划中，不作为大、中型项目安排：

a. 分散零星的江河治理、国有农场、植树造林、草原建设等；原有水库加固，并结合加高大坝、扩大溢洪道和增修灌区配套工程的项目，除国家指定者外，不作为大、中型项目。

b. 分段整治，施工期长，年度安排有较大伸缩性的航道整治疏浚工程。

c. 科研、文教、卫生、广播、体育、出版、计量、标准、设计等事业的建设（包括工业、交通和其他部门所属的同类事业单位），新建工程按大、中型标准划分，改、扩建工程除国家指定者外，一律不作为大、中型项目。

d. 城市的排水管网、污水处理、道路、立交桥梁、防洪、环保等工程，城市的一般民用建筑包括集资统一建设的住宅群、办公和生活用房等。

e. 名胜古迹、风景点、旅游区的恢复、修建工程。

f. 施工队伍以及地质勘探单位等独立的后方基地建设（包括工矿业的农副业基地建设）。

g. 采取各种形式利用外资或国内资金兴建的旅游饭店、旅馆、贸易大楼、展览馆、科教馆等。

(4)按行业性质和特点划分

根据工程建设项目的经济效益、社会效益和市场需求等基本特性，可将其划分为竞争性项目、基础性项目和公益性项目三种。

①竞争性项目。主要是指投资效益比较高、竞争性比较强的一般性建设项目。这类建设项目应以企业作为基本投资主体，由企业自主决策、自担投资风险。

②基础性项目。主要是指具有自然垄断性、建设周期长、投资额大而收益低的基础设施和需要政府重点扶持的一部分基础工业项目，以及直接增强国力的符合经济规模的支柱产业项目。对于这类项目，主要应由政府集中必要的财力、物力，通过经济实体进行投资。同时，还应广泛吸收地方、企业参与投资，有时还可吸收外商直接投资。

③公益性项目。主要包括科技、文教、卫生、体育和环保等设施，公、检、法等政权机关以及政府机关，社会团体办公设施，国防建设等。公益性项目的投资主要由政府用财政资金支出。

(5)按管理权限和投资规模划分

例如，中国石油天然气股份有限责任公司，按管理权限和投资规模把建设项目分为限上项目和限下项目。以便实行对投资项目集中决策，股份公司、专业公司和地区公司分级管理。股份公司规划计划部负责限上项目的管理。主要负责组织有关专家对限上项目的项目建议书（预可研）、可行性研究报告进行评审，提出审查意见，经批准后，办理批复文件。须报国家审批的项目，负责向国家有关部门办理立项审批手续，经国家批准后下达。限下项目由专业公司和地区公司实行分级管理。其中3000万元及以上项目的前期论证材料，由专业公司报股份公司规划计划部备案。股份公司管理的限上项目包括：

a. 新申请勘查登记的勘探项目；预探发现储量（控制或预测）规模石油在5000万t、天然气300亿m^3以上的整装油气田，须转入评价勘探的项目。

b. 动用石油可采储量400万t（或30万t/年产）及以上，动用天然气可采储量100亿m^3（或5亿m^3/年产）及以上的开发建设项目。

c. 投资在5000万元以上（含5000万元，下同）的新建、改扩建油气长输管道项目。

d. 新建炼化厂及现有炼油厂扩大一次加工能力的项目；投资在5000万元以上的炼油、化工、天然气化工及配套项目。

e. 油库、加油站销售网络建设总体方案。

f. 利用外资(外汇)贷款项目和合资合作项目。

g. 50 万美元及以上的引进项目(含 20 万美元及以上软件项目)。

h. 对外投资项目和楼、堂、馆、所建设项目。

i. 按规定应上报国家相关部门审批的建设项目。

任务 1.3 建设工程项目管理

任务背景

夫运筹策帷帐之中,决胜于千里之外,吾不如子房。镇国家,抚百姓,给馈饷,不绝粮道,吾不如萧何。连百万之军,战必胜,攻必取,吾不如韩信。此三者,皆人杰也,吾能用之,此吾所以取天下也。

【工作任务】

1. 请说一说你对任务背景中引文的理解。
2. 请说一说现代工程项目管理的特征。

【任务目标】

1. 熟悉建设工程项目管理的概念。
2. 熟悉建设工程项目管理的特点。
3. 掌握建设工程项目管理的类型、任务。

相关知识

1.3.1 建设工程项目管理的概念

建设工程项目管理是在既定的约束条件下,为最优地实现项目目标,根据项目的内在规律,对项目寿命周期全过程进行有效的计划、组织、指挥、控制和协调的系统管理活动,是一个过程。

1.3.2 成功的工程项目

在工程项目建设过程中,人们的一切工作都是围绕着一个目的,即为了取得一个成功的项目而进行的。那么怎么样才算一个成功的项目? 对不同的项目类型,在不同的时候,从不同的角度,就有不同的认识标准。通常一个成功的项目从总体上至少必须满足如下条件:

(1)满足预定的使用功能要求(包括功能、质量、工程规模等),达到预定的生产能力或使用效果,能经济、安全、高效率地运行,并提供较好的运行条件(如运行软件系统、操作文件、操作人员、运行准备工作等)。

(2)在预算费用(成本或投资)范围内完成,尽可能地降低费用消耗,减少资金占用,保证项目的经济性要求。

(3)在预定的时间内完成项目的建设,不拖延,及时地实现投资目的,达到预定的项目总目标和要求。

(4)能为使用者(顾客或用户)接受、认可,同时又照顾到社会各方面及各参加者的利益,使各方面都感到满意。例如对承包商来说,业主对工程、对承包商、对双方的合作感到满意,承包企业获得了信誉和良好的形象。

(5)与环境协调,即项目能为它的上层系统所接受,这里包括:

①与自然环境的协调,没有破坏生态或恶化自然环境,具有好的审美效果;

②与人文环境的协调,没有破坏或恶化优良的文化氛围和风俗习惯;

③项目的建设和运行与社会环境有良好的接口,为法律允许,或至少不能招致法律问题,有助于社会就业、社会经济发展。

(6)项目能合理、充分、有效地利用各种资源,具有可持续发展的能力和前景。

(7)项目实施按计划、有秩序地进行,变更较少,没有发生事故或其他损失,较好地解决项目过程中出现的风险、困难和干扰。

要取得完全符合上述每一个条件的项目几乎是不可能的,因为这些指标之间有许多矛盾。在一个具体的项目中常常需要确定它们的重要性(优先级),有的必须保证,有的尽可能照顾,有的又不能保证。这属于项目目标优化的工作。

1.3.3 工程项目取得成功的前提

要取得一个成功的项目,有许多前提条件,必须经过各方面努力。最重要的有如下三个方面:

(1)进行充分的战略研究,制订正确的科学的符合实际(即与项目环境和项目参加者能力相称)的有可行性的项目目标和计划。如果项目选择出错,就会犯方向性、原则性错误,给工程项目带来根本性的影响,造成无法挽回的损失。这是战略管理的任务。

(2)工程的技术设计科学、经济,符合要求。这里包括工程的生产工艺(如产品方案、设备方案等)和施工(实施)工艺的设计,选用先进的、安全的、经济的、高效率的、符合生产和施工要求的技术方案。

(3)有力的、高质量的、高水平的项目管理。项目管理者为战略管理、技术设计和工程实施提供各种管理服务,如提供项目的可行性论证、拟订计划、作实施控制。他将上层的战略目标和计划与具体的工程实施活动联系在一起,将项目的所有参加者的力量和工作融为一体,将工程实施的各项活动导演成一个有序的过程。

在现代工程中,项目管理是项目过程中一个必不可少的且十分重要的方面。

1.3.4 工程项目管理的基本目标

争取成功的项目是项目管理的总体目标。但对以工程建设作为基本任务的项目管理,其具体的目标是在限定的时间内,在限定的资源(如资金、劳动力、设备材料等)条件下,以尽可能快的进度、尽可能低的费用(成本或投资)圆满完成项目任务。

英国建造学会《项目管理实施规则》定义项目管理,“为一个建设项目进行从概念到完成的全方位的计划、控制与协调,以满足委托人的要求,使项目得以在所要求的质量标准的基础上,在规定的时间之内,在批准的费用预算内完成”。所以项目管理的目标有三个最主要的方面：功能目标（质量、生产能力等），工期目标（进度）和费用目标（成本、投资），它们共同构成项目管理的目标体系（图 1.3）。

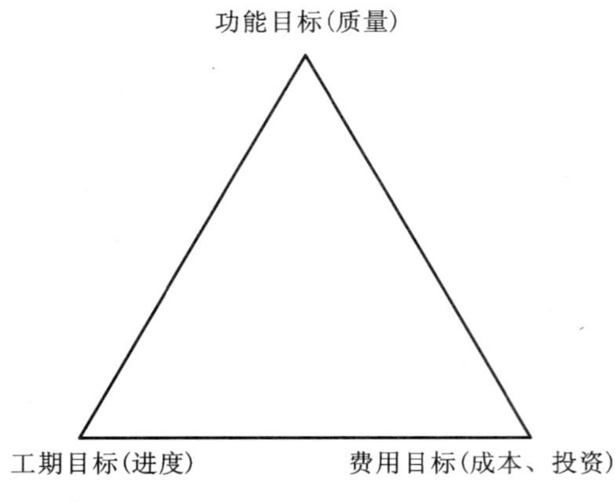

图 1.3 项目管理目标体系

项目管理的三大目标通常由项目任务书、技术设计和计划文件、合同文件（承包合同和咨询合同等）具体地定义。这三者在项目生命期中有如下特征：

(1)三者共同构成项目管理的目标系统，互相联系、互相影响，某一方面的变化必然引起另两个方面的变化，例如过于追求缩短工期，必然会损害项目的功能（质量），引起成本增加。所以项目管理应追求它们三者之间的优化和平衡。

(2)这三个目标在项目的策划、设计、计划过程中经历由总体到具体，由概念到实施，由简单到详细的过程。项目管理的三大目标必须分解落实到具体的各个项目单元（子项目、活动）上，这样才能保证总目标的实现，形成一个控制体系，所以项目管理又是目标管理。

(3)项目管理必须保证三者结构关系的均衡性和合理性，任何强调最短工期、最高质量、最低成本的都是片面的。三者的均衡性和合理性不仅体现在项目总体上，而且体现在项目的各个单元上，构成项目管理目标的基本逻辑关系。

1.3.5 工程项目管理的工作内容

项目管理的目标是通过项目管理工作实现的。为了实现项目管理目标必须对项目进行全过程的多方面的管理。从不同的角度，项目管理有不同的描述：

(1)将管理学中对“管理”的定义进行拓展，则“项目管理”就是通过计划、组织、人事、领导和控制等职能，设计和保持一种良好的环境，使项目参加者在项目组织中高效率地完成既定的项目任务。

(2)按照一般管理工作的过程，项目管理可分为对项目的预测、决策、计划、控制、反馈等工作。

(3)按照系统工程方法，项目管理可分为确定目标、制订方案、实施方案、跟踪检查等工作。

(4)按项目实施过程，项目管理工作可分为：

①工程项目目标设计、项目定义及可行性研究；

②工程项目的系统分析，包括项目的外部系统（环境）调查分析及项目的内部系统（项目结构）分析等；

③工程项目的计划管理，包括项目的实施方案及总体计划、工期计划、成本（投资）计划、资源计划以及它们的优化；

④项目的组织管理，包括项目组织机构设置、人员组成，各方面工作与职责的分配，项目业务工作条例的制订；

⑤工程项目的信息管理，包括项目信息系统的建立、文档管理等；

⑥工程项目的实施控制，包括进度控制、成本（投资）控制、质量控制、风险控制、变更管理；

⑦项目后工作，包括项目验收、移交、运行准备，项目后评估，对项目进行总结，研究目标实现的程度，存在的问题等。

(5)按照项目管理工作的任务，又可以分为：

①成本（投资）管理。这方面包括如下具体的管理活动：

a. 工程估价，即工程的估算、概算、预算；

b. 成本（投资）计划；

c. 支付计划；

d. 成本（投资）控制，包括审查监督成本支出、成本核算、成本跟踪和诊断；

e. 工程款结算和审核。

②工期管理。这方面工作是在工程量计算、实施方案选择、施工准备等工作基础上进行的，包括如下具体的管理活动：

a. 工期计划；

b. 资源供应计划和控制；

c. 进度控制。

③工程管理。包括质量控制、现场管理、安全管理。

④组织和信息管理。这方面包括如下具体管理活动：

a. 建立项目组织机构和安排人事，选择项目管理班子；

b. 制订项目管理工作流程，落实各方面责权利关系，制订项目管理工作规则；

c. 领导项目工作，处理内部与外部关系，沟通、协调各方关系，解决争执；

d. 信息管理，包括确定组织成员（部门）之间的信息流，确定信息的形式、内容、传递方式、时间和存档，进行信息处理过程的控制，与外界交流信息。

⑤合同管理。这方面有如下具体管理活动：

a. 招标投标中的管理，包括合同策划、招标准备工作、起草招标文件、进行合同审查和分析、建立合同保证体系等；

b. 合同实施控制；

c. 合同变更管理；

d. 索赔管理。

通常项目管理组织按这些管理工作的任务设置职能机构。

另外，由于工程项目的特殊性，风险是各级、各职能人员都要考虑到的问题。因此，项目管理必然涉及风险管理，它包括风险识别、风险计划和控制。

1.3.6　工程项目管理系统

1.3.6.1　工程项目管理系统结构

要取得成功的项目必须要有全面的项目管理，这个全面性至少应体现在如下几个方面：

(1)项目本身是一个非常复杂的系统，它由许多子项、分项和工程活动构成，项目管理必须包括对整个项目系统的管理；

(2)完整的项目管理工作过程,包括预测、决策、计划、控制、反馈等;

(3)项目管理应包括全部的管理任务,有工期、费用、质量(技术)、合同、资源、组织和信息等管理。

忽略任何方面都可能导致项目的失败。所以项目管理系统至少是三维的结构体系,见图1.4。

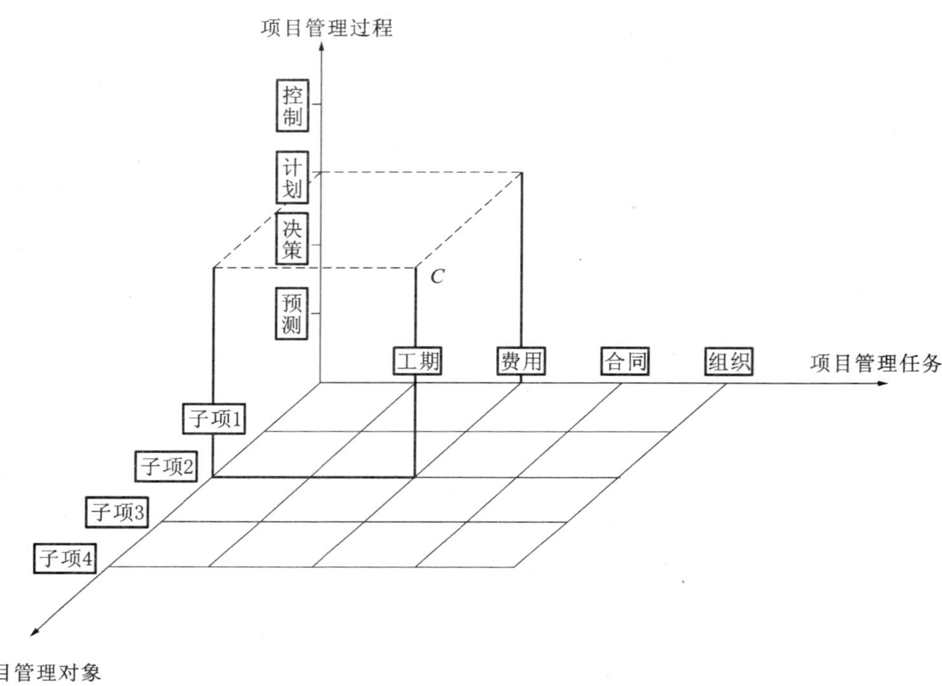

图1.4 项目管理的系统结构

一个完整的项目管理系统应将项目的各职能工作、各参加单位、各项活动、各个阶段融合成一个完整有序的整体。例如图1.4中C点为子项2的成本计划工作。

1.3.6.2 项目管理系统流程分析

项目管理的各个职能以及各个管理部门在项目过程中形成一定的关系,它们之间有工作过程的联系(工作流),也有信息联系(信息流),构成了一个项目管理的整体。这也是项目管理工作的基本逻辑关系。

人们可以从许多角度描述项目管理工作流程,例如图1.5所示为德国IPM国际工程项目管理公司的项目管理工作流程图。从此图上可以清楚地看出项目管理中成本、合同、进度、组织和信息等主要职能之间的关系。当然这是项目管理公司的管理流程,与一般企业特别是工程承包企业的管理流程有很大的区别。

人们还可以将项目各阶段中的管理工作流程定义成项目管理系统的子系统,如项目策划子系统、项目计划子系统、项目实施控制子系统等,或从另一个角度,将项目管理系统分解为进度管理子系统、成本(投资)管理子系统、质量管理子系统、合同管理子系统等。这在后面将详细说明。

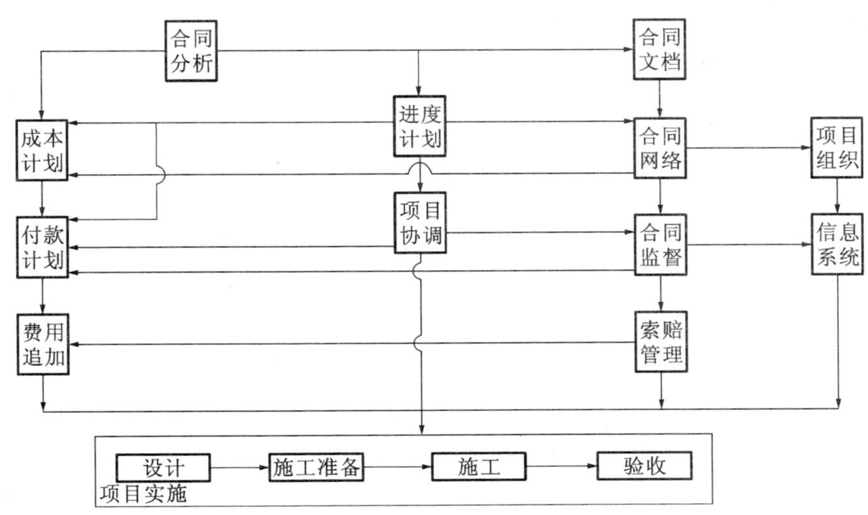

图1.5 项目管理工作流程图

管理流程设计是管理系统设计的一个重要部分，在此基础上才能进行信息系统设计。

1.3.7 工程项目管理的历史发展

工程项目的存在已有久远的历史。随着人类社会的发展，社会的各方面如政治、经济、文化、宗教、生活、军事对某些工程产生需要，同时当时社会生产力的发展水平又能实现这些需要，就出现了工程项目。历史上的工程项目最主要的是建筑工程项目，主要包括：

房屋（如皇宫、庙宇、住宅等）建设；

水利（如运河、沟渠等）工程；

道路桥梁工程；

陵墓工程；

军事工程，如城墙、兵站等的建设。

这些工程项目又都是当时社会的政治、军事、经济、宗教、文化活动的一部分，体现着当时社会生产力的发展水平。现存的许多古代建筑，如长城、都江堰水利工程、大运河、故宫等，规模宏大，工艺精湛，至今还发挥着经济和社会效益。这不能不令人叹为观止。

有项目必然有项目管理，在如此复杂的项目中必然有相当高的项目管理水平相配套，否则将难以想象。虽然现在人们从史书上看不到当时项目管理的情景，但可以肯定在这些工程建设中各工程活动之间必然有统筹的安排，必然有一套严密的甚至是军事化的组织管理；必然有时间（工期）上的安排（计划）和控制；必然有费用的计划和核算；必然有预定的质量要求，质量检查和控制。工程项目中必然有“运筹帷幄”，必然有“庙算”。但是由于当时科学技术水平和人们认识能力的限制，历史上的项目管理是经验型的、不系统的，不可能有现代意义上的项目管理。

现代项目管理是在20世纪50年代以后发展起来的，它的起因有两方面：

（1）由于社会生产力的高速发展，大型的及特大型项目越来越多，如航天工程、核武器研究、导弹研制、大型水利工程、交通工程等。项目规模大，技术复杂，参加单位多，又受到时间和资金的严格限制，需要新的管理手段和方法。例如 1957 年北极星导弹计划的实施项目被分解为 6 万多项工作，有近 4000 个承包商参加。

现代项目管理手段和方法通常首先是在大型的、特大型的项目实施中发展起来的。

(2)由于现代科学技术的发展，产生了系统论、信息论、控制论、计算机技术、运筹学、预测技术、决策技术，并日臻完善。这些给项目管理理论和方法的发展提供了可能性。

项目管理在近几十年的发展中，大致经历了如下几个阶段：

20 世纪 50 年代，人们将网络技术(CPM 和 PERT 网络)应用于工程项目(主要是美国的军事工程项目)的工期计划和控制中，取得了很大成功。最重要的是美国 1957 年的北极星导弹研制和后来的登月计划。当时以及后来很长一段时间，人们一谈起项目管理便是网络技术，一举例便是上述两个项目。

20 世纪 60 年代，利用大型计算机进行网络计划的分析计算已经成熟，人们可以用计算机进行工期的计划和控制。但当时计算机不普及，上机费用较高，一般的项目不可能使用计算机进行管理。而且当时有许多人对网络技术还难以接受，所以项目管理尚不十分普及。

20 世纪 70 年代初计算机网络分析程序已十分成熟，人们将信息系统方法引入项目管理中，提出项目管理信息系统。这使人们对网络技术有更深的理解，扩大了项目管理的研究深度和广度，同时扩大了网络技术的作用和应用范围，在工期计划的基础上实现用计算机进行资源和成本计划、优化和控制。

整个 20 世纪 70 年代，项目管理的职能在不断扩展，人们对项目管理过程和各种管理职能进行全面的系统的研究。同时项目管理在企业组织中推广，人们研究了在企业职能组织中的项目组织的应用。

到了 20 世纪 70 年代末，80 年代初，微机得到了普及。这使项目管理理论和方法的应用走向了更广阔的领域。由于计算机及软件价格降低，数据获得更加方便，计算时间缩短，调整容易，程序与用户友好等优点，项目管理工作大为简化、效率提高，使寻常的项目管理公司和中小企业在中小型项目中都可以使用现代化的项目管理方法和手段，取得了很大的成功，收到了显著的经济和社会效果。

20 世纪 80 年代，人们进一步扩大了项目管理的研究领域，包括合同管理、项目形象管理、项目风险管理、项目组织行为和沟通。在计算机应用上则加强了决策支持系统、专家系统和网络技术应用的研究。

随着社会的进步，市场经济的进一步完善，生产社会化程度的提高，人们对项目的需求也愈来愈多，而项目的目标、计划、协调和控制也更加复杂，这将促进项目管理理论和方法的进一步发展。

1.3.8 现代项目管理的特点

现代项目管理具有如下特点：

1.3.8.1 项目管理理论、方法、手段的科学化

这是现代项目管理最显著的特点。现代项目管理吸收并使用了现代科学技术的最新成果，具体表现在：

(1)现代的管理理论的应用，例如系统论、信息论、控制论、行为科学等在项目管理中的

应用。它们奠定了现代项目管理理论体系的基石。从本书后面论述可见，项目管理实质上就是这些理论在项目实施过程中的综合运用。

(2)现代管理方法的应用，如预测技术、决策技术、数学分析方法、数理统计方法、模糊数学、线性规划、网络技术、图论、排队论等，它们可以用于解决各种复杂的项目问题。

(3)管理手段的现代化，最显著的是计算机的应用，以及现代图文处理技术、精密仪器的使用，多媒体和互联网的使用等。目前以网络技术为主的项目管理软件已在工期、成本、资源等的计划、优化和控制方面十分完善，可供用户使用。这大大提高了项目管理的效率。

1.3.8.2　项目管理的社会化和专业化

由于社会对项目的要求越来越高，项目的数量越来越多，规模越来越大，越来越复杂，按社会分工的要求，现代社会需要职业化的项目管理者。这样才能有高水平的项目管理，项目管理发展到今天已不仅是一门学科，而且成为一个职业。

以往人们进行工程建设要组织起管理班子，例如组建基建部门，成立“指挥部”，一旦工程结束这套班子便解散或闲着。因此管理人员的经验得不到积累，只有一次教训，没有二次经验，这实质上仍是一种“小生产”的项目管理方式。

在现代社会中，由于工程规模大、技术新颖、参加单位多，人们对项目的目标要求高，项目管理过程复杂，就需要专业化的项目管理公司，专门承接项目管理业务，提供全过程的专业化咨询和管理服务。这是世界性的潮流，项目管理(包括咨询、工程监理等)已成为一个新兴产业，而且已探索出许多比较成熟的项目管理模式。这样能取得高效益的工程，达到投资省、进度快、质量好的目标。

1.3.8.3　项目管理的标准化和规范化

项目管理是一项技术性非常强的十分复杂的工作，要符合社会化大生产的需要，项目管理必须标准化、规范化。这样项目管理工作才有通用性，才能专业化、社会化，才能提高管理水平和经济效益。

标准化和规范化体现在许多方面，如：

(1)规范化的定义和名词解释；

(2)规范化的项目管理工作流程；

(3)统一的工程费用(成本)项目的划分；

(4)统一的工程计量方法和结算方法；

(5)信息系统的标准化，如信息流程、数据格式、文档系统、信息的表达形式、网络表达形式和各种工程文件的标准化；

(6)使用标准的合同条件、标准的招投标文件等。

这使得项目管理成为人们通用的管理技术，逐渐摆脱经验型管理以及管理工作“软”的特征，而逐渐“硬”化。

1.3.8.4　项目管理国际化

项目管理的国际化趋势不仅在中国而且在全世界越来越明显。项目管理的国际化即按国际惯例进行项目管理。这主要是由于国际合作项目越来越多，例如国际工程、国际咨询和管理业务、国际投资、国际采购等。现在不仅一些大型项目，连一些中小型项目的项目要素(如参加单位、设备、材料、管理服务、资金等)都呈国际化趋势。这就要求国际化的项目管理。

项目国际化带来项目管理的困难，这主要体现在不同文化和经济制度背景的人，由于风俗习惯、法律背景等的差异，在项目中协调起来很困难。而国际惯例就能把不同文化背景的人包罗进来，提供一套通用的程序、通行的准则和方法，这样统一的文件就使得项目中的协调有一个统一的基础。

工程项目管理国际惯例通常有：

(1)世界银行推行的工业项目可行性研究指南；

(2)世界银行的采购条件；

(3)国际咨询工程师联合会颁布的 FIDIC 合同条件和相应的招投标程序；

(4)国际上处理一些工程问题的惯例和通行准则等。

1.3.9 工程项目管理的类型和任务

1.3.9.1 工程项目管理的类型

(1)业主方的项目管理；

(2)设计方的项目管理；

(3)施工方的项目管理；

(4)供货方的项目管理；

(5)建设项目工程总承包方的项目管理。

1.3.9.2 业主方项目管理的目标和任务

业主方的项目管理服务于业主的利益，其项目管理的目标包括项目的投资目标、进度目标和质量目标。

业主方项目管理的任务包括：

(1)安全管理；

(2)投资控制；

(3)进度控制；

(4)质量控制；

(5)合同管理；

(6)信息管理；

(7)组织和协调。

1.3.9.3 设计方项目管理的目标和任务

设计方作为项目建设的一个参与方，其项目管理主要服务于项目的整体利益和设计方本身的利益。

设计方项目管理的任务包括：

(1)与设计工作有关的安全管理；

(2)设计成本控制和设计工作有关的工程造价控制；

(3)设计进度控制；

(4)设计质量控制；

(5)设计合同控制；

(6)设计信息管理；

(7)与设计工作有关的组织和协调。

1.3.9.4　施工方项目管理的目标和任务

施工方的项目管理的目标包括成本控制、进度控制和质量控制。

施工方项目管理的主要任务包括：

(1)安全管理；

(2)施工方的成本控制；

(3)进度控制；

(4)质量控制；

(5)施工方合同管理；

(6)施工方的信息管理；

(7)与施工方有关的组织与协调。

1.3.9.5　供货方项目管理的目标和任务

供货方项目管理的目标包括成本控制、供货方的进度目标和供货的质量和目标。

供货方项目管理的主要任务包括：

(1)供货的安全管理；

(2)供货方的成本控制；

(3)供货的进度控制；

(4)供货的质量控制；

(5)供货合同管理；

(6)供货信息管理；

(7)与供货有关的组织与协调。

1.3.9.6　建设项目工程总承包方项目管理的目标和任务

建设项目工程总承包方的项目管理主要服务于项目的利益和建设项目总承包方本身的利益。

建设项目工程总承包方项目管理的任务包括：

(1)安全管理；

(2)投资控制和总承包的成本控制；

(3)进度控制；

(4)质量控制；

(5)合同管理；

(6)信息管理；

(7)与建设项目总承包方有关的组织和协调。

项目 2　建设工程项目管理组织与实训

【教学目标】

1. 了解工程项目组织结构的基本形式；
2. 熟悉几种常见的项目组织形式；
3. 掌握各种组织形式的优缺点及适用条件。

【技能要求】

能结合任务背景，选择最简单同时又高效率的组织形式。

任务 2.1　建设工程项目管理组织

任务背景

1. 工程名称：××现代服务产业区配套高管公寓项目。

2. 工程地点：××开发区第一大街以南，顺达街以北，巢湖路与新城西路之间。

3. 工程概况：本工程地上为 14 栋建筑，其中 1#～12# 楼为 8～18 层公寓，13#、14# 楼为 1～2 层公建，地下设置有地下车库，开挖深度 7.45～7.75m。总占地约 31338m^2，总建筑面积约 113985m^2。结构类型为钢筋混凝土剪力墙结构，采用桩基础。

【工作任务】

请绘制该项目的施工组织架构图。

【任务目标】

1. 理解建设工程项目管理组织的概念。
2. 掌握建设工程项目管理组织的特点。
3. 掌握建设工程项目组织策划的主要工作和过程。
4. 了解建设工程项目组织行为的一般问题。

相关知识

2.1.1　项目组织的概念

组织论是一门学科，它主要研究系统的组织结构模式、组织分工和工作流程组织。

“组织”一词，其含义比较宽泛，人们通常所用的“组织”一词一般有两个意义：其一为“组织工作”，表示对一个过程的组织，对行为的筹划、安排、协调、控制和检查，如组织一次会议，组织一次活动；其二为结构性组织，是人们（单位、部门）为某种目的以某种规则形成的职务结构或职位结构，如项目组织、企业组织。

本书中的“项目组织”是指为完成特定的项目任务而建立起来的，从事项目具体工作的组织。该组织是在项目寿命期内临时组建的，是暂时的，只是为完成特定的目的而成立的。工程项目是由目标产生工作任务，由工作任务决定承担者，由承担者形成组织。

组织机构：是按一定的领导体制、部门设置、层次划分、职责分工、规章制度和信息系统而构成的有机整体。

组织行为：又称组织活动，即为达到一定目标，运用组织所赋予的权力，对所需的资源进行合理配置。

2.1.2　项目组织的应用

组织结构模式反映了一个组织系统中各子系统之间或各元素（各工作部门或各管理人员）之间的指令关系。指令关系指的是哪一个工作部门或哪一位管理人员可以对哪一个工作部门或哪一位管理人员下达工作指令。

2.1.2.1　传统公司组织的不足

传统的公司组织是建立在所有权基础上，被所有者拥有、控制，靠命令与控制运行，旨在维持长久，公司运作和经营是持续的、周期性的。传统的组织结构以职能、地理、生产或经营过程作为划分组织单元的依据。通常研究、开发、生产过程作为企业内的行为，以企业内的组织和资源为主体，仅销售部门面向顾客（图 2.1）。

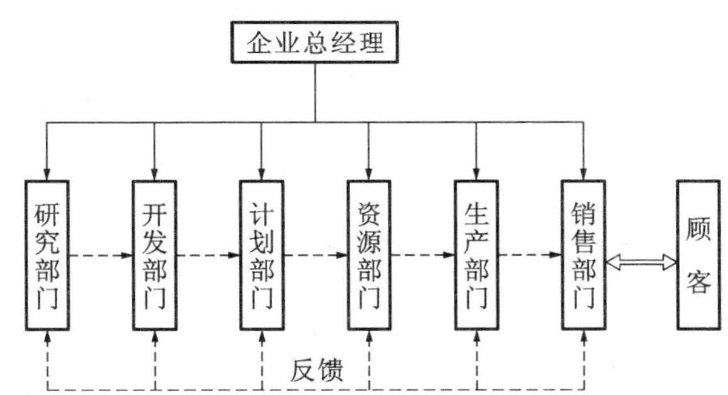

图 2.1　传统企业的组织结构和生产过程简图

传统的公司组织适应标准化的连续的生产过程。这种生产过程是刚性的，产品单一，生产转向困难，反馈慢，工作人员从事重复的枯燥乏味的工作，生产积极性和创造性很难提高。

这种传统的企业管理是由企业高层领导制订战略，明确目标及其优先级，然后指挥下级开展工作。组织中的相互关系复杂、摩擦大、玩弄权术、效率低下，容易僵化和官僚化。

2.1.2.2　项目组织的应用

现代社会的需求日益呈现多样性，科学技术在不断飞速发展，新科学、新工艺、新产品不断涌现，造成产品寿命周期不断缩短，产品更新换代快。大量的业务对象是一次性的，有一个独立的过程，需要综合的全过程持续的服务。

而项目组织作为一种新的运作模式，能较好地适应这种变化。项目组织适用于有一种专门的最终产品的事业，能够对环境和内部资源的改变作出迅速的反应。当从事的工作任务是复杂的（过程交叉，各种技术相互依存），需要各部门和各学科之间的综合，存在多个目标因素，则项目组织和管理方法的应用是十分有效的。

项目组织是对项目的最终成果负责的组织，它打破了传统的组织界限。图 2.1 中的生产过程任务可以由不同部门甚至不同企业承担，形成一个新的独立于职能部门的项目管理部门（图 2.2），通过综合、协调、激励，共同完成目标。

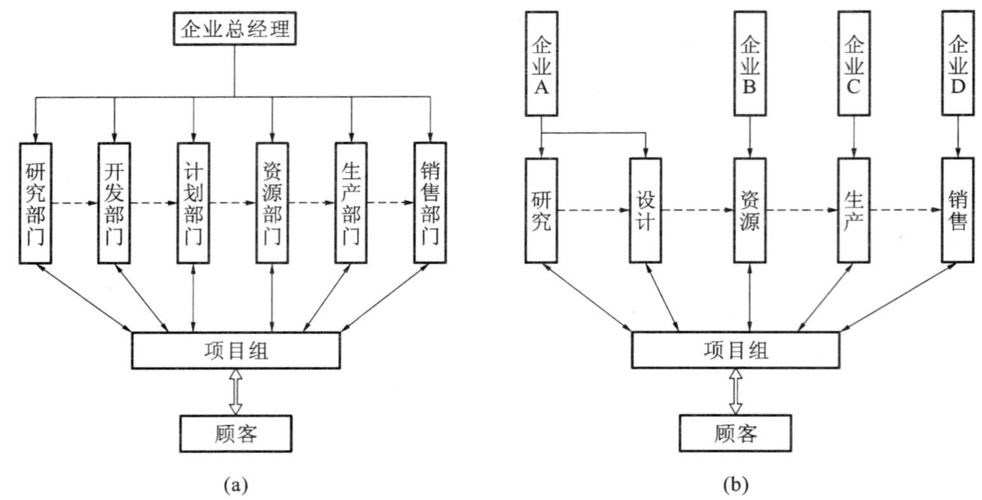

图 2.2　项目型组织结构和审查过程简图

项目组织强调，“目标—任务—工作过程—人员”这种过程化的管理，组织不再被认为是由静止的结构和角色所组成，而应当被看作是一系列活动的过程流。这样的转变能使公司活力增强、人员精简、组织层次减少。

项目组织关系是同盟关系、合资关系、伙伴关系、合作关系、合同关系。这种关系立足于共同的目标、共同的信念和利益共享，甚至可以通过国际合资或合作等形式组成。

2.1.2.3　采用项目组织的好处

(1)将市场与生产过程、资源、研究与开发过程高度地综合起来，具有高度的活力和竞争力。

(2)能够形成以任务为中心的管理，工作透明度更好和更注意结果。

(3)能够迅速改进最终产品的质量和可靠性，具有较短的产品开发时间和较低的开发费用。

(4)能迅速地反映市场和用户要求，用户关系较好。

(5)整个过程的协调和控制比较方便，信息的传输过程富有效率。

(6)在项目组织中下层人员有更多的权力，更大的责任，更能够激发他们的积极性、创造性和创新精神，能够形成以人为中心的创新模式，员工有机会把自己的思想直接在项目中实现或提供给高层管理部门，能够进行面对面的交流。

(7)项目管理的思想处处渗透出创新的要求，而项目管理的方法是富有成效和高效率的。

(8)传统的权威已大大削弱，人们必须通过沟通、信任和理解来实现其目标。传统的企业组织当中信息的传递是由下至上、由上至下的，而项目组织中的信息流主要是横向水平的，这种面向对象式的管理方法有利于高质量地完成工作任务。

2.1.2.4　项目组织容易出现的问题

尽管项目组织有诸多优点，但是项目组织的应用也存在着一些问题，这些问题主要是由项目的特点引起的。例如：

(1)由于项目是一次性的，它的计划、控制和组织无继承性和可用的参照系，任务承担者的最终成果难以评价，因此容易导致不平衡和低效率；

(2)每个项目都是一个新的组织，则组织摩擦大，雇用的人员效率低下，组织内部及与环境之间沟通困难；

(3)需要项目参加者讲究诚实信用，需要完备的规章制度和明确的责任和权力的分配，但这常常是很困难的；

(4)项目需要高层领导的不断支持，需要各个部门的积极配合。

2.1.3　工程项目组织的基本结构

在工程项目中有两种工作过程：

(1)为完成项目对象所必需的专业性工作过程，如产品设计、建筑施工、安装、技术鉴定等。这些工作一般由专业承包公司承担。

(2)项目管理过程。它又分为两个层次：

①在这些专业性工作的形成及实施过程中所需的计划、协调、监督、控制等一系列项目管理工作。

②在项目的立项、实施过程中的决策和宏观控制工作。

与此相对应，项目组织大致有三个层次：项目所有者或项目上层领导者；项目管理者；具体项目任务的承担者。

2.1.3.1　项目所有者或项目的上层领导者

该层是项目的发起者，可能包括企业经理、对项目投资的财团、政府机构、社会团体领导。他居于项目组织的最高层，对整个项目负责，他最关心的是项目整体经济效益。

项目所有者组织一般又分为两个层次，战略决策层(投资者)和战略管理层(业主)。投资者通常委托一个项目管理主持人，即业主。由他承担项目实施全过程的主要责任和任务，他通过确立目标、选择不同的战略方案、制订实现目标的计划，通过对项目进行宏观控制保证项目目标的实现。例如：

(1)作项目战略决策，如确定生产规模、选择工艺方案。

(2)作总体计划，确定项目组织战略。

(3)项目任务的委托，选择项目经理和承包单位。

(4)批准项目目标和设计，批准实施计划等。

(5)确定资源的使用，审定和选择工程项目所用材料、设备和工艺流程等；提供项目实施的物质条件、与环境的协调和必要的官方批准。

(6)各子项目实施次序的决定等。

(7)对项目进行宏观控制，给项目组以持续的支持。

2.1.3.2　项目管理者，即项目组织层

项目管理者通常是一个由项目经理领导的项目经理部(或小组)。项目管理者由业主选

定，为他提供有效的独立的管理服务，负责项目实施中具体的事务性管理工作。项目管理者的主要责任是实现业主的投资意图，保护业主利益，保证项目整体目标的实现。

2.1.3.3 具体项目任务的承担者，即项目操作层

该层包括承担项目工作的专业设计单位、施工单位、供应商和技术咨询工程师等，他们构成项目的实施层，他们的主要任务和责任有：

(1)参与或进行项目设计，计划和实施控制；

(2)按合同规定的工期、成本、质量完成自己承担的项目任务，为履行自己的责任进行必要的管理工作，如质量管理、安全管理、成本控制、进度控制；

(3)向业主和项目管理者提供信息和报告；

(4)遵守项目管理规则。

当然项目组织中还有可能包括上层系统(如企业部门)的组织，对项目有合作或与项目相关的政府、公共服务部门。项目组织的具体形态见图2.3。

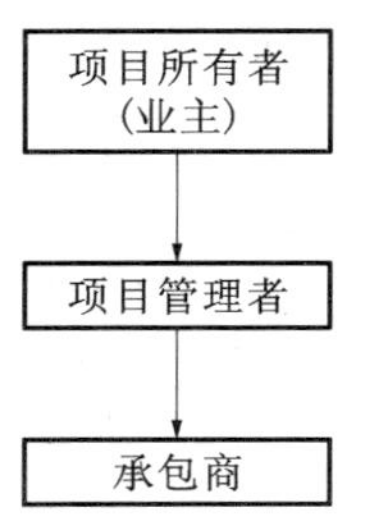

图2.3 项目组织的具体形态

在项目的不同阶段，上述三个层次的人员承担项目的任务不一样。在项目的前期策划阶段，主要由投资者、业主作目标设计和高层决策工作，在该阶段的后期(主要在可行性研究中)会有项目组织或咨询工程师加入；项目一旦立项，工作的重点则移至项目组织层和设计单位，上层也要参与方案的选择；在施工阶段，项目任务是"战术"性的，项目组织层及项目实施层进入工作高潮；在交工和试运行阶段所有三个层次都有较大的投入。

2.1.4 项目组织和项目管理组织

工程项目管理组织是指业主(或项目管理单位)及其相应的管理组织体系。建设项目立项后，应根据项目的性质、投资来源、建设规模大小、工程复杂程度等条件，建立相应的项目管理组织，其作用是对项目的建设进度、质量、资金使用等实施有效的控制与管理。

(1)从组织与项目目标关系的角度看，项目管理组织的根本作用是保证项目目标的实现。主要体现在：

①合理的管理组织可以提高项目团队的工作效率；

②管理组织的合理确定，有利于项目目标的分解与完成；

③合理的项目组织可以优化资源配置，避免资源浪费；

④有利于项目工作的管理；

⑤有利于项目内外关系的协调。

(2)项目组织和项目管理组织是两个不同的，又互相联系的概念：

①项目组织主要是由负责完成项目结构图中的各项工作(工作包)的人、单位、部门组合起来的群体，有时还包括为项目提供服务的或与项目有某些关系的部门，如政府机关、鉴定部门等。它由项目组织结构图表示，它受项目系统结构限定，按项目工作流程(网络)进行工作，其成员各自完成规定的(有合同、任务书、工作包说明等)的任务和工作。

当然项目管理是项目中必不可少的工作，它由专门的人员(单位)来完成，则项目管理组

织也必然作为一个组织单元包括在项目组织中。

②项目管理组织主要是由完成项目管理工作的人、单位、部门组织起来的群体，本书中的“项目管理组织”特指由业主委托或指定的负责整个工程管理的项目经理部（或项目管理小组）。它一般按项目管理职能设置职位（部门），按项目管理流程进行工作，各自完成属于自己管理职能内的工作。

2.1.5　工程项目组织策划

项目组织策划是项目的一项重要的工作。某工程项目组织策划过程见图2.4。

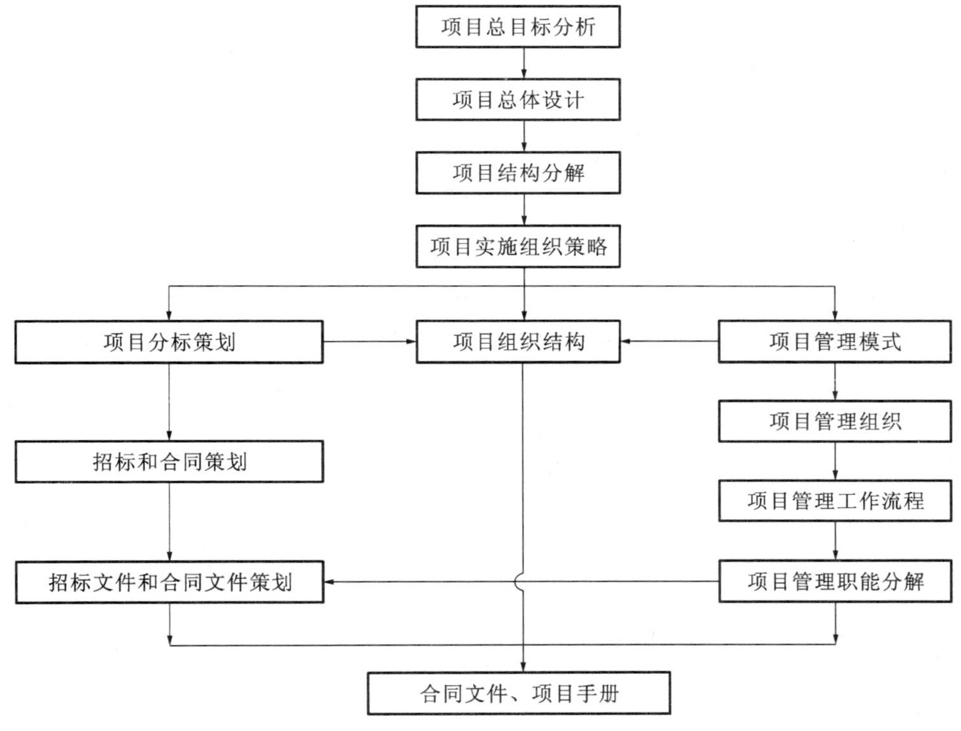

图2.4　项目组织策划过程

(1)在项目组织策划前应进行项目的总目标分析，完成相应阶段项目的技术设计和结构分解工作。这些是项目组织策划的基础工作。

(2)确定项目的实施组织策略，即确定项目实施组织和项目管理模式总的指导思想：

①如何实施该项目？业主如何管理项目？控制到什么程度？

②哪些工作由企业组织内部完成？哪些工作由承包商或管理公司完成？

③业主准备面对多少承包商？

④业主准备投入多少管理力量？

⑤采用什么样的材料和设备的供应方式？

(3)涉及项目实施者的任务的委托及相关的组织工作。

①项目分标策划。即对项目结构分解得到的项目活动进行分类、打包和发包，考虑哪些

工作由组织内部完成，哪些工作准备委托出去；采用什么样的工程承包方式，如“设计—施工—供应总”承包，或“设计—施工”总承包，或分阶段、分专业工程平行承包。这对项目的组织结构有决定作用。

②招标和合同策划工作。这里包括两方面的工作：

a. 招标策划。项目招标的总体安排，招标过程的策划和招标工作安排。

b. 合同策划。合同形式的选择和合同条件的选择，通过合同定义项目工作内容，划分责权利关系，定义项目控制的权力，定义项目管理工作过程。

③招标文件和合同文件的策划。

(4)涉及项目管理任务的组织工作，包括：

①项目管理模式的确定。即业主所采用的项目管理模式，如设计管理模式、施工管理模式，业主自己派人管理或采用监理制度。

②项目管理组织设置。业主委派项目经理(或业主代表)和(或)委托监理单位，并构建项目管理组织体系、项目组织图，选配具有相应能力的人员以适应项目的需要。

③项目管理工作流程分析。

④项目组织职能分解。应将整个项目管理工作在业主自己委派的人员、委托的项目管理单位(如监理单位)和承包商之间进行分配，清楚划分各自的工作范围，分配职责，授予权力等。

(5)组织策划的结果通常由招标文件和合同文件、项目组织结构图、项目管理章程和组织责任矩阵图、项目手册等定义。

2.1.6 工程项目组织的特点

项目组织是项目的参加者、合作者按一定的规则或规律构成的整体，是项目的行为主体构成的系统。项目组织的建立和运行应符合一般的组织原则和规律，如具有共同的目标，需要不同层次的分工合作，具有系统性和开放性。但项目组织不同于一般的企业组织、社团组织和军队组织，它具有自身的组织特殊性。这个特殊性是由项目的特点决定的。项目组织的特点决定了项目组织设置和运行的要求，在很大程度上决定了人们的组织行为，决定了项目组织沟通、协调和项目信息系统设计。

(1)项目组织是为了完成项目总目标和总任务，所以具有目的性，项目目标和任务是决定组织结构和组织运行的最重要因素。

由于项目各参加者来自不同企业或部门，各自有独立的经济利益和权力。他们各自承担一定范围的项目责任，按项目计划进行工作。所以在项目中存在尖锐的共同目标与不同利益群体目标之间的矛盾。要取得项目的成功，在项目目标设计、实施和运行过程中必须承认并顾及不同群体的利益；项目组织的建立应能考虑到或能反映在项目实施过程中各参加者之间的合作，任务和职责的层次，工作流、决策流和信息流，上下之间的关系，代表关系，以及项目其他的特殊要求。给各参加者以决定权和一定范围内变动的自由，这样才能最有效地工作。

(2)项目的组织设置应能完成项目的所有工作(工作包)和任务，即通过项目结构分解得到的所有单元，都应无一遗漏地落实完成。所以项目系统结构对项目的组织结构有很大的影响，它决定了项目组织工作的基本分工，决定组织结构的基本形态。

同时项目组织又应追求结构最简和最少组成。增加不必要的机构，不仅会增加项目管理费用，而且常常会降低组织运行效率。

每个参加者在项目组织中的地位是由他所承担的任务决定的，而不是由他的规模、级别或所属关系决定。

(3)每一个具体的项目都是一次性的、暂时的，所以项目组织也是一次性的、暂时的，具有临时组合性特点。项目组织的寿命与它在项目中所承担的任务(由合同规定)的时间长短有关。项目结束或相应项目任务完成后，项目组织就会解散或重新构成其他项目组织。即使有一些经常从事相近项目任务或项目管理任务的机构(如项目管理公司、施工企业)，尽管项目管理班子或队伍人员未变，但由于不同的项目有不同目的、不同的对象、不同的合作者(如业主、分包单位等)，则也应该认为这个组织是一次性的。

项目组织的一次性和暂时性，是它区别于企业组织的一大特点，它对项目组织的运行和沟通，参加者的组织行为，组织控制有很大的影响。

(4)项目组织与企业组织(项目的上层系统)之间有复杂的关系。这里的企业组织不仅包括业主的企业组织(项目上层系统组织)，而且包括承包商的企业组织。项目组织成员通常都有两个角色，即既是本项目组织成员，又是原所属企业中的一个成员。研究和解决企业对项目的影响，以及它们之间的关系，在企业管理和项目管理中都具有十分重要的地位。企业组织与项目组织之间的障碍是导致项目失败的主要原因之一。

无论是企业内的项目(如研究开发项目)，还是由多企业合作进行的项目(如建设项目、合资项目)，企业和项目之间存在如下复杂的关系：

①由于企业组织是现存的，是长期的稳定的组织，项目组织常常依附于企业组织，项目的人员常常由企业提供，有些项目任务直接由企业部门完成。一般项目组织必须适应而不能修改企业组织。企业的运行方式、企业文化、责任体系、运行机制、分配形式、管理机制直接影响项目的组织行为。

②项目和企业之间存在一定的责权利关系，这种关系决定着项目的独立程度。既要保证企业对项目的控制，使项目实施和运行符合企业战略和总计划，又要保证项目的自主权，这是项目顺利完成的前提条件。企业对项目的控制，即项目的实施和运行符合企业战略，防止失控。所以企业战略对项目的影响很大，项目运行常常受到上层系统的干预。

③由于企业资源有限，则在企业与项目之间及企业同时进行的多项目之间存在十分复杂的资源优化分配问题。

④企业管理系统和项目管理系统之间存在十分复杂的信息交流。

⑤项目参加者和部门通常都有项目的和自己原部门工作的双重任务，甚至同时承担多项目任务，则不仅存在项目和原工作之间资源分配的优先次序问题，而且工作中常常要改变思维方式。

项目组织还受环境的制约，例如政府行政部门、质检部门等按照法律对项目的干预。

(5)工程项目有自身的组织结构，项目内的组织关系有多种形式。最主要有：

①专业和行政方面的关系。这与企业内的组织关系相同，上下之间为专业和行政的领导和被领导的关系，在企业内部(如承包商、供应商、分包商、项目管理公司内部)的项目组织

中,主要存在这种组织关系。

②合同关系或由合同定义的管理关系。项目组织是由许多不同隶属关系(不同法人)、不同经济利益、不同组织文化、不同区域、地域的单位构成的,他们之间以合同作为组织关系的纽带。合同签订和解除(结束)表示组织关系的建立和脱离。所以一个项目的合同体系与项目的组织结构有很大程度的一致性。

如业主与承包商之间的关系,主要由合同确立。签订了合同,则该承包商为项目组织成员之一;未签订合同,则不作为项目组织成员。项目参加者的任务、工作范围、经济责权利关系、行为准则均由合同规定。虽然承包商与项目管理者(如监理工程师)没有合同关系,但他们责任和权力的划分、行为准则仍由管理合同和承包合同限定。所以在项目组织的运行和管理中合同十分重要。项目管理者必须通过合同手段运作项目,遇到问题通常不能通过行政手段解决,而必须通过合同、法律、经济手段解决。

除了合同关系外,项目参加者在项目实施前通常还订立该项目管理规则,使各项目参加者在项目实施过程中能更好地协调、沟通,使项目管理者能更有效地控制项目。

(6)企业组织刚性大,结构不易变动,运行稳定。而项目组织有高度的弹性、可变性。它不仅表现为许多组织成员随项目任务的承接和完成及项目的实施过程进入或退出项目组织,或扮演不同的角色,而且采用不同的项目组织策略,不同的项目实施计划,则有不同的项目组织形式。对一个项目,在早期组织结构比较简单,在实施阶段会十分复杂。

(7)由于项目的一次性和项目组织的可变性,很难像企业组织一样建立自己的组织文化,即项目参加者很难构成自己的较为统一的、共有的行为方式、信仰和价值观。这带来项目管理的困难。

2.1.7 组织制衡原则

由于项目和项目组织的特殊性,要求组织设置和运作中必须有严密的制衡,它包括:

(1)权职分明,任何权力需有相应的责任和制约。应十分清楚地划定他们之间的任务和责任的界限,这是设立权力和职责的基础,如果任务界限不清会导致有任务而无人负责完成、推卸责任、权力的争执、组织摩擦、弄权和低效率。

(2)设置责任制衡和工作过程制衡。由于工程活动或管理活动之间有一定的联系(即逻辑关系),则项目参加者各方的责任之间又必然存在一定的逻辑关系。有时合同双方的责任是连环的、互为条件的。

(3)加强过程的监督,包括阶段工作成果的检查、评价、监督和审计工作。

(4)通过组织结构、责任矩阵、项目管理规则、管理信息系统设计保持组织界面的清晰。

(5)通过其他手段达到制衡,例如保险和担保。

但是过于强调组织制衡和过多的制衡措施会使项目组织结构复杂、程序烦琐,会产生沟通的障碍,破坏合作气氛,容易产生“高效的低效率”。即项目的组织运作速度很快,但产出效率却很低,有许多工作和费用都在组织制衡中消耗掉了,例如:

①过多的责任连环造成责任落实的困难和争执。

②制衡造成管理的中间过程太多,如中间检查、验收、审批,使工期延长,管理人员和费用增加。

③许多制衡措施需要费用,如保险和担保需要费用;为了制衡监理工程师,人们又设置了争执裁决人,则又增加了一笔花费。

在市场经济发达,人们讲究诚实信用,参加者资信又很好的情况下,可以适当减少制衡,以达到最佳的经济效益。

2.1.8　保证组织人员和责任的连续性和统一性

在过去的建设项目中,建设单位、承包商和项目经理对项目的最终成果不负责,工程建成后移交运营单位,这带来了许多问题。由于项目存在阶段性,而组织任务和组织人员的投入又是分阶段的,且是不连续的,容易造成责任体系的中断、责任盲区和人们不负责任,所以必须保持项目管理的连续性、一致性、同一性(人员、组织、过程、信息系统)。

(1)许多项目工作最好由一个单位或部门全过程、全方面负责。例如实行建设项目业主责任制,在工程中采用"设计—供应—施工"总承包方式。

(2)项目的主要承担者应对工程的最终结果负责,让他与项目的最终效益挂钩。现代工程项目中业主希望承包商能提供全面的(包括设计、施工、供应)、全过程的(包括前期策划、可行性研究、设计和计划、工程施工、物业管理等)服务,甚至希望承包商参与项目融资。采用目标合同,使项目主要承担者的工作与项目的最终效益相关联。

(3)防止责任的盲区,即出现无人负责的情况和问题,无人承担的工作任务。对业主来说,会出现非业主自身责任原因造成的损失,而最终由业主承担责任的情况。例如在设计、施工分标太细的工程中,由于设计拖延而造成施工现场停工,业主必须赔偿施工承包商的工期和费用,而设计单位却没有或仅有很少的赔偿责任。

(4)减少责任连环。在项目中过多的责任连环会损害组织责任的连续性和统一性。例如在一个工程中,业主将土建施工发包给一个承包商,而其中商品混凝土的供应仍由业主与供应商签订合同;对商品混凝土供应商,所用的水泥仍由业主与水泥供应商签订合同供应。在这种工程中如果出现问题,责任的分析是极为困难的,而且计划和组织协调十分困难。

(5)保证项目组织的稳定性,包括项目组织结构、人员、组织规则、程序的稳定性。

2.1.9　管理跨度与管理层次

按照组织效率原则,应建立一个规模适度、组织结构层次较少、结构简单、能高效率运作的项目组织。现代工程项目规模大,参加单位多,造成组织结构非常复杂。组织结构设置常常在管理跨度与管理层次之间进行权衡。

管理跨度是指某一组织单元直接管理下一层次的组织单元的数量;管理层次是指一个组织总的结构层次。通常管理跨度窄造成组织层次多,反之管理跨度宽造成组织层次少(图2.5)。

(1)采用窄跨度、多层次的组织结构的优点及问题

①严密的监督和控制,一般不会出现失控现象。但项目组织层次多,则决策慢。当项目比较多时,计划和控制复杂化。

②上下级之间联络迅速,但上级往往过多地干预下级的工作,容易影响下级人员的积极性和创造性。

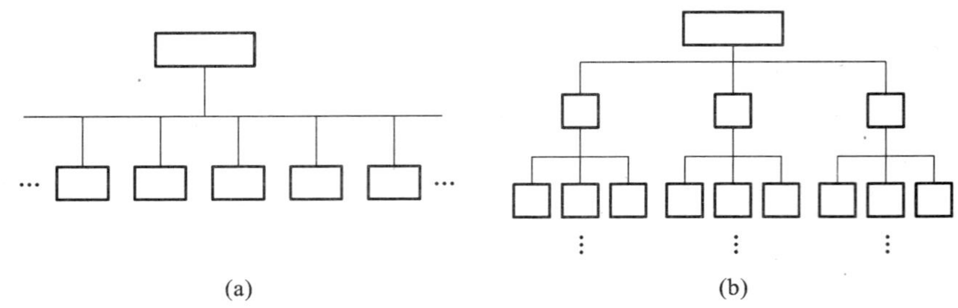

图 2.5　管理跨度示意

(a)大跨度组织;(b)多层次组织

③层次多则管理费用多,信息处理量大,用于管理的精力多,设施费用增加,管理人员增加,协调各部门的活动也增加。

④联络复杂化,最低层与最高层之间的距离过长。当信息按直线向下传达时便发生遗漏和曲解现象,信息沟通复杂化。

⑤造成项目的低效率,工期延长,实施过程延缓。例如需要多层次的检查验收、多层次的报告、多层次的分配和下达任务等。

⑥当采用多层次分包时会出现多层次的项目组织,常常会造成指挥失灵,尾大不掉;会导致管理费用增加,组织联系复杂,控制困难;会造成信息处理量大,容易发生信息遗漏、曲解、流通慢;会失去协调作用,失去组织总目标的明确性和一惯性。

(2)采用宽跨度、少层次的组织结构,组织变得扁平化

现代大型、特大型的项目,以及多项目的组织一般都是扁平化的。这种组织灵活、结构层次少,有许多优点。

矩阵式的项目组织形式和现代信息沟通技术的应用可以大大地增加管理跨度,一个组织可以同时同步管理几十个项目或子项目。实质上在这里已不使用传统的"管理跨度"概念了,而是"沟通跨度"或"协调跨度"。

当然宽跨度组织也有缺点:

①高层负担过重,容易成为决策的"瓶颈",在这种组织中上级必须有较多的授权。

②高层有失控的危险。

③必须谨慎地选择下级管理人员,他们必须经过训练,有较高的素质。

④跨度大、协调困难,必须制订明确的组织运作规则和政策。

2.1.10　合理授权

项目的任何组织单元在项目中为实现总目标都要扮演一定的角色,有一定的工作任务和责任,则他必须拥有相应的权力、手段和信息去完成任务。根据项目的特点,项目组织是一种有较大分权的组织。项目鼓励多样性和创新,则必须分权,才能调动下层的积极性和创造力。

项目组织设置必须形成合理的组织职权结构和职权关系,没有授权或授权不当会导致没有活力或失控,则决策渠道阻塞,项目上会将许多日常琐碎的不重要的问题提交高层处理,高层陷于日常的细枝问题中,而无力进行重要的决策和控制。

授权的原则有：

(1)依据要完成的任务、预期要取得的结果进行授权，构成目标、任务、职权之间的逻辑关系。并订立完成程度考核的指标。

(2)根据要完成的工作任务选择人员，分配职位和职务。分权需要强有力的下层管理人员。

(3)采用适当的控制手段，确保下层恰当地使用权力，以防止失控。不能由于分权导致独立王国。

(4)在组织中保持信息渠道的开放和畅通，使整个组织运作透明。

(5)对有效的授权和有工作成效的下层单位给予奖励。

(6)谨慎地进行授权。分权的有效性与组织文化有关。人们的价值观念、行为准则对分权有很大的影响。

①上层比较专制，对下层缺乏信任(包括道德和能力)，则不可能有真正的授权。

②作为下层人员应有信用，讲究诚实、敬业，有健康向上的个人价值观。否则容易导致混乱，失去整体目标和失控。

上述两点的缺陷正是我国长期以来工程项目中存在的许多问题的基本原因。

对项目经理应授予他必要的顺利完成他的职责的权力，例如：

①参与项目目标设计和项目定义的权力，项目任务委托的参与权；

②取得信息的权力；

③相应的指令权和决策权；

④设置项目管理小组的权力等。

但通常新产品的开发、发展战略、销售策略和政策、投资、融资、人事等权力不能下放。20 世纪 80 年代和 90 年代，在我国推行的建设项目业主责任制和施工项目承包责任制中普遍出现授权过大和授权不当的问题。

2.1.11　项目组织行为的一般问题

由于项目组织的特殊性，项目组织行为有其特点，同时带来项目管理的特殊性和复杂性，任何人在项目计划、项目控制、领导项目工作中都应注意这些问题，否则可能会导致管理工作的重大失误。在现代项目管理中，对项目组织行为的研究是一个热点。

(1)项目组织有整体的统一的目标和利益，要取得项目的成功各参加者必须真诚合作，发挥各自的能力和优势，提高积极性和创造性。但由于项目参加者来自不同的企业，有不同的隶属关系，他们各自有与项目的总目标和整体利益不一致，甚至相矛盾的目标和经济利益。

由于项目又是一次性的、暂时的，因此人们容易有短期行为，即只考虑，或首先考虑眼前的本单位(本部门)的局部利益，不顾整体的长远的利益。与企业组织相比，项目组织成员之间利益冲突非常激烈，行为更为离散，协调和沟通更为困难，组织摩擦大，要求人们在项目中，要求企业领导、业主、项目管理者在决策和管理项目中，不仅要从项目的整体利益出发，而且要顾及各参加者的利益，追求不同利益之间的平衡。

(2)由于项目组织与项目一样是一次性的，人们不断遇到新的、不熟悉的、不同组织文化的合作者，容易产生组织摩擦。在项目开始阶段很长时间内，人们互相不适应，不适应或不熟悉项目管理系统的运作，而项目结束前因组织行将解散，组织成员要寻求新的工作岗位或新项目则人心不稳，导致组织涣散。

(3)由于项目是一次性的、暂时的，人们的组织归属感和安全感不强，组织的凝聚力很弱。项目组织的下级人员对项目组织的忠诚度要比职能组织的下级人员的少。

(4)由于参加者来自不同组织文化的单位，而且项目又是短期的、一次性的，因此项目组织很难像企业组织一样建立自己的组织文化，即项目所有参加者很难构成较为统一的、共有的行为方式，形成共同的信仰和价值观，这带来项目管理上的困难。

在国际工程项目中还存在多民族、不同文化的沟通问题。

(5)项目参加者由所属企业派出，他通常不仅承担本项目的工作，而且同时承担原部门的工作(特别在项目初期和结束前)，甚至同时承担几个项目的工作，这就存在项目和原工作岗位之间或多项目之间的资源(还包括物资、时间和精力)分配的优先次序问题。这会影响他对一个项目的态度和行为。同时在工作中，他又不得不经常改变思维方式和工作方式，以适应不同的工作对象。

(6)合同作为项目组织的纽带，是各参加者的最高行为准则，但项目相关的合同有几十份甚至几百份，通常一份合同仅对两个签约者(如业主与某一承包商)之间有约束力，所以项目组织缺少一个统一的有约束力的行为准则。由于合同在项目实施前签订，不可能将所有问题都考虑到，而实际情况又会千变万化，合同中和合同之间常常存在矛盾和漏洞，而各参加者都站在自己的立场上分析和解释相关合同，决定自己的行为，因此项目的组织争执通常都表现为合同争执。合同常常又是解决组织争执的依据。

2.1.11.1 业主的组织行为问题

业主对工程项目承担全部责任，行使项目的最高权力，不直接具体地管理项目，仅作宏观的总体的控制和决策，业主通常不是工程管理专家。

(1)许多业主希望或喜欢较多地、较深入地介入工程项目管理，将许多项目管理的权力集中在自己手中，例如明文限制项目管理者的权力，经常对项目管理者和承包商进行非程序干预和越级指挥，这个行为的出发点可能有：

①他对项目管理者信任程度不够，对项目管理者的能力、责任心、职业道德、公正性产生怀疑。

②主观上希望将工程做得更为圆满。

③自负自己有较强的项目管理能力，但在实际上，他的知识、能力、时间、精力又常常不够，所以引起的问题很多。

④追逐权力的心理，不了解责权利平衡的原则，主观上希望自己拥有较多的权力而不想承担责任。

(2)在工程实施中许多业主过于随意地行使决策的权力，随意改变主意，如修改设计、变更方案，造成工期的延长和费用的增加，引起合同争执。由于经验和能力的限制，业主在作决策时常常不能顾及项目的整体的和长远的利益，不能顾及对其他参加者的影响和对工程实施过程的冲击，因此容易造成工期延长和费用增加，引起合同争执，而他却常常反过来责怪项目管理者管理不力。特别当业主比较自负时，更容易发生这些情况。

(3)在实际工作中经常还存在项目所属企业(业主的企业)其他相关部门对项目的非程序干预,以及合作或合资项目中各投资者都喜欢非程序化地干预项目的实施,造成项目的多业主状态,破坏了统一领导和指令唯一性原则。

(4)由于是业主发包、选择项目管理者和承包商、支付款项,买方市场和激烈的竞争,使业主常常产生高人一等的气势。在工程中业主常常不能正确对待项目管理者和承包商,有时不是以合作平等、公平的态度,而是以雇主居高临下的态度对待他们。业主的性格、能力、商业习惯、文化传统、偏见都会影响他的组织行为。

2.1.11.2　承包商的组织行为问题

(1)承包商的责任是圆满地履行合同,并获得合同规定的价款,而工程的最终效益(运行状态)与他没有直接的经济关系。他的主要目标是完成合同责任,降低成本消耗,以争取更大的工程收益(利润)。他较多考虑到自己的成本的优化,而较少考虑项目的整体的长远的利益,遇到风险或干扰,首先考虑采取措施避免或减少自己的损失。

(2)承包商工程控制的积极性与他所签订的合同类型和责任有关,例如:

①对工期控制的积极性由合同工期、工期拖延的罚款条款和提前奖励额度等因素决定。

②对成本控制,如果订立固定总价合同,则他有非常高的积极性;而如果订立成本加酬金合同,则他不仅没有积极性,而且会想方设法提高成本,以提高自己的收益。

③对质量控制的积极性通常由出现质量问题的处罚条款、保修期、保修条款等决定。在工程中承包商的三大目标的优先次序一般为成本、进度、质量。当发生目标争执时,承包商容易牺牲或放弃质量目标。

(3)项目中各承包商之间存在着复杂的界面联系。各承包商为了各自的利益,推卸界面上的工作责任,极力寻找合同中的漏洞和不完备的地方,及业主和项目管理者的工作失误进行索赔,争取自己的收益,遇到干扰(风险)首先考虑采取措施避免或减少自己的损失。

(4)承包商一般同时承担许多项目,在这些项目中他有自己的资源分配优先级别。根据本项目的特点,本项目在企业经营中的地位,承包商与业主、与项目管理者的关系等都会直接影响他对本项目的重视程度、资源保证程度。而这一切直接影响项目能否顺利实施。

2.1.11.3　项目管理者的组织行为问题

项目管理者包括项目经理和职能管理人员,他们的思维方式比较复杂。项目管理者接受业主的委托管理工程,行使合同赋予的权力,通常除管理合同规定的价款(包括奖励)外,他不应再从项目参加者任何一方获得其他利益。由于项目组织的特殊性,项目管理者的组织行为十分复杂,对整个项目组织和项目都有很大的影响。一般人们常常从项目管理者角色的特殊性和对项目经理的要求来透视他的组织行为。

(1)对整个项目而言,项目管理者具有参谋的职能,即作咨询、作计划、给业主提供决策的信息并进行分析、提供咨询意见和建议。但另一方面他们又承担直线管理的职能,即执行计划,对工程项目直接进行管理、监督、下达指令、检查工作,作评价。他不仅是项目的导演者、策划者,而且是直接参与者,是一个主角。所以人们常常要求项目经理既是注重创新、敢冒风险、重视远景、挑战现状的领导者,又是勤恳敬业、重视成本、处事谨慎、按照规则办事的管理者。

(2)项目管理属于咨询和服务工作,所以国外的很多项目管理公司、监理公司被称为咨询公司。它的工作很难定量化,其工作质量也很难评价。由于项目是一次性的,有特殊的环境和不可预见的干扰因素，所以项目管理成就的可比性差。这给对项目管理者的工作委托、监督、评价带来困难。项目能否顺利实施，不仅依赖于项目管理者的水平和能力，更重要的是依靠他的敬业精神和职业道德。

(3)项目管理者本身责权利不平衡。按照基本的管理原理，任何组织单元应体现责权利平衡，这是管理系统运行、进行有效控制的前提，但对项目管理者特别是专业化、社会化的项目管理者却存在如下问题：

①项目管理者有很大的责任，在项目组织中扮演着举足轻重的角色。工程项目最终的经济效益如何，工程能否顺利实施，项目能否优化，项目能否实现目标主要取决于他的工作(计划、组织、协调等)的效果。但项目管理者受雇于业主，没有决策权，只能提供方案论证资料、建议，由业主决策，必须听业主的指令。

尽管项目管理者有一些具体工作(特别在实施中)的决策权，但在实际应用中常受到业主或业主代表的限制和随意的干扰，有许多业主很喜欢行使属于项目管理者的权力，直接给承包者下达指令、付款，这使得项目管理者和下层承包商的工作都很难开展。

②项目管理者负责具体的工程管理工作，有很大的权力，例如作计划，调整计划、决定新增工程的价格，并直接给各项目参加者(承包商、供应商)下达指令，作组织协调。但项目管理者却没有相应的经济责任，或经济责任很小，如果由于项目管理者失误造成工程损失，则由业主负责对承包商赔偿。通常只有在如下情况下，他才在一定限额内承担责任。

a. 明显失职和犯罪行为；

b. 违法行为；

c. 侵犯第三方专利权、版权；

d. 明显的错误决策、指示造成损失。

在我国，许多建设单位将项目建成后交付使用单位，对项目的投资、经济效益却不承担任何责任。

③项目管理者在项目组织中承担举足轻重的责任，项目的最终经济效益依赖他的工作成就，但与他没有直接的经济上的联系，不参与项目运行过程中的利益分配。

按照通常的管理原理，被委托人不能与项目存在利益的联系，否则容易产生自我控制。项目管理者在项目中没有自己的利益，则容易公正地行事，但也容易产生不负责任的行为。

④项目管理者领导项目工作，作指挥和协调，但他对组织成员没有奖励和提升的权力，所以与企业领导相比，他的吸引力、权威、所能采取的组织激励措施是很有限的。他通常通过合同赋予的权力(如指令权、检查权、签发证书的权力)运作项目组织。

(4)由于项目是一次性的，项目组织、项目管理组织也是一次性的，特别在社会化、专业化的项目管理中，则有如下问题：

①业主对项目管理者(经理以及项目小组)的委托是一次性的。

②项目管理者的管理对象，包括项目任务本身，项目的各个参加单位是一次性的。

③项目管理组织内部人员组织也是一次性的。

(5)项目为短期组织，专业职能管理人员难以发挥作用，难以提升和受到上层重视，不堪忍受经常性组织变动带来的不安全感，更希望在职能部门中工作。通常属于职能部门比属于项目更有利于他们业务能力的提高和受到重视。

任务2.2　建设工程项目组织结构的形式

1. 工程名称：××现代服务产业区配套高管公寓项目

2. 工程地点：××开发区第一大街以南，顺达街以北，巢湖路与新城西路之间。

3. 工程概况：本工程地上为14栋建筑，其中1#～12#楼为8～18层公寓，13#、14#楼为1～2层公建，地下设置有地下车库，开挖深度7.45～7.75m。总占地约31338m^2，总建筑面积约113985m^2。结构类型为钢筋混凝土剪力墙结构，采用桩基础。

【工作任务】

试分析任务背景中的工程项目适合哪一种组织结构形式。

【任务目标】

1. 熟悉建设工程中常用的承包方式。

2. 掌握各种组织方式的优缺点及适用范围。

2.2.1　主要的承包方式

在现代工程中，工程承包方式多种多样，各自有各自的特点和适用条件。

(1)分阶段、分专业工程平行承包，即业主将设计、设备供应、土建、电气安装、机械安装、装饰等工程施工分别委托给不同的承包商。各承包商分别与业主签订合同，向业主负责(图2.6)。

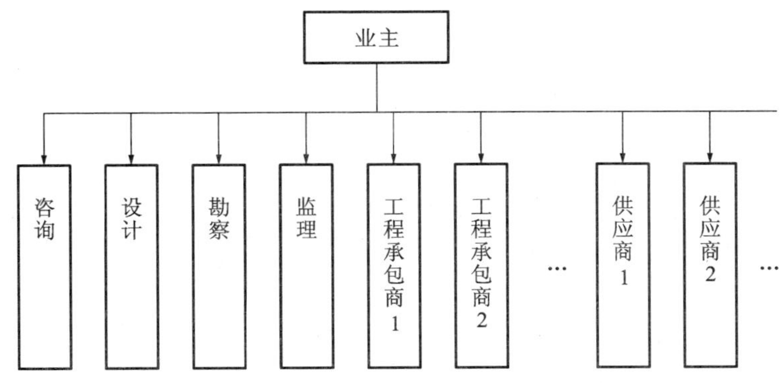

图2.6　平行承包

各承包商之间没有合同关系。这种方式的特点有：

①业主有大量的管理工作，有许多次招标，须作比较精细的计划及控制，因此项目前期需要比较充裕的时间。

②在工程中，业主必须负责各承包商之间的协调，对各承包商之间互相干扰造成的问题

承担责任。在整个项目的责任体系中会存在责任的“盲区”。例如由于设计单位拖延而造成施工现场图纸延误，土建和设备安装承包商向业主提出工期和费用索赔，而设计单位又不承担，或承担很少的赔偿责任。所以在这类工程中组织争执较多，索赔较多，工期比较长。

③对这样的项目业主管理和控制比较细，需要对出现的各种工程问题作中间决策，必须具备较强的项目管理能力。当然业主可以委托监理工程师进行工程管理。

④在大型工程项目中，采用这种承包方式的业主将面对很多承包商（包括设计单位、供应单位、施工单位），直接管理承包商的数量太多，管理跨度太大，容易造成项目协调的困难，造成工程中的混乱和项目失控现象。业主管理费用增加，最终导致总投资的增加和工期的延长。

⑤通过分散平行承包，业主可以分阶段进行招标，可以通过协调和项目管理加强对工程的干预。同时承包商之间存在着一定的制衡，如各专业设计、设备供应、专业工程施工之间存在制约关系。

⑥使用这种承包方式，项目的计划和设计必须周全、准确、细致。这样各承包商的工程范围容易确定，责任界限比较清楚。否则极容易造成项目实施中的混乱状态。

如果业主不是项目管理专家，或没有聘请得力的咨询（监理）工程师进行全过程的项目管理，则不能将项目分解太细。

长期以来我国的工程项目都采用这种分标方式。例如某城市地铁工程，业主签订了四千多份合同。

（2）全包（统包，一揽子承包，“设计—建造及交钥匙”工程，或“设计—施工—供应”总承包），即由一个承包商承包建设工程项目的全部工作，包括设计、供应、各专业工程的施工以及管理工作，甚至包括项目前期筹划、方案选择、可行性研究。承包商向业主承担全部工程责任。当然总承包商可以将全部工程范围内的部分工程或工作分包出去（图 2.7）。

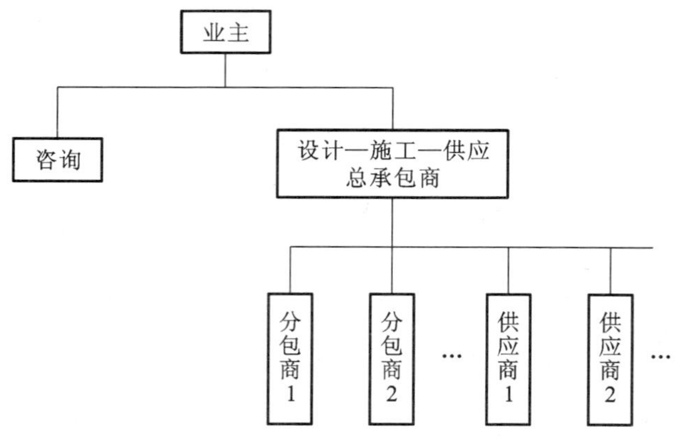

图 2.7 全包（总承包）

这种承包方式的特点有：

①通过全包可以减少业主面对的承包商的数量，这给业主带来很大的方便。业主事务性管理工作较少，例如仅需要一次招标。在工程中业主责任较小，主要提出工程的总体要求（如工程的功能要求、设计标准、材料标准的说明），作宏观控制，验收结果，一般不干涉承包商的工程实施过程和项目管理工作，所以合同争执和索赔很少。

②这使得承包商能将整个项目管理形成一个统一的系统，避免多头领导，降低管理费用；方便协调和控制，减少大量重复的管理工作，减少花费，使得信息沟通方便、快捷、不失真；有利于施工现场的管理，减少中间检查、交接环节和手续，避免由此引起的工程拖延，从而使工期（招标投标和建设期）大大缩短。

③项目的责任体系是完备的。无论是设计与施工，施工与供应之间的互相干扰，还是不同专业之间的干扰，都由总承包商负责，业主不承担任何责任，所以争执和索赔较少。

所以全包工程对双方都有利，工程整体效益高。

目前这种承包方式在国际上受到普遍欢迎。国际上有人建议，对大型工业建设项目，业主应尽量减少他所面对的现场承包商的数目（当然，最少是一个承包商，即采用全包方式）。

④在全包工程中业主必须加强对承包商的宏观控制，选择资信好、实力强、适应全方位工作的承包商。承包商不仅需要具备各专业工程施工力量，而且需要很强的设计能力、管理能力、供应能力，甚至很强的项目策划能力和融资能力。据统计，在国际工程中，国际上最大的承包商所承接的工程项目大多数都是采用全包形式。

由于全包对承包商的要求很高，对业主来说，承包商资信风险很大。业主可以让几个承包商联营投标，通过法律规定联营成员之间的连带责任，“抓住”联营各方。这在国际上一些大型的和特大型的工程中是十分常见的。

(3)业主也可以采用介于上述两者之间的中间形式，即将工程委托给几个主要的承包商，如设计总承包商、施工总承包商、供应总承包商等。这种方式在工程中是极为常见的。

(4)非代理型的CM承包方式，即CM/non-Agency方式。

CM(Construction Managent)承包方式有两种，其中非代理型的模式见图2.8。CM承包商直接与业主签订合同，接受整个工程施工的委托，再与分包商、供应商签订合同。

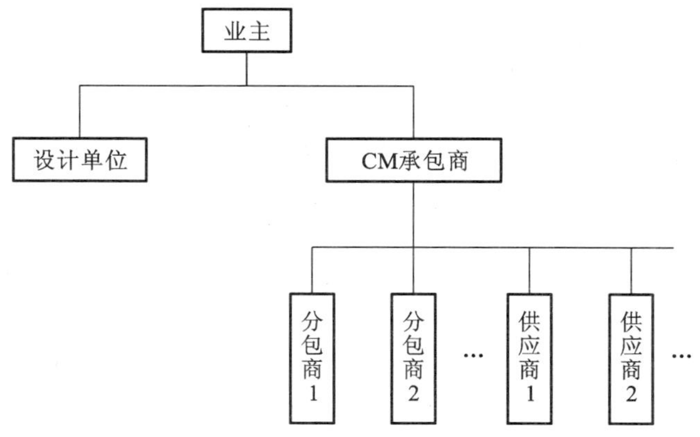

图2.8　非代理型CM承包

2.2.2　直线式项目组织

2.2.2.1　直线式组织形式的应用

通常独立的项目和单个中小型的工程项目都采用直线式组织形式。这种组织结构形式与项目的结构分解图有较好的对应性。如一般中小型的建设工程项目组织采用如图2.9所示的直线式组织形式。

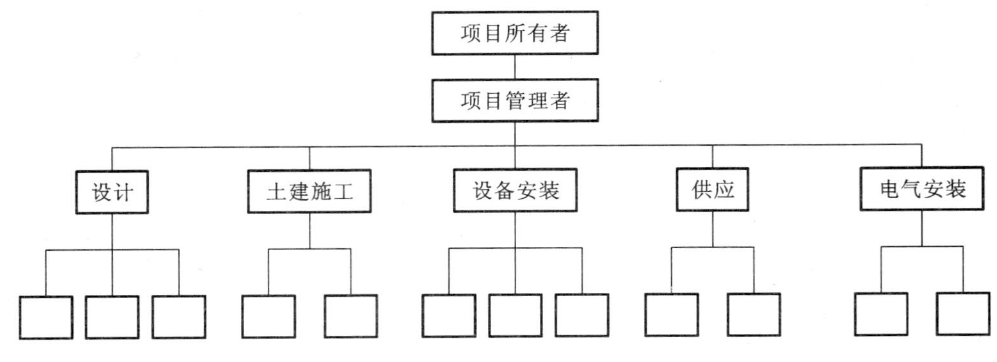

图 2.9 项目直线式组织形式

2.2.2.2 直线式项目组织的优点

(1)保证单头领导,每个组织单元仅向一个上级负责,一个上级对下级直接行使管理和监督的权力即直线职权,一般不能越级下达指令。项目参加者的工作任务、责任、权力明确,指令唯一,这样可以减少扯皮和纠纷,协调方便。

(2)它具有独立的项目组织的优点。特别是项目经理能直接控制资源,向客户负责。

(3)信息流通快,决策迅速,项目容易控制。

(4)组织结构形式与项目结构分解图式基本一致。这使得目标分解和责任落实比较容易,不会遗漏项目工作,组织障碍较小,协调费用低。

(5)项目任务分配明确,责权利关系清楚。

2.2.2.3 直线式项目组织的缺点

总体上,直线式项目组织具有与独立式项目组织相似的缺点。

(1)当项目比较多、比较大时,每个项目对应一个组织,不能使企业资源合理使用。

(2)项目经理责任较大,一切决策信息都集中于他处,这要求他能力强、知识全面、经验丰富,否则决策较难、较慢,容易出错。

(3)不能保证企业部门之间信息流通速度和质量,权力争执会使项目和企业部门间合作困难。例如工程施工单位发现设计问题不能直接找设计单位,必须先找项目经理再转达设计单位;设计变更后,先交项目经理,再到达施工单位。

(4)企业的各项目间缺乏信息交流,项目之间的协调、企业的计划和控制比较困难。

(5)在直线式组织中,如果专业化分工太细,会造成多级分包,进而造成组织层次的增加。

2.2.2.4 项目管理者的选择

对居于项目领导地位的项目管理者有如下几种方式选择:

(1)由项目参加者的某牵头部门负责,在我国通常由设计单位或土建单位担任这个角色,而在国外以前经常由建筑师牵头。牵头部门一般为项目的主导专业或部门,在项目实施中起主导作用,企业内的许多项目也采用该形式。

这种选择的优点:牵头部门负责最大、最重要,而且持续时间最长的任务,居于项目中间,能起到总协调作用,其他部门仅完成自己的任务。

它的缺点有：

①牵头部门(单位)一般仍较多地考虑自己利益，从自己角度观察项目，进行项目管理，它的公正性、客观性经常会受到质疑。

②通常牵头部门(单位)负责的任务，也仅在项目的某阶段，而非全过程，有时不同的阶段需要不同的牵头部门，这样在整个项目过程中协调不足，会造成管理脱节，权力和责任没有连续性。

(2)由每个项目参加部门(单位)派出代表组成一个委员会，领导项目实施，各委员单位负责各自项目任务，通过定期会办协调整个项目实施。在合资项目或几个承包商联营承包的项目中多采用这种形式。

这种组织协调比较容易，能照顾到各方面的利益。但它的缺点也是十分明显的：缺少一个居于全面领导地位的项目管理者；各参加者首先考虑自己的利益和工作范围，较少顾及甚至不顾项目整体利益；日常协调的重点多为眼前出现的问题，而对将来、对全局性问题协调较少；容易造成项目组织的散漫和指挥失调。

弥补这些缺点比较好的办法是委托当地政府或上级主管部门，或企业最高领导作为项目总经理或总指挥。由于他的权威较大，项目组织协调方便。在我国计划经济时代，许多项目指挥部都采用这种形式，常常以副部长，或副省长、副市长作为总指挥。

(3)委托项目管理者，如委托项目管理公司、咨询公司。

业主委托项目管理公司或自己招募项目管理人员，以负责整个项目的协调工作。项目管理者承担全部管理职能，如计划、实施准备、工程监督、质量、成本、进度管理、作各种报告等。

项目经理为专业管理人员，这有利于项目管理经验的积累和项目管理水平的提高，它是项目管理专业化、社会化的形式，在国内外都已非常普遍。但项目管理者接受委托而管理项目，指令权较少，管理任务重，责任大。在项目实施中业主必须有较多的参与，特别是应承担各种决策工作。

2.2.3　矩阵式项目组织

2.2.3.1　矩阵式组织形式的应用

矩阵式项目组织形式通常应用在以下两种情况下：

(1)企业同时承担许多项目的实施和管理，各个项目起始时间不同，项目的规模及复杂程度也有所不同，此外在灵活的小组式的工作任务很多的企业中也使用矩阵式项目组织形式。

(2)进行一个特大型项目的实施，而这个项目可分为许多自成体系，能独立实施的子项目。将各子项目看作独立的项目，则相当于进行多项目的实施。

由于同时进行许多项目的实施，企业组织要能适应项目规模、复杂程度、工期、任务的变化，适应很多项目对有限资源的竞争，要求这些项目尽可能有弹性地存在于企业组织中，则矩阵式组织形式是十分有效的(图2.10)。

这种项目组织一般有两类部门划分：

(1)按专业任务分类的工作部门，主要负责职能管理和企业资源的分配和利用，作各种

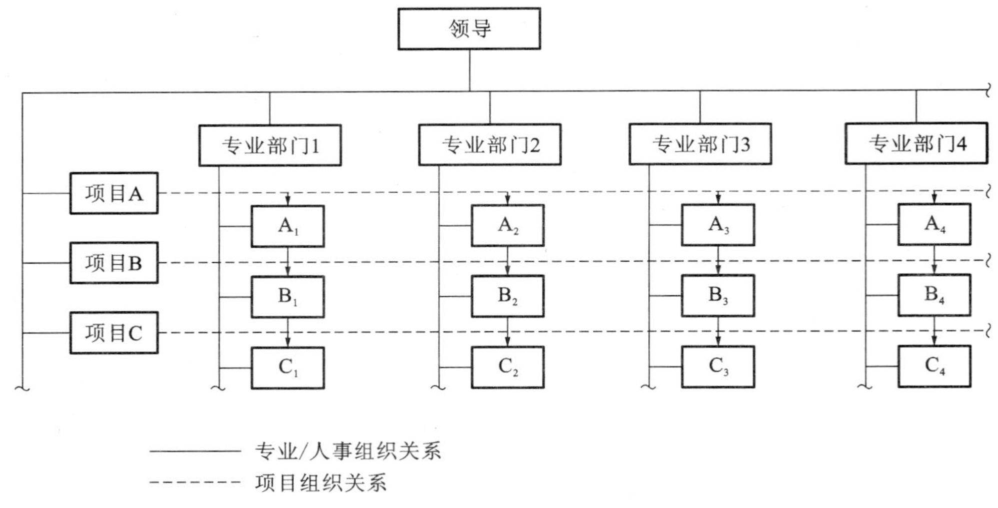

图 2.10 矩阵式项目组织形式

规划、决策，具有与专业任务相关的指令权。

(2)按产品对象即项目(或子项目)分类的部门，主要围绕项目对象，对它的目标负责，协调项目各工作环节及项目过程中各部门间的关系，具有与项目相关的指令权。

矩阵式组织是原则上价值相同的两个领导系统的叠合，为双方共同工作，完成项目任务，使部门利益和项目目标一致。在两个系统的集合处存在界面，需要具体划分双方的责任、任务，以处理好之间的关系。通常项目领导主要负责何时、干什么的问题，解决任务的变更和工期问题，而专业组织主要解决怎样干和谁干的问题，对专业或职能工作负责。

企业对项目经理的授权不大，他没有项目的全部经营管理权力，常常依赖于部门经理的支持，向部门经理委托任务。

2.2.3.2 矩阵式组织的优点

(1)能够形成以项目任务为中心的管理，集中全部的资源(特别是技术力量)为各项目服务，项目目标能够得到保证，能够迅速反映和满足顾客要求。对环境变化有比较好的适应能力。

(2)由于各种资源统一管理，能达到最有效地、均衡地、节约地、灵活地使用资源，特别是能最有效地利用企业的职能部门人员和专门人才。能够形成全企业统一指挥，协调管理，进而能保证项目和部门工作的稳定性和效率。一个公司项目越多，虽然增加了计划和平衡的难度，但上述这种效果越显著；在另一方面又可保持项目间管理的连续性和稳定性。

(3)在矩阵式组织中，项目组成员仍归属于一个职能部门，这不仅保证了组织的稳定性和项目工作的稳定性，而且使得人们有机会在职能部门中通过参加各种项目，获得专业上的发展，积累丰富的经验和阅历。

(4)矩阵式组织结构富有弹性，有自我调节的功能，能更好地适合于动态管理和优化组合，适合于时间和费用压力大的多项目和大型项目的管理。例如某个项目结束，仅影响专业部门的计划和资源分配，而不影响整个组织结构。

(5)矩阵组织结构、权力与责任关系趋向于灵活，能在保证项目经理对项目最有力的控制前提下，充分发挥各专业职能部门的作用，保证有较短的协调、信息和指令的途径。决策层—职能部门—项目实施层之间的距离最小，沟通速度快。

(6)组织上打破了传统的以权力为中心的思想，树立了以任务为中心的思想。这种组织的领导不是集权的，而是分权的、民主的、合作的，所以管理者的领导风格必须变化。组织的运作必须是灵活的、公开的。人们信息共享，需要互相信任与承担义务，容易接受新思想，整个组织氛围符合创新的需要。

各部门独立于它的上级领导，有较大的决策空间，工作有挑战性，所以通常人们的工作热情和效率较高，能有好的项目效益。同时组织的运行过程是管理人员的培训过程。

矩阵组织能同时兼顾产品(或项目)和专业职能活动，职能部门和项目组共同承担项目任务，共同工作，各参加者独立地追求不同部门和不同项目利益的平衡，能够发挥双方的积极性，所以它综合了项目组织和职能组织的优点。

(7)在这种组织形式中促进人们互相学习，交流知识和信息，促进良好的沟通。

(8)组织层次少，具有大跨度组织的优点。

2.2.3.3　矩阵式组织的缺点

(1)存在组织上的双重领导，双重职能，双层汇报关系，双重的信息流、工作流和指令界面。这要求有熟练的严密的组织规范和措施，否则极易产生混乱和职能争执，甚至会出现对抗状态。矩阵结构运行中存在项目领导和部门领导的界面，双方容易产生争权、扯皮和推卸责任现象。所以必须严格区分两大类工作(项目工作和部门工作)的任务、责任和权力，划定界限。这样管理组织程序复杂，对管理规范化和程序化要求高。

(2)由于存在双重领导，因此信息处理量大，会议多，报告多。

(3)必须具有足够数量的、经过培训的、强有力的项目领导。

(4)由于许多项目同时进行，造成项目之间竞争专业部门的资源。而一个职能部门同时管理几个项目的相关工作，则其资源的分配问题是关键。由于项目间的优先次序不易解决，因此带来协调上的困难。由于要争夺有限的资源(如资金、人力、设备)，职能经理与项目经理之间容易发生矛盾，项目经理要花许多精力和时间周旋于各专业部门之间，以求搞好人事关系。由于存在部门和项目权力上的差别，因此造成项目经理或部门领导的越权，以及双方的矛盾，界面管理的难度和复杂性增加。

(5)采用矩阵式的组织结构会导致对已建立的企业组织规则产生冲击，如职权和责任模式、生产过程、后勤系统、资源的分配模式、管理工作秩序、人员的评价等。若更进一步，会对企业的管理习惯、组织文化产生冲击。

(6)需要很强的计划性与控制系统，由于项目上对资源数量与质量的需要高度频繁地变化，难以准确估计，因此可能会造成混乱、低效率，使项目的目标受到损害。

(7)矩阵式组织成功的关键是准确的项目工作结构分解和定义，而且项目结构分解应适用于项目的组织结构。应该建立起正式的职责、权限和义务关系，需要完备的组织规则、程序，明确的职权划分，企业管理和项目管理必须规范化、标准化。

2.2.3.4　矩阵式组织的运作

矩阵式组织实际是在传统的纵向职能管理基础上强调项目导向的横向协调作用，既保留专业分工(职能)的技术推动力，又突出项目综合的需求牵引性，强调信息双向流动和双向反馈机制。

(1)在矩阵式组织结构中,项目经理是公司与顾客之间的媒介。在确定项目目标后由项目经理决定做什么、多少费用、何时做等问题,以完成项目,使客户满意。他制订项目进度计划和预算,为公司的各个职能部门划分具体工作任务和预算,向客户及公司上层管理层汇报项目进展情况。他的工作重点是进行综合,即保证把一个项目的各部分在适当时间结合在一起,使之作为一个综合体运行。项目经理要与有关职能经理协商,以取得所需资源。

(2)职能经理的职责是决定如何完成分配的任务、每项任务由谁负责,安排资源,在技术上指导和领导项目中的专业或职能工作人员。他有责任确保该职能部门承担的所有任务都能在给定的预算范围内,按照项目的技术要求准时完成。职能经理把许多人员分配到同时进行的各个项目或任务中,对他们的工作任务进行监控,并根据各个项目的需要配置资源。人们可以通过项目部门和职能部门这两种途径发现潜在的问题,迅速做出反应。

(3)矩阵式组织的应用需要一定的条件,要使它有良好的运作也需要有一定的技巧。

①矩阵式项目组织会对原有的企业机制产生冲击,人们会有许多阻力。高级管理层的支持与信任是成功的关键因素,必须能够通过克服阻力来推进革新。通常一个新的组织(如一个新企业)采用矩阵式项目组织较容易取得成功;而对于一个规模大且历史悠久的公司,由于牢固的官僚体制,要推行矩阵式项目组织形式是十分困难的。

如果矩阵式的项目组织结构对传统职能组织破坏太大,就可能导致失败。

②项目的每个决策和行动都必须跨过项目-职能界面来协调。由于项目目标与职能目标差别很大,这个界面是个自然的矛盾状态,合作和协商是项目成功的关键。应注重协调项目经理与职能经理的关系,必须使项目经理和职能经理充分理解矩阵式组织的具体原则和角色。矩阵组织形式需要有强力的职能组织,以对项目提供资源、管理服务的支持,同时又要挑选强有力的项目经理。两个经理的关系协调不好常常是矩阵式组织运作困难或失败的主要原因,如:

由于过于强调项目任务和目标的重要性,使职能经理明显地感受到了威胁,而不积极支持项目工作;

由于项目经理没有直接的支配资源的权力,他仅将自己看成一个协调者而不是真正意义上的管理者;

项目经理和职能经理之间缺乏信任、团结和使命感;

组织中缺少开放的横向信息沟通的气氛,职能经理只对高层领导提出报告,项目经理一遇到问题和困难就将矛盾上交,而不是积极地互相沟通,造成组织摩擦和效率低。

(4)对在项目运作中双方的权限和责任应有个清楚的划分和理解,以此作为整个组织的书面政策。项目经理要有权去制订一个项目的总体计划,并获得各个职能部门提供资源支持的承诺。没有这个权力,项目经理就很可能在资源分配、预算和进度方面与职能部门有持续的矛盾。

矩阵式结构的高效率运行是以有效的管理系统和运行规则,特别是组织规则、组织界面的清晰划分为前提的,而不是靠组织指令运行。所以必须重视管理系统的设计。

(5)项目经理必须与职能经理经常交流并相互影响,建立良好的关系,否则项目的运作将十分困难。他们必须每日互相交流,不能发出相互矛盾的命令。

(6)在矩阵式组织中，高层领导要有全面的组织能力，处理好项目管理和职能部门的关系，监视在项目运行过程中的组织界面，解决项目实施过程中的争执。他通常采用各项目经理和职能经理定期会办的形式来解决协调问题，不要等到项目经理或职能经理将矛盾上交了再解决。

为了加强双向协调，有时在企业总经理下设一个强有力的班子(如由总工程师负责)作经常性的协调。甚至让一个经验丰富的，且有威望的总企业副总经理作总项目经理坐镇在矩阵式组织结构的顶点。

(7)在矩阵式组织中，在职能经理和项目经理之间权力和利益的平衡或权力的分享是十分重要的，但不可能有真正的权力平衡，每个管理界面的权力平衡是无法保证的。

①人们在矩阵式组织设置时，对相对重要的项目，将权力偏向于项目，项目上的指令权大一些，这就是强矩阵式组织；反之，则是弱矩阵式组织。实践证明，即使在一个企业中，对同时承接的各个项目，其矩阵式组织的强弱程度是不一样的。一个项目对公司特别重要(如作为形象工程)，或者预算和进度很紧，最高管理层感到项目经理需要处于很强的地位。

在实际工程中，不管采用直线式或矩阵式组织，都会有部分人员保留在项目中，部分人员仍保留在职能部门中。实践证明，矩阵式项目组织有一半以上的技术人员仍保留在他们各自的职能部门中的，要比寄生式项目组织或是独立式项目组织更容易获得项目的成功。

②最高管理层对项目和职能之间不同的优先级，直接影响权力和责任的平衡。通常职能经理和项目经理都希望直接对总裁负责，以能够获得有力的上层支持。

③如果一个项目经理的谈判和说服才能很高，则有可能获得更多的资源支持和保证。

2.2.4　项目组织形式的选择

从上述可见，一个项目有许多种组织形式可以选择，如寄生式组织、独立式组织、直线式组织、矩阵式组织。矩阵式项目组织还可以分为弱矩阵型和强矩阵型。这些项目组织形式，各有其使用范围、使用条件和特点。不存在唯一的适用于所有组织或所有情况的最好的组织形式，即我们不能说哪一种项目组织形式先进或落后，好或不好，必须按照具体情况分析：

(1)项目自身的情况，如规模、难度、复杂程度、项目结构状况、子项目数量和特征。

(2)上层系统(企业)组织状况，同时进行的项目的数量，及其在本项目中承担的任务范围。若同时进行的项目(或子项目)很多，必须采用矩阵式的组织形式。

(3)应采用高效率、低成本的项目组织形式，能使各方面有效地沟通，各方面责权利关系明确，能进行有效的项目控制。

(4)由于项目与企业部门之间存在复杂的关系，而其中最重要的是指令权的分配。不同的组织形式有不同的指令权的分配。对此企业和项目管理者都应有清醒的认识，并在组织设置及管理系统设计时贯彻这个精神。

(5)不同的组织结构可用于项目生命周期的不同阶段，即项目组织在项目期间不断改变。例如，项目早期仅为一个小型的研究组织，可能为寄生式的；进入设计阶段可能采用直线式组织，或由一职能经理领导进行项目规划和设计，合同谈判。

在施工阶段为一个生产管理为主的组织，对一个大项目可能是矩阵式的；在交工阶段，需要各层次参与，再次产生集中的必要，通常仍回到直线式组织。

(6)通常强矩阵型的组织形式比弱矩阵型或平衡矩阵型组织更能确保项目目标的实现，且比独立式项目组织形式更有效地降低项目成本。

(7)项目组织形式的选择还须参考一些评价指标。

任务 2.3 建设工程项目经理部

任务背景

工程概况：

1. 工程名称：××现代服务产业区配套高管公寓项目。

2. 工程地点：××开发区第一大街以南，顺达街以北，巢湖路与新城西路之间。

3. 工程概况：本工程地上为 14 栋建筑，其中 1#～12# 楼为 8～18 层公寓，13#、14# 楼为 1～2 层公建，地下设置有地下车库，开挖深度 7.45～7.75m。总占地约 31338m²，总建筑面积约 113985m²。结构类型为钢筋混凝土剪力墙结构，采用桩基础。

【工作任务】

结合任务背景谈一谈如果你作为该项目的项目经理首先应该做什么。

【任务目标】

1. 了解项目管理者的主要工作。

2. 熟悉常见的项目管理模式。

3. 掌握现代工程对项目经理的要求。

相关知识

2.3.1 项目管理组织的概念

对于一个建设工程项目，业主、承包商(甚至分包商)、设计单位、供应单位都有自己的项目经理部和人员。他们之间有各种联系，有各种管理工作、责任和任务的划分，形成项目总体的管理组织系统。这个组织系统和项目组织有一致性，所以人们常常并不十分明确区分项目组织和项目管理组织，而将它们统一起来。

在工程项目中，业主建立的或委托的项目经理部居于整个项目组织的中心位置，在整个项目实施过程中起决定性作用。项目经理部以项目经理为核心，有自己的组织结构和组织规则。工程项目能否顺利实施，能否取得预期的效果，实现目标，直接依赖项目经理部，特别是项目经理的管理水平、工作效率、能力和责任心。下面就以它作为主要论述对象。

2.3.2 项目管理的主要工作

(1)前期策划阶段

在这个阶段，项目管理者作为咨询工程师为业主决策提供信息、咨询意见和建议，包括：项目目标系统的建立与分析；提出实施目标的设想；对已有的问题、条件与资源进行调查；土地价值评价；进度与财务安排；作项目建议书；作可行性研究并提出报告等。

(2)项目设计和计划阶段

在这个阶段，项目管理者所做的工作包括：场地选择及调研；项目总体策划，制订项目的方针、策略和总体计划；作项目系统定界和结构分析；提出设计要求和编制设计招标文件；对项目实施作总体安排，作项目的实施计划，包括总体方案、进度表、费用（投资）预算、资金需求计划等；设计工作控制和协调；起草项目手册；建立项目管理系统，选择项目管理人员等。

(3)招标投标阶段

在这个阶段，为业主选择承包商和签订合同提出建议和论证，在业主授权范围内作决策，起草各种文件，召集各种会议。协助业主进行合同策划，提出分标建议和项目管理模式的建议；起草招标文件和合同文件；进行资格预审；招标中的各种事务性工作，如组织标前会议，下达各种通知、说明；组织开标；评标、作评标报告；召开澄清会议；参与选择承包商；分析合同风险并制订排除风险的策略，安排各种保险和担保等。

(4)工程施工阶段

为业主实施过程中的项目管理工作，进行项目目标控制，监督、跟踪项目实施过程，保证项目顺利实施。①施工准备阶段。牵头进行施工准备，包括现场准备、技术准备、资源准备等，与各方面进行协调；签发开工令。②质量控制。审核承包商的质量保证体系和安全保证体系；对材料采购、实施方案、设备进行事前认定；对材料、设备进行进场检查、验收；对工程施工过程进行质量监督、中间检查；对不符合要求的工程、材料、工艺的处置指令权；对已完工程进行验收；组织整个工程验收、安装调试和移交；为项目运行作各种准备，如使用手册、维修手册、人员培训、运行物质准备等。③进度控制。审核承包商的实施方案和进度计划；监督项目参加者各方按计划开始和完成工作；要求承包商修改进度计划，指令暂停工程，或指令加速进度；处理工期索赔要求。④投资控制。对已完工程进行量方；控制项目内部和外部费用支出；指令各种形式的工程变更，并决定变更价格；处理费用索赔要求；审查、批准进度付款，准备竣工结算以及最终结算，提出结算报告。⑤合同管理。解释合同，确保项目人员了解合同，遵守合同；对来往信件进行合同审查；审查承包商的分包合同，批准分包单位；调解业主和承包商，及承包商之间的合同争执。⑥信息管理。建立管理信息系统，并保证其有效运行；收集工程过程中的各种信息，并予以保存；起草各种文件；向承包商发布图纸、指令；向业主、企业和其他相关各方提交各种报告。⑦组织协调培训项目职能人员，加强团队精神；领导项目经理部工作，积极解决出现的各种问题和争执；协调各参加者的利益和责任，调解争执；向企业领导和企业职能部门经理汇报项目状况；举行协调会议。

(5)项目后期工作

工程建设的总结、提出工程总结报告；项目审计；进行项目后评估；总结项目经验教训。按照业主的委托对项目运行情况、投资回收等进行跟踪。

2.3.3 项目管理组织设计

上述项目管理工作必须由相应的人员来完成，必须建立相应的项目管理组织。项目管理组织设计是项目组织设计的重要组成部分。

(1)项目管理目标的确定。由于项目管理的对象是项目,是为了项目顺利实施和项目的整体效益,因此项目管理目标由项目目标确定,主要体现在工期、质量、成本三大目标上。

(2)项目管理模式的确定和项目管理组织形式的选择。上层管理者必须确定哪些管理工作由业主自己完成,哪些必须委托出去由他人完成,或包括在工程承包合同中由承包商负责;项目经理部采取什么样的组织形式。

(3)项目管理工作任务、责任、权力的确定。业主必须对项目经理授权,这些权力是他完成责任所必需的。这通常由项目管理(咨询)合同,或项目管理委托书,或工程承包合同定义。对由项目经理部所完成的管理工作进行详细分析,确定项目管理工作流程、操作程序、工作逻辑关系。通过流程分析,可以构成一个动态的管理过程。确定各种管理职能的关系,例如前面图 1-4、图 4-2 都为管理流程的表达形式。管理流程的设计是一个重要环节,它对管理系统有秩序的运行以及管理信息系统设计有很大影响。

(4)确定详细的各种职能管理工作任务,并将工作任务落实到人员或部门。项目经理向各职能人员、部门授权,作管理工作和任务分配表。它确定了项目管理组织成员之间,以及他们与项目组织之间,以及与外界(项目的上层系统)的职责关系、权力界限、工作联系。管理工作不要分解太细,否则工作范围太窄,没有挑战性,也不会有成就感。

(5)建立各职能部门的管理行为规范和沟通准则,形成管理规范,作为项目管理组织内部的规章制度。这通常由各参加者协商同意,并在《项目手册》中说明。

(6)项目管理人员的选择和任命(或委托、签订管理合同)。项目管理组织应尽早成立,或尽早委托,尽早投入,在项目过程中,它应有一定的连续性和稳定性。

(7)在上述基础上进行管理信息系统的设计。即按照管理工作流程和管理职责,确定工作过程中各个部门之间的信息流通、处理过程,包括信息流程设计、信息(报表、文件、文档)设计、信息处理过程设计等。由于项目的一次性,通常项目管理系统设计也都是一次性的。但对一些项目型企业,或采用矩阵式组织的大项目,项目管理系统可成为一个标准化统一的形式。

2.3.4 项目管理的社会化

将整个项目管理任务以合同的形式委托出去,让其他单位负责管理事务,这是项目管理的一大特点。最典型的是建设工程监理制度。我国自 20 世纪 90 年代以来推广建设项目监理制度,这是建设工程管理社会化的一个重要步骤。

2.3.4.1 监理工程师在工程中的作用

(1)作为业主的代理人

监理工程师的首要作用是,作为业主的代理人,为业主提供专职的,从咨询、设计、计划,到工程实施控制,甚至运行管理等全套的咨询和管理服务,为业主承担工程项目管理的大量事务性工作。这有如下好处:

①方便、简单、省事。业主只需和监理工程师签订监理合同,支付监理费,在工程中按合同检查、监督监理工程师的工作。对承包商的工程只需作总体把握,答复请示,作决策,而具体事务性管理工作都由监理工程师承担。

②业主可以获得一个高效益的工程项目。与业主自行管理工程相比较,监理工程师对

工程效益的好处有：

a. 经济上有利，费用省。业主只需按监理合同支付监理费，工程结束，则合同失效。

b. 由于监理工程师的管理水平高，计划周密，管理中的失误少，能对投资实施最有效的控制。这能有效地减少业主的违约行为，减少工程索赔，减少投资的追加。

c. 通过监理工程师卓有成效的工作，能排除或降低各种干扰的影响，保证工程按预定计划投入运行，交付使用，及早实现投资目的，业主能获得一个整体效益高的工程。

③促进项目管理的专业化，项目管理经验容易积累，管理水平提高。监理工程师熟悉工程项目的实施过程，熟悉工程技术，精通项目管理知识，有丰富的项目管理经验和经历，能将项目的设计、计划做得十分周密和完美，能够对项目的实施进行最有力的控制。

(2)作为承包合同的中间人

监理工程师作为承包合同的第三方，在合同双方之间起协调、平衡作用，站在公正的立场上，对承包合同实施起社会监督作用。他能公正地、公平合理地处理和解决问题，协调各方面的关系。由于承包合同双方利益和立场不一致，会造成双方行为的不一致和矛盾。监理工程师可以在工程中起缓冲作用，调解争执，协调双方的立场，使合同双方的各自利益得到保护和平衡。监理工程师的具体作用有：

①保证业主能够及时地获得承包合同所确定的合格工程，并保护业主利益。一般业主不精通承包合同和相应的法律，不懂工程技术和管理，所以很难有效地保护自己利益。监理工程师首先必须保护业主利益，这不仅因为他受雇于业主进行工程管理，而且通常业主的根本利益为节约投资，尽早实现投资目的，这与工程管理的总目标是一致的。

②使承包商获得合同规定的合理报酬，保护承包商的合法权益。由于利益、立场、专业知识局限、偏见等，业主常常不能公正地对待承包商。在工程中，业主处于有利的主导地位，例如他通过起草合同条件使合同中的风险分配不平等、不合理；在工程中滥用指令权、检查权、满意权等，苛刻地要求承包商；不承认承包商的合理要求等。这一切使得承包商所处地位很不利。承包商的权益受到侵害不仅会造成法律上的问题，而且影响承包商履约积极性，加大承包商的风险，最终对业主、对工程的整体效益不利。所以，监理工程师不仅要保护业主利益，而且还要劝说业主正确对待承包商的利益。

③从工程整体效益和社会效益的角度出发，客观地、公正地解释合同，处理工程事务。通常承包合同赋予监理工程师许多权力和职责。在工程中，业主和承包商一般不直接交往，具体事务都通过监理工程师联系、转达。所以监理工程师作为双方的纽带，可以缓冲矛盾，缩短双方的距离，保证双方有一个良好合作环境和气氛。所以，监理工程师在工程中不仅仅是业主的雇员，而且是有独立地位、独立解决问题和处理问题权力的人。

2.3.4.2　监理工程师的任务定义

在不同的工程中，监理工程师的任务、职责、权力不一样。它们常常跟业主对监理工程师的信任程度、依赖程度、工程需要和业主自身的工程管理能力、水平等因素有关系。监理工程师的工作任务由如下三个方面决定：

(1)业主与监理工程师的监理合同。业主将工程项目委托给监理工程师，必须与他签订一个监理合同。在该合同中具体规定业主与监理工程师之间的责权利关系。业主赋予监理工程师管理承包合同和工程的职责。

(2)承包合同。虽然监理工程师不是承包合同的签约者,但按照惯例,承包合同(如FIDIC合同)对监理工程师的作用、权力、责任都有明确的具体的规定。承包合同是在工程过程中协调业主、监理工程师、承包商三者关系的最根本的依据。

(3)业主对监理工程师权力的限定。即使使用FIDIC这样标准的合同条件,业主仍有权力书面限定监理工程师的权力,或要求监理工程师在行使某些权力时得到业主的批准。

2.3.4.3 应用监理制度的注意点

(1)工程监理制度并不是完美无缺的,它本身也存在着许多问题。它的一个最基本的问题就是本书前面分析的项目管理者责权利不平衡。这主要表现在如下几个方面:

①承包合同(如FIDIC合同)赋予监理工程师以很大的权力,但他不作为承包合同的签约方,他作为业主的代理人和委托人,对上述行为不承担法律的和经济的责任。尽管监理工程师与业主之间有监理合同,监理工程师的行为必须受监理合同的制约,但监理工程师在工程管理中的工作失误都由业主承担责任。所以监理工程师的权力和经济责任是失衡的。

②项目能否顺利实施,工程能否按期完成,能否符合预定的质量标准,达到预定的功能,业主投资的多少等,直接依赖监理工程师的工作能力、经验、积极性、公正性、管理水平等。但监理工程师与工程的最终经济效益无关,同时他没有决策的权力,无权进行合同变更。

③监理工程师必须公正地行事,不偏向任何一方,以没有偏见的立场解释和执行合同。但监理工程师的公正性是很难衡量、评价和责难的。监理工程师的职业道德、工程习惯、文化传统、工作能力、工作的深入程度、甚至民族偏见都可能影响他的公正性。而如果监理工程师不能公正行事会给工程监理制度带来许多弊病。

④监理工程师为业主、为工程提供的是咨询、管理方面的服务。他的工作很难用数量来定义,他的工作质量很难评价和衡量。

鉴于以上问题,在国际上,许多人对监理制度提出批评,甚至有人建议取消监理工程师对争执的决定权。但在业主与承包商这两个利益不一致的合同组合体中,又得有一个第三者来协调,这对工程整体利益有利。

(2)监理工程师在工程中有极其重要的作用,但工程监理制度本身又有许多问题,这是一种矛盾。无论是社会推广监理制度,还是业主选择监理工程师,或承包商投标报价和进行工程施工,都必须注意这个问题。

①社会要推行监理制度,必须建立一整套管理和制约的机制以发挥监理制度的优越性,克服它的不足,扬长避短。

a.必须建立一套严格的监理工程师资质考核、审查、批准制度。监理工作需要综合性人才,它不是一般的工程技术和管理人员(如施工工程师)所能胜任的。推广监理制度需要大量的、合格的监理工程师。如果监理工程师滥竽充数,会对工程建设带来很大的影响。要做一个合格的能胜任工作的监理工程师必须从如下两方面着手:第一,接受系统的工程监理方面专业知识和技能的培训。第二,有实际工程管理的经验和经历。由于实际工程非常复杂,监理工程师的工作综合性强,他必须具有处理和解决实际工程问题的能力。应从这两个方面对监理工程师的资质进行培训、考核、审查、批准,建立一套相应的社会机制,从质的方面把握。

b. 监理工程师的工作应程序化、规范化和标准化。它们包括许多方面内容，对工程监理重要的是建立建设工程项目的工作程序，详细划分工程各阶段的工作，并确定在这些阶段监理工程师的职责、权力和相应的取费标准等，并形成一套惯例或规章、规范。

c. 建立对监理工程师工作的监督、评价、复议的社会机制，对监理工程师(公司)的信誉进行评价、评级，取缔信誉不高、职业道德不好的监理公司；建立监理工程师工作的评价方法和评价指标体系；对监理工程师的工作产生的争执，或合同双方的争执，除了按合同仲裁和按法律诉讼外，还应有一定的社会复议和评审制度；应加强监理工程师的经济责任，对监理工程师人为失误造成工程损失，除了不付监理费外，还可以考虑有一定的经济赔偿，以保护业主和承包商的利益。在这些方面监理工程师的行业协会应担负起它的责任。

d. 监理公司内部应有完善的管理机制。监理公司对自己职员的行为负责，不仅应在管理能力、水平方面把关，而且应加强职业道德教育，建立一整套责任体系和工作监督机制。

②业主委托监理工程师，就是把整个工程的具体管理工作交给他。所以作为业主应做到：

a. 选择资信好、管理水平高、有丰富工程(特别是同类工程)管理经验的监理工程师。

b. 签订好监理合同，明确监理工程师的权力和义务。在一定情况下可以书面限制监理工程师的权力，规定有些权力(同时又是工作)归业主，或监理工程师在行使这些权力时必须经过业主同意。

c. 业主应加强对工程必要的参与，经常了解工程问题，了解工程实施状况，提高自己决策能力和决策水平，这样既监督监理工程师工作，又充分发挥监理工程师的作用并提高其积极性。

2.3.5 项目管理模式

在项目初期，业主必须确定采用什么样的项目管理模式，包括上述项目管理任务的分配与委托，采用什么样的项目管理组织形式。项目管理模式的确定必须依据业主的项目实施战略和项目的分标方式。

(1)业主全权管理。项目所有者委托一个业主代表，成立以他为首的项目经理部，以业主的身份进行项目的整个管理工作。业主直接管理承包商、供应商和设计单位，过去我国许多单位的基建处就采用这种管理模式。

(2)当工程采用“设计—施工—供应”总承包方式时，由工程的总承包商负责项目具体的管理工作，业主仅承担项目的宏观管理与高层决策。

(3)采用监理制度。业主将项目管理工作以合同形式委托出去，由监理工程师作为业主的代理人，在工程中行使合同(监理合同和承包合同)赋予的权力，直接管理工程。最典型的是按照 FIDIC 合同规定确定工程师的工作和权力。在这样的项目中，业主主要负责项目的宏观控制和高层决策，一般与承包商不直接接触。

业主也可以限定他的权力，部分监理或项目经理在执行某些权力时必须经业主同意。

(4)混合式的管理模式。业主将有些管理工作和权力收归已有，业主委派业主代表或工程师与监理工程师共同工作。例如投资控制的权力、合同管理的权力经常由业主承担，或双方共同承担。在我国的施工合同文本中定义的“工程师”的角色可能有两种人：

①业主派驻工地履行合同的代表；

②监理单位委派的总监理工程师。

业主可以同时委派他们在现场共同工作。实际上我国大量的工程采用这种管理模式。

在英国，按照 NEC 合同确定的项目管理模式也属于这一类(图 2.11)。在其中，监理工程师仅仅负责工程的职能检查与监督，提供质量报告。而项目经理作为业主代表负责整个工程的项目管理工作。

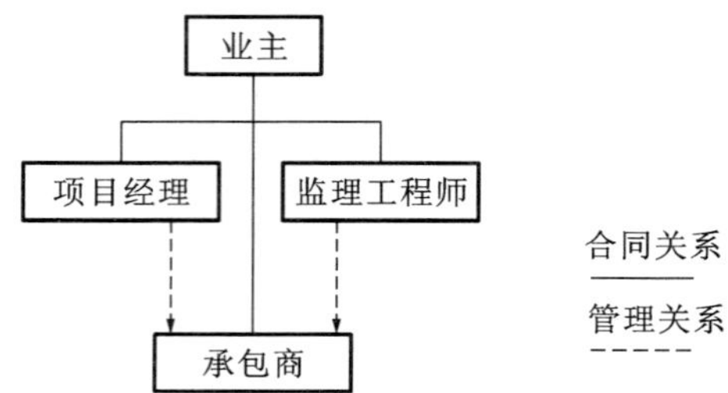

图 2.11　NEC 合同确定的管理模式

(5)代理型 CM(CM/Agency)承包模式。CM 承包商接受业主的委托进行整个工程的施工管理，业主直接与工程承包商和供应商签订合同，CM 单位主要从事管理工作，与设计、施工、供应单位没有合同关系(图 2.12)。这种形式在性质上属于管理工作承包。

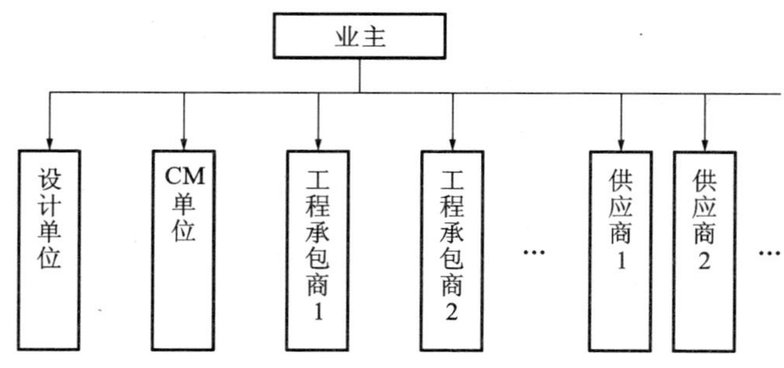

图 2.12　代理型 CM 承包模式

2.3.6　项目经理部的结构

对常规的项目设置项目经理部或项目小组，它们的组织或人员设置与所承担的项目管理任务相关。对中小型的工程项目，管理小组通常有项目经理、专业工程师(土建、安装、各专业设备等方面技术人员)、合同管理人员、成本管理人员、信息管理员、秘书等。有时还可能有负责采购、库存管理、安全管理、计划等方面的人员。

一般项目管理小组职能不能分得太细，否则不仅信息多、管理程序复杂、组织成员能动性小，而且容易造成摩擦。

对大型、特大型的项目，常常必须设置一个管理集团(如项目指挥部)，项目经理下设各个部门，如计划部、技术部、合同部、财务部、供应部、办公室等。某大型工程项目经理部的结构见图2.13。

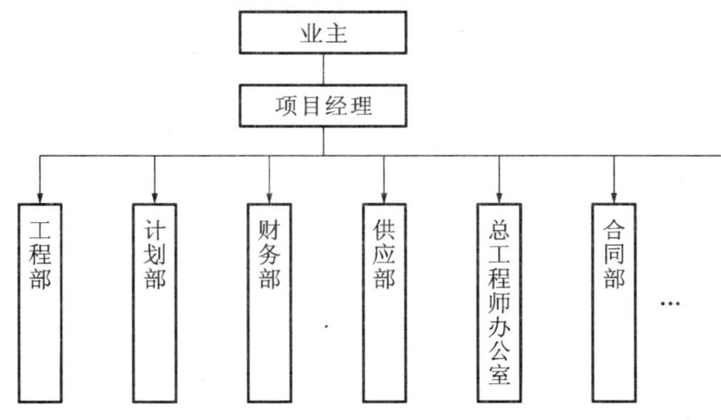

图2.13 大型工程项目经理部结构

2.3.7 项目经理部的运作

建设有效的组织是项目经理的首要职责，它是一个持续的过程，需要领导技巧，以及对组织结构、组织界面、权力结构和激励的理解。

(1)成立项目经理部。它应结构健全，包容项目管理的所有工作。选择合适的成员，他们的能力和专业知识应是互补的，形成一个联合的工作群体。项目经理部要保持最小规模，最大限度地使用现有部门中的职能人员。

(2)项目经理的目标是要把成员的思想和力量集中起来，真正形成一个组织，使他们了解项目目标和项目组织规则，公布项目的工作范围、质量标准、预算及进度计划的标准和限制。

(3)明确和磋商经理部中的人员安排，宣布对成员的授权，指出职权使用的限制和注意问题。对每个成员的职责及相互间的活动进行明确定义和分类，使每人知道各岗位有什么责任、该做什么、如何做、什么结果、需要什么。确定项目管理工作规范、各种管理活动及优先级关系及沟通渠道。

(4)项目管理者各方有有效的符合计划要求的投入，上层领导能积极支持项目。

随着项目目标和工作已经明确，成员们开始执行分配到的任务，开始缓慢推进工作。由于任务比预计的更繁重、更困难，成本或进度计划的限制可能比预计更紧张，会产生许多矛盾。

项目经理要与成员们一起参与解决问题，共同作出决策，应能接受和容忍成员的任何不满，做导向工作，解决矛盾，决不能希望通过压制来使其自行消失。保持对经理部的领导和控制，但又不要质疑小组的创新活动。项目经理应创造一种有利的工作环境，激励成员朝预定的目标共同努力，鼓励每个人都把工作做得很出色。

项目管理需要采取参与、指导和顾问式的领导方式，为项目组提供导向和教练作用，而不能采取等级制的独断的和指挥性的管理方式。项目经理分解目标、提出要求和限制、制订规则，由组织成员自己决定怎样完成任务。

(5)各方互相信任，具有很好的沟通和公开的交流，形成和谐的相互依赖关系。

项目经理要设计和保持一种良好组织环境，激励员工取得成功，使所有成员士气十足地投入工作，高效率地实现目标，赢得客户的信赖。

(6)项目经理部成员经常变化，过于频繁的流动不利于组织的稳定，没有凝聚力，造成组织摩擦大，效率低下。如果项目管理任务经常出现，尽管它们时间、形式不同，就应设置相对稳定的项目管理组织机构，能较好地解决人力资源的分配问题；不断地积累项目工作经验，使项目工作(管理)专业化，而且项目组成员都为老搭档，彼此适应，协调方便，容易形成良好的项目文化。

(7)为了确保项目管理的需求，应对管理人员有一整套招聘、安置、报酬、培训、提升、考评计划。应按照管理工作职责确定应做的工作内容，所需要的才能和背景知识，以此确定对人员的教育程度、知识和经验等方面的要求。如果预计到由于这种能力要求而在招聘新人时会遇到困难，则应给予充分的准备时间进行培训。在现代工程中要对项目组成员进行特殊的经常性的培训，以确保知识的更新。

2.3.8 项目经理的重要性

项目经理是施工企业法人代表在施工项目中派出的全权代理。项目经理部是项目组织的核心，而项目经理领导着项目经理部工作。所以项目经理居于整个项目的核心地位，他对整个项目经理部以及对整个项目起着举足轻重的作用。工程实践证明，一个强的项目经理领导一个弱的项目小组，比一个弱的项目经理领导一个强的项目小组项目成就会更大。

在现代工程项目中，由于工程技术系统更加复杂化，实施难度加大，业主越来越趋向把选择的竞争移向项目前期阶段，从过去的纯施工技术方案的竞争，逐渐过渡到设计方案的竞争，现在又是以管理为重点的竞争。业主在选择项目管理单位和承包商时十分注重对他们的项目经理的经历、经验和能力的审查，并将它作为定标、授予合同的指标之一，赋予一定的权重。而许多项目管理公司和承包商将项目经理的选择、培养作为一个重要的企业发展战略。

2.3.9 现代工程项目对项目经理的要求

由于项目经理对项目的重要作用，人们对他的知识结构、能力和素质的要求越来越高。许多资料提出了许多要求和标准，达到几乎苛刻的程度。实践证明，纯技术人员是不能胜任项目经理工作的。按照项目和项目管理的特点，项目经理应具备素质、能力、知识等多方面的基本要求。

2.3.9.1 *素质*

在市场经济环境中，项目经理的素质是最重要的，特别对于专职的项目经理，他不仅应具备一般领导者的素质，还应符合项目管理的特殊要求。

(1)他必须具有良好的职业道德，必须有工作的积极性、热情和敬业精神，勇于挑战，勇于承担责任，努力完成自己的职责。

他不能因为项目是一次性的，与业主是一锤子买卖，管理工作不好定量评价和责难，工程不是他的，项目最终成果与他的酬金无关，而怠于自己的工作职责，应全心全意地管理工程。

(2)由于项目是一次性的,项目管理是常新的工作,富于挑战性,所以项目经理应具有创新精神、发展精神,有强烈的管理愿望,勇于决策,勇于承担责任和风险,并努力追求工作的完美,追求高的目标,不安于现状。如果项目经理不努力、不积极,定较低的目标,作十分保守的计划,则不能有成功的项目。

(3)为人诚实可靠,讲究信用,有敢于承担错误的勇气,言行一致,正直,办事公正、公平,实事求是,项目经理不能因受到业主的批评和不理解而放弃自己的职责,不能因为自己受雇于业主或受到承包商不正常手段的作用(如行贿)而不公正行事。他的行为应以项目的总目标和整体利益为出发点,应以没有偏见的方式工作,正确地执行合同解释合同,公平公正地对待各方利益。

(4)任劳任怨,忠于职守。在项目组织中,项目管理者处于一个特殊的角色,处于矛盾的焦点,常常业主和承包商都不能理解他。由于项目经理责权利不平衡,项目经理要做好工作是很艰难的,可能各方面对他都不满意。例如:

①有许多业主经常有新的主意,随便变更工程,而对由此产生的工期的延长和费用的增加又不能理解,常常反过来责怪项目经理。

②由于业主和承包商利益不一致,会产生各种矛盾。例如业主希望项目经理听从他的指令,无条件维护他的利益,苛刻要求承包商;而承包商又常常抱怨项目经理不能正确执行合同,不公平,偏向业主。所以双方的矛头都可能指向项目经理。

③长期以来,在工程项目取得成功时,人们常常将它归功于技术人员攻克了技术难关,或业主决策、领导有方;而如果项目实施失败,出现故障、困难,则常常归咎于项目经理。

④人们常常将项目管理仅看作监督工作,容易产生抵触情绪;另外人们常常认为他与经济效益、与项目成就无直接的关系,不重视他的工作。

在实际工作中,项目管理工作很难使各方面都满意,甚至可能都不满意,都不能理解,有时吃力不讨好。所以项目经理不仅要化解矛盾,而且要使各方都理解自己,同时又要能经得住批评指责,不放松自己的工作,应有容忍性。

(5)具有合作精神,能够与他人共事,能够公开、公正、公平地处理事务,不能搞管理上的神秘主义,不能用诸葛亮式的“锦囊妙计”来分配任务和安排工作。

(6)具有很高的社会的责任感和道德观念,高瞻远瞩,具有全局的观念。

2.3.9.2　能力

(1)具有长期的工程管理工作经历和经验,特别有同类项目成功的经历,对项目工作有成熟的判断能力、思维能力、随机应变能力。他的技术技能虽然重要,但又不能是纯技术专家,最重要的是他对项目开发过程和工程技术系统的机理有成熟的理解,能预见到问题,能事先估计到各种需要,具有强的综合能力。

(2)处理人事关系的能力。项目经理职务是个典型的低权力的领导职位。他的领导必须主要靠影响力和说服力而不是靠权力和命令。由于项目组织的特点,他能采取的激励措施是很有限的,他的行为必须注意:

①充分利用合同和项目管理规范赋予的权力运行组织。

②注意从心理学、行为科学的角度激励组织成员的积极性。

③在项目中充当激励者、教练、活跃气氛者、维和人员和冲突裁决人。

(3)有较强的组织管理能力,例如:能胜任小组领导工作,知人善任,敢于授权;协调好各方面的关系,善于人际交往;能处理好与业主(或顾客)的关系,设身处地地为他人考虑;与企业各部门有较好的人际关系,能够与外界交往,与上层交往;工作具有计划性,能有效地利用好项目时间;善于处理矛盾与冲突;具有追寻目标和跟踪目标的能力。

(4)较强的语言表达能力、谈判技巧、个性和说服能力。在国际项目中,也应有一定的外语应用能力。

(5)在工程中能够发现问题,提出问题,能够从容地处理紧急情况,具有应付突发事件的能力,及应对风险、复杂现象的抽象能力和抓住问题关键的能力。

(6)由于项目是常新的,因此他又必须具有应变能力,工作需要灵活性,能够适应不同的项目和不同的项目组织。

(7)综合能力。对整个项目系统作出全面观察并能预见到潜在的综合问题。

2.3.9.3 知识

项目经理通常要接受过大学以上的专业教育,他必须具有专业知识,一般来自工程的主要专业,如为土木工程或其他相关专业工程方面的专家,否则很难在项目中被人们接受和真正介入项目,要接受过项目管理的专门培训或再教育。

他需要广博的知识面,能够对所从事的项目迅速设计解决问题的方法、程序,能抓住问题的关键、主要矛盾,识别技术和实施过程逻辑上的联系,具有系统的知识概念。

目前发达国家有一整套项目经理的教育培训的途径和方法,有比较好的、成熟的经验。

2.3.10 项目经理的来源及特点

长期以来我国并没有专门的项目经理的教育和培训,项目经理都来自其他不同的工作岗位,有不同的知识背景、经历,具备各自的特点。

(1)军队指挥员。在新中国成立后相当长时间内,建设项目的经理由军队的指挥员担任,如20世纪50年代至60年代进行的一些重点项目,“两弹一星”工程。

他们的特点是:忠诚,原则性强,有坚定的完成目标的信念,办事干练、决断,采用军队式的管理方式管理项目,用军事命令指挥工程施工;但经济观念比较薄弱,目标和计划的弹性较小。比较适合计划经济体制下的工程项目管理。

(2)政府行政领导。在20世纪80年代至90年代,我国大量的建设项目都由政府行政领导(如副市长、副省长、副部长)做负责人(总指挥)。他们能进行多方面的协调,全局把握较好,工作中鼓动性强,对政绩要求高,追求项目的形象,项目目标(特别是工期目标)的刚性大;但他们不太重视技术问题,经济观念淡薄,有为建设而建设的观念,喜欢搞大会战,以行政命令的方式指挥工程实施。

(3)企业经营管理者。现在大量的企业投资项目由企业的经营管理者负责管理。他们有经济思想,为市场做项目的观念根深蒂固,对市场敏感,思维灵活,常常按照市场要求制订项目目标;较少考虑项目技术的特殊性和要求,目标容易多变。

(4)工程技术人员,如总工程师。他们有成熟的技术经验,熟悉工程过程,作为工程专家,在工程实施中有发言权和权威;但常常过于严谨,注重数据,对项目中的软信息不敏感,对市场也不敏感,项目战略上的把握性较差。

项目3 建设工程项目招投标及合同管理

【教学目标】

1. 熟悉施工项目合同管理的特征和作用；
2. 掌握施工项目投标的程序及废标的认定情况；
3. 了解施工合同的订立，熟悉施工合同履行中发包人的义务；
4. 熟悉施工合同变更中施工方应注意的问题；
5. 熟悉违约承担的方式，掌握施工索赔的程序和解决争议的方法。

【技能要求】

能结合任务背景，对建设工程招标文件进行解读并能够完成对合同的评审工作。

任务3.1 合同管理

任务背景

某建设单位(甲方)拟建造一栋职工住宅，采用招标方式由某施工单位(乙方)承建。甲乙双方签订的施工合同摘要如下：

一、协议书中的部分条款

(一)工程概况

工程名称：职工住宅楼。

工程地点：市区。

工程内容：建筑面积为3200m^2的砖混结构住宅楼。

(二)工程承包范围

承包范围：某建筑设计院设计的施工图所包括的土建、装饰、水暖电工程。

(三)合同工期

开工日期：2005年3月21日。

竣工日期：2005年9月30日。

合同工期总日历天数：190天(扣除5月1日—3日)。

(四)质量标准

工程质量标准：达到甲方规定的质量标准。

(五)合同价款

合同总价为：壹佰陆拾陆万肆仟元人民币(￥166.4万元)。

……

(八)乙方承诺的质量保修

在该项目设计规定的使用年限(50年)内,乙方承担全部保修责任。

(九)甲方承诺的合同价款支付期限与方式

1.工程预付款:于开工之日支付合同总价的10%作为预付款。工程实施后,预付款从工程后期进度款中扣回。

2.工程进度款:基础工程完成后,支付合同总价的10%;主体结构三层完成后,支付合同总价的20%;主体结构全部封顶后,支付合同总价的20%;工程基本竣工时,支付合同总价的30%。为确保工程如期竣工,乙方不得因甲方资金的暂时不到位而停工和拖延工期。

3.竣工结算:工程竣工验收后,进行竣工结算。结算时按全部工程造价的3%扣留工程质量保证金。在保修期10年满后,质量保证金及其利息扣除已支出费用后的剩余部分退还给乙方。

(十)合同生效

合同订立时间:2005年3月5日。

合同订立地点:××市××区××街××号。

本合同双方约定:经双方主管部门批准及公证后生效。

二、专用条款中有关合同价款的条款

合同价款与支付:

本合同价款采用固定总价合同方式确定。

合同价款包括的风险范围:

1.工程变更事件发生导致工程造价增减不超过合同总价的10%;

2.政策性规定以外的材料价格涨落等因素造成工程成本变化。

风险费用的计算方法:风险费用已包括在合同总价中。

风险范围以外合同价款调整方法:按实际竣工建筑面积以520.00元/m^2调整合同价款。

三、补充协议条款

在上述施工合同协议条款签订后,甲乙双方又接着签订了补充施工合同协议条款。摘要如下:

补1.木门窗均用水曲柳板包门窗套;

补2.铝合金窗90型系列改用42型系列某铝合金厂产品;

补3.挑阳台均采用42型系列某铝合金厂铝合金窗封闭。

【工作任务】

1.上述合同属于哪种计价方式合同类型?

2.该合同签订的条款有哪些不妥当之处?应如何修改?

3.对合同中未规定的承包商义务,合同实施过程中又必须进行的工程内容,承包商应如何处理?

【任务目标】

1.熟悉合同管理的作用;

2.掌握合同种类的选择。

相关知识

3.1.1　合同在工程项目中的基本作用

(1)合同分配着工程任务，它详细地、具体地定义着工程任务相关的各种问题。例如：

①责任人，即由谁来完成任务并对最终成果负责；

②工程任务的规模、范围、质量、工作量及各种功能要求；

③工期，即时间的要求；

④价格，包括工程总价格，各分项工程的单价和合价及付款方式等；

⑤完不成合同任务的责任等。

这些构成了与工程相关的子目标。在项目中，目标和计划的落实是通过合同来实现的。

(2)合同确定了项目的组织关系，它规定着项目参加者各方面的责权利关系和工作的分配情况，所以它直接影响着整个项目组织和管理系统的形态和运作。

(3)合同作为工程项目任务委托和承接的法律依据，是工程过程中双方的最高行为准则。工程过程中的一切活动都是为了履行合同，都必须按合同办事，双方的行为主要靠合同来约束。所以，工程管理以合同为核心。

合同是严肃的，具有法律效力，受到法律的保护和制约。订立合同是双方的法律行为。合同一经签订，只要合同合法，双方必须全面地完成合同规定的责任和义务。如果不能履行自己的责任和义务，甚至单方面撕毁合同，则必须接受经济的，甚至法律的处罚。除了特殊情况(如不可抗力因素等)，使合同不能实施外，合同当事人即使亏本，甚至破产也不能摆脱这种法律约束力。

所以合同是工程项目各参加者之间经济关系的调节手段。

(4)合同将工程所涉及的生产、材料和设备供应、运输、各专业设计和施工的分工协作关系联系起来，协调并统一工程各参加者的行为。

如果没有合同和合同的法律约束力，就不能保证工程的各参加者在工程的各个方面、工程实施的各个环节上都按时、按质、按量地履行自己的义务；就不会有正常的工程施工秩序；就不可能顺利地实现工程总目标。

所以合同和它的法律约束力是工程施工和管理的要求和保证，同时它又是强有力的项目控制手段。

(5)合同是工程过程中双方争执解决的依据。

由于双方经济利益的不一致，在工程过程中争执是难免的。合同和争执有不解之缘。合同争执是经济利益冲突的表现，它常常起因于双方对合同理解的不一致、合同实施环境的变化、有一方违反合同或未能正确地履行合同等。

合同对争执的解决有两个决定性作用：

①争执的判定以合同作为法律依据。即以合同条文判定争执的性质，谁对争执负责，应负什么样的责任等。

②争执的解决方法和解决程序由合同规定。

所以合同对整个工程项目的计划、设计和实施过程有着决定性作用。

3.1.2 合同管理的重要性

在现代工程项目管理中,合同管理已越来越受到人们的重视。人们将它作为项目管理的一大职能,在一些工程项目管理教育中,都把合同管理作为一个主要的内容。如监理工程师和施工项目经理的培训教育等。这主要是由于以下几方面。

(1)在现代工程项目中合同已越来越复杂。这表现在:

①在工程中相关的合同多,一般工程都有几十份、几百份,甚至上千份合同,它们之间有复杂的关系;

②合同特别是承包合同的文件多,包括合同条件,协议书,投标书,图纸、规范、工程量表等;

③合同条款越来越多;

④合同生命期长,实施过程复杂;

⑤合同过程中争执多,索赔多。

所以要求专业化的合同管理。

(2)由于合同将工期、成本、质量目标统一起来,划分各方面的责任和权力,因此在项目管理中合同管理居于核心地位,作为一条主线贯穿始终。没有合同管理,项目管理目标不明,形不成系统。

(3)严格的合同管理是国际惯例。这方面的国际惯例主要体现在:严格符合国际惯例的招标投标制度、建设工程监理制度、国际通用的 FIDIC 合同条件等。这些都与合同管理有关。

3.1.3 工程项目中的主要合同关系

由于现代社会化大生产和专业化分工,一个稍大一点的工程项目,其相关的合同有的就达几千份。由于这些合同都是为了完成项目目标,定义项目的活动,它们之间存在复杂的关系,形成项目的合同体系。在这个体系中,业主和承包商是两个最重要的节点。

(1)业主的主要合同关系

业主必须将经过项目目标分解和结构分析所确定的各种工程任务委托出去,由专门的单位来完成。与业主签订的合同通常被称为主合同。根据工程分标方式的不同,业主可能订立几十份合同,例如将各专业工程分别甚至分段委托,或将材料和设备供应分别委托;也可能将上述委托以各种形式进行合并,只签订几份甚至一份主合同。所以一份主合同的工程(工作)范围和内容会有很大的区别。通常业主必须签订咨询(监理)合同、勘察设计合同、供应合同(业主负责的材料和设备供应除外)、工程施工合同、贷款合同等。

(2)承包商的主要合同关系

承包商要完成合同所规定的责任,包括工程量表中所确定的工程范围的施工、竣工及保修,并为完成这些责任提供劳动力、施工设备、建筑材料、管理人员、临时设施,有时也包括设计工作。当然任何承包商不可能,也不必具备所有专业工程的施工能力和材料、设备供应能力,他可以将一些专业工程和工作委托出去。所以围绕着承包商常常会有复杂的合同关系,他必须签订工程分包合同、设备和材料供应合同、运输合同、加工合同、租赁合同、劳务合同等。

(3)其他方面的合同关系

①分包商有时也可把其工作再分包出去,形成多级分包合同;

②设计单位、供应单位也可能有分包;

③承包商有时承担部分工程的设计任务,他也需要委托设计单位;

④如果工程的付款条件苛刻,承包商须带资承包,他也必须订立贷款合同;

⑤在许多大工程中,特别是全包工程中,承包商往往是几个企业的合伙或联营,则这些企业之间必须订立合伙合同(联营合同)。

所以在工程中,特别是在大工程中合同关系是极为复杂的。

(4)工程项目合同体系

上述合同便构成了该项目的合同体系。在这个体系中有不同层次的合同(图3.1)。合同控制应包括建立合适的合同关系,以及将这些关系的输出纳入整个项目的管理中。

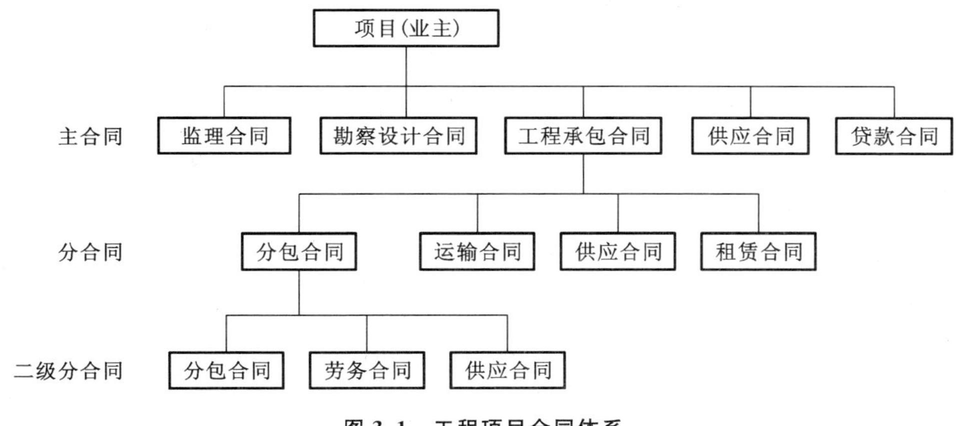

图3.1　工程项目合同体系

从上述可见,项目的分标方式确定了项目的主要合同关系。

3.1.4　合同的生命期

不同种类的合同有不同的委托方式和履行方式,它们经过不同的过程,就有不同的生命期。在项目的合同体系中比较典型的、也最为复杂的是工程承包合同,它经历了以下两个阶段:

(1)合同的形成阶段

合同一般通过招标投标来形成。它通常从起草招标文件开始直到合同签订为止。

(2)合同的执行阶段

这个阶段从签订合同开始直到承包商按合同规定完成工程,并通过保修期为止。

工程承包合同的生命期可用图3.2表示。

3.1.5　合同管理工作过程

合同管理贯穿于项目管理的整个过程中,并与项目的其他管理职能协调。合同管理工作过程可见图3.3。

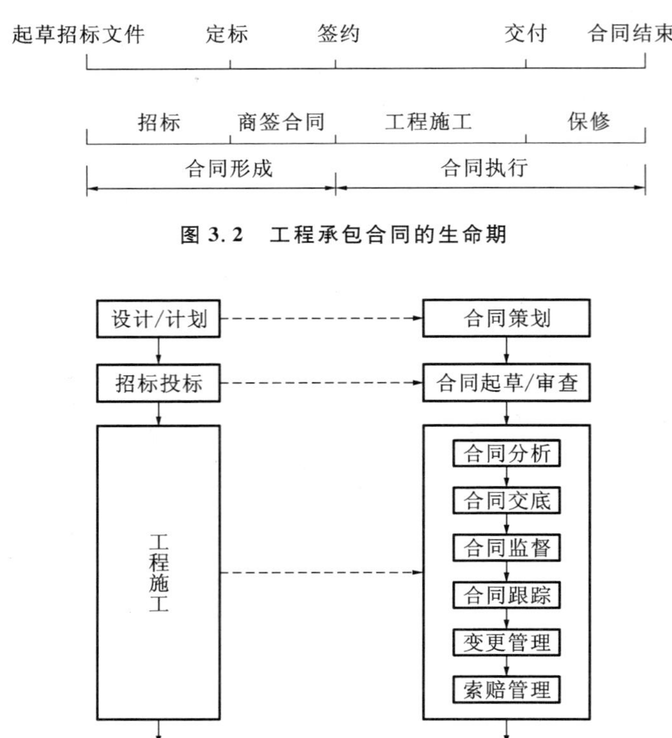

图 3.2 工程承包合同的生命期

图 3.3 合同管理过程

3.1.6 合同总体策划的基本概念

在项目的实施战略确定后，必须对与工程相关的合同进行总体策划，首先要确定根本性和方向性的，对整个工程项目、整个合同实施有重大影响的问题。合同总体策划的目标是通过合同保证工程项目目标和项目实施战略的实现。它主要确定如下一些重大问题：

(1)如何将项目分解成几个独立的合同？每个合同有多大的工程范围？

(2)采用什么样的合同形式和合同条件？

(3)采用什么方式委托工程？

(4)合同中一些重要条件的确定，即如何通过合同实现对项目严格的、全面的控制。

(5)项目相关的各个合同在内容上、时间上、组织上、技术上、价格上的协调等。

正确的合同策划不仅能够签订一个完备的、有利的合同，而且可以保证圆满地履行各个合同，并使它们之间能完善地协调，以顺利地实现工程项目的根本目标。

3.1.7 合同总体策划的过程

(1)研究企业战略和项目战略，确定企业和项目对合同的要求。

(2)确定合同相关的总体原则和目标，并对各种依据进行调查。

(3)分层次、分对象对合同的一些重大问题进行研究，列出可能的几种选择，并按照策划的依据综合分析各种选择的利弊得失。

(4)对合同的各个重大问题作出决策和安排，提出合同措施。

3.1.8　施工项目合同种类的选择

《建筑工程施工发包与承包计价管理办法》规定，合同价可以采用三种方式：固定价、可调价和成本加酬金。建设工程承包合同的计价方式按国际通行做法，又可分为单价合同、总价合同和成本加酬金合同。

(1)单价合同

单价合同又分为固定单价和可调单价等形式。

单价合同的特点是单价优先，业主在招标文件中给出的工程量表中的工程量是参考数字，而实际合同价款按实际完成的工程量和承包商所报的单价计算。

这类合同最常用，适用范围广，如FIDIC施工合同条件和我国的建设工程施工合同示范文本。在这种合同中，承包商仅按合同规定承担报价的风险，即对报价(主要为单价和费率)的正确性和适宜性承担责任，而工程量变化的风险由业主承担。由于风险分配比较合理，能调动承包商和业主双方的管理积极性，所以能够适应大多数工程。

(2)总价合同

总价合同又可以分为固定总价合同和可调总价合同。

总价合同是总价优先，承包商报总价，双方商讨并确定合同总价，最终按总价结算，价格不因环境变化和工程量增减而变化。通常只有设计(或业主要求)变更或符合合同规定的调价条件，例如法律变化，才允许调整合同价格，否则不允许调整合同。

在这类合同中承包商承担了全部工作量和价格风险，所以承包商报价中不可预见风险费用较高。承包商报价的确定必须考虑施工期间物价变化以及工程量变化带来的影响。

现在在国内外工程中，固定总价合同的使用范围有扩大的趋势，用得比较多。从小型工程到大型的、特大型的工程，甚至一个完整的工业项目的总承包合同都会使用总价形式。

(3)成本加酬金合同

成本加酬金合同又分为成本加固定百分比酬金；成本加固定金额酬金；成本加奖罚；最高限额成本加固定最大酬金。

成本加酬金合同是将工程项目的实际投资划分成直接成本费和承包方完成工作后应得酬金两部分。工程实施过程中发生的直接成本费由发包方实报实销，再按合同约定的方式另外支付给承包商相应报酬。

任务3.2　建设工程招标与投标

任务背景

某大型工程，由于技术特别复杂，对施工单位的施工设备及同类工程的施工经验要求较高，经省有关部门批准后决定采取邀请招标方式。招标人于2007年3月8日向通过资格预审的A、B、C、D、E五家施工承包企业发出了投标邀请书，五家企业接受了邀请并于规定时间内购买了招标文件。招标文件规定2007年4月20日下午4时为投标截止时间，5月10日发出中标通知书。

在4月20日上午A、B、D、E四家企业提交了投标文件，但C企业于4月20日下午5时才送达。4月23日由当地投标监督办公室主持进行了公开开标。

评标委员会共由7人组成，其中当地招标办公室1人，公证处1人，招标人1人，技术经济专家4人。评标时发现B企业投标文件有项目经理签字并盖了公章，但无法定代表人签字和授权委托书；D企业投标报价的大写金额与小写金额不一致；E企业对某分项工程报价有漏项。招标人于5月10日向A企业发出了中标通知书，双方于6月12日签订了书面合同。

【工作任务】

1. 该项目采取的招标方式是否妥当？说明理由。
2. 分别指出对B企业、C企业、D企业和E企业投标文件应如何处理？并说明理由。
3. 指出开标工作的不妥之处，并说明理由。
4. 指出评标委员会人员组成的不妥之处。
5. 指出招标人与中标企业6月12日签订合同是否妥当，并说明理由。

【任务目标】

1. 熟悉建设工程招标方式；
2. 掌握施工项目投标的程序及废标的认定情况。

相关知识

3.2.1 建设工程招标的内容

招投标是一种商品交易的行为，招标人与投标人之间存在一种商品经济关系。为体现招标投标双方的经济权力，推动双方负起经济责任，并用来维护他们的经济利益。目前招投标在国际上广泛采用，招标投标是由一家买主通过发布招标广告，吸引多家卖家前来投标，进行洽谈。这样，买主可享有灵活的选择权。

3.2.1.1 招标的概念

招标人在采购货物、发包建设工程项目、购买服务之前，以公告或邀请书的方式提出招标的项目、价格和要求，以便愿意承担项目的投标人按投标文件的条件和要求，提出自己的价格，填好标书进行投标。

3.2.1.2 工程项目招标的分类

建设工程项目招标按建设程序、承包范围和行业类别的不同进行分类。

(1)按工程项目建设程序分类

工程项目建设全过程可分为建设前期阶段、勘察设计阶段、施工阶段。因此按工程项目建设程序，招标可分为工程项目开发招标、勘察设计招标和工程项目施工招标。

①工程项目开发招标是招标人(业主)在工程项目的可行性研究及项目建议书阶段，为科学合理地选择投资开发建设方案，通过投标竞争寻找满意的建设咨询单位所进行的招标。

②勘察设计招标是指招标人(业主)根据批准的工程项目可行性研究报告,选择勘察设计单位所进行的招标。勘察设计可由勘察单位和设计单位分别完成。

③工程项目施工招标是招标人(业主)在工程项目的初步设计或施工图纸设计完成后,利用招标方式选择施工企业所进行的招标。

(2)按工程承包范围分类

工程承包范围分建设项目总承包、建筑安装工程承包和专项工程承包等。招标也相应按上述工程的承包范围进行分类。

①工程项目总承包招标是指招标人(业主)为选择工程项目建设总承包人所进行的招标,即工程项目实施全过程招标。从项目建议书开始,包括该项目的可行性研究报告、勘察设计、设备材料询价与采购、工程施工、生产施工、投料试车直至竣工投产、交付使用全面实行招标。

②建筑安装工程承包招标是指招标人(业主)在施工图设计完成后,为选择建筑安装工程施工承包人所进行的招标。这种招标其承包范围仅包括工程项目的建筑安装工程施工活动。

③专项工程承包招标是指在工程承包招标中,对其中某些技术比较复杂,专业性或保密性强,施工和制作要求特殊的单项进行招标。

(3)按行业类别分类

按与工程建设相关业务性质的不同,分为勘察设计招标、材料设备采购招标、土木工程招标、建筑安装工程招标、生产工艺技术转让招标和工程咨询服务招标等。

3.2.1.3　工程招标方式

工程招标分为公开招标与邀请招标。

公开招标是指招标人(业主)以招标公告的方式邀请不特定的法人或其他组织参加投标的一种方式。公开招标按其开标、定标的方式又可分为两种:一种是公开招标并公开定标,这是在规定的时间和地点进行开标,当众宣读各承包商的标函及标书主要内容,公布中标条件和决定中标人;另一种是公开招标和当众开标,但不当场选定和公布中标人,而是招标人与有关部门对标书进行评审、鉴别和比较,从中优选3～5名投标人作为预选的中标人,然后分别召集预选中标人面对面、具体地进讨论与磋商,经过比较后再最终确定中标人,并将结果以书面形式通知中标人和其他落标者。

公开招标可以给一切有法人资格的承包商以平等竞争机会参加投标。招标人可以从大量的投标书中,获取较为价廉而优质的报价,选择理想的承包人,做到优中选优。

邀请招标是指招标人(业主)以投标邀请书的方式邀请特定的法人或其他组织参加投标的一种方式。

招标人根据工程特点,有选择地邀请若干具有承包该项目工程能力的承包人前来投标。邀请招标目标明确,经过选定的投标人在施工经验、施工技术和信誉上都比较可靠,基本上能保证工程质量和进度,邀请招标的整个组织管理工作比公开招标的相对要简单一些,但报价也可能高于公开招标的报价。

3.2.1.4　工程项目施工招标的方式

(1)招标人(业主)招标投标应具备的条件如下:

①招标人(业主)是法人或依法成立的其他组织。

②有与招标工程相适应的经济、技术、管理人员。

③有组织编制招标文件的能力。

④有审查投标(承包商)资料的能力。

⑤有组织开标、评标、定标的力。

(2)工程项目施工招标应具备的条件:

①概算已批准;

②建设项目已正式列入国家、部门或地方的年度固定资料投资计划;

③对土地的征用工作已经完成;

④有能够满足施工需要的施工图纸及技术资料;

⑤建设资料和主要建筑材料、设备的来源已落实;

⑥建设项目所在地规划部门已经批准,施工现场的“三通一不”已经完成或一并列入招标范围。

3.2.1.5 工程施工招标程序

招标投标活动涉及招标人和投标人两个方面,且是一个整体活动。而作为整体活动一部分的招标,主要是从招标人(业主)的角度来表述其工作内容,但同时必须要注意到招标活动与投标活动的关联性,两者是不可能分割开来的。因此,在工程项目招标活动中必然涉及投标活动的内容。

(1)建设工程项目报建

建设工程项目报建是工程项目招标活动的必要的条件。报建内容主要包括:工程名称、建设地点、投资规模、资金来源、工程概况、发包方式、计划开竣工日期和工程筹划情况等。

在建设工程项目立项批准文件和固定资产投资计划下达后,招标人(业主)应根据《工程建设项目报建管理办法》的规定进行报建,并由当地建设行政主管部门进行审批,具备招标条件后,方可开始办理招标人资格审查。

(2)审查招标人(业主)资格

审查招标人资格主要是审查招标人是否具备条件,不具备招标条件的招标人(业主)必须委托具有相应资质的中介机构代理招标,在招标人(业主)与中介机构签订委托代理招标协议后,即可报招标管理部门备案。

(3)编制招标文件与送审

确定招标的工程项目,必须是列入本年度计划的工程,设计文件齐备,建设用地、建设资金、建筑材料、主要设备和协作配套条件准备工作,均已落实。才能据此编制工程招标文件,同时计算拟建工程标底,并报建设主管部门审批备案。

标底的计算和确定是招标文件编制的关键环节,它是由建设单位或委托咨询单位根据设计图纸和有关规定计算,并经招标办公室审定的发包标价。标底的内容除合理的造价外,还包括与造价相应的施工、质量要求,以及为缩短工期所需的措施费用等。它是进行评标和定标工作的主要依据之一。标底在开标前要严格保密,如有泄漏,对责任者要严肃处理,直至给予经济、法律制裁。

(4)招标申请报批

招标人在工程招标准备工作基本完成后，应向政府建设主管部门报送招标申请文件，并由主管部门对招标（业主）进行招标条件审查，招标人必须待审查批准后才能进行招标。审查的主要内容包括招标人（业主）资格、建设资金有无保障，主要建筑材料与设备是否落实、招标文件内容是否齐全，工程标底是否计算完毕、工程招标方式是否确定等。工程招标一般由业主（招标人）根据工程情况与建设主管部门共同商定。

（5）投标资格审批

招标领导小组或招标人对投标人（承包商）进行工程投标资格审查是一项很重要的工作。按照《中华人民共和国招标投标法》规定，只有通过投标资格审查后，投标人才具有参加该项工程投标的资格。投标资格审查主要是审查投标人是否是取得法人资格的建筑承包企业，企业等级是否与工程项目要求相适应，不允许越级承包工程项目，同时还应对投标人的施工能力、企业信誉、队伍素质、施工装备、财务状况和过去完成类似工程的情况与经验等进行全面的审查。

（6）召开招标会议

招标会议由当地招标主管部门主持，招标人介绍工程情况及施工要求，解答提出的有关问题，补充与完善招标文件中的内容，明确投标人报送标函的地点等。对招标文件内容所提出的修改和补充意见，应做会议纪要，并分发给有关单位。会后招标人可组织投标人对施工现场进行考查，包括：施工现场可提供的场地面积和房屋数量，施工用水、电源位置，施工运输道路和桥梁承载能力情况，拟建工程项目与已建房屋的关系，施工现场的地貌、地质、水文情况。

（7）接受投标文件

投标人（承包商）根据招标文件的要求，编制投标文件并进行密封，在投标截止时间前按规定的地点交给招标人（业主），招标人接收投标文件后将其封存，按规定的时间、地点及要求开标。

（8）开标

开标是由招标领导小组或招标人（业主）在规定的时间、地点，在有招标人（业主）、投标人（承包商）、建设银行、工程招标主管部门和公证机关参加的情况下公开举行，并当众启封标函，宣布投标人的报价等主要内容。开标的具体方式有如下几种：

①公开开标，当场确定中标人。这种方式是在召开的开标会上，由招标领导小组负责，当众启封各投标人报送的标函，并宣布各标函的报价等内容，经招标领导小组成员短时间评标商定后，当场定标宣布中标人（承包商）。

②公开开标，当场预定中标人。这种方法是在召开的招标会上，当众启封标函，如果在有若干投标人（承包商）的标函报价和内容各具特色、各有长处、难以当场确定中标的情况下，可当众宣布其中2～3家作为预选中标人进行第二次报价，经评标后再定标，确定最后中标人。

③公开开标，但不定中标人。开标启封标函后，当各投标人的标函报价与标底等要求相差太大，难以从现有投标人中确定中标人时，只好另行招标。或会后从现有投标人中选择若干投标人进行协商议标，最后确定中标人。

（9）评标

评标是招标人对投入所报送的标函进行审查、评比和分析的过程，它是整个招标投标的重要环节。具体的评标标准如下：

①标价合理；

②工期适当；

③保证质量；

④企业信誉好。

(10)定标

开标后，由招标领导小组或招标人，对各投标人的标函经过各项对比分析、综合平衡、择优确定最佳中标人。定标方法有以下几种：

①全面评比、分析各项条件，选择综合条件最优者为中标人；

②按各项指标打分评标，以得分最高者为中标人；

③以能否满足招标人的特殊要求或侧重条件如工期短或报价低等，选择中标人。

(11)签订承包合同

确定中标人后，应填写中标通知书，报送当地建设主管部门审核签发，并与中标人在约定时间、地点进行合同磋商，最后签订承包合同。凡没有在规定的时间内(一般中标后20天或1个月)签订合同，经建设主管部门裁决，其责任属于投标人的，取消其该工程的承包权；其责任属于招标人的，由招标人赔偿投标人的延期开工损失，其额度由建设主管部门裁定。

3.2.2 建设工程投标的内容

3.2.2.1 工程项目施工投标程序

招标信息跟踪—投标申请—接受资格审查—被选定投标—参加招标会议，领购招标文件—调查与现场勘察—编制投标文件(报价计算)—报送投标文件—参加开标—接受评标结果—中标—签订承包合同。

3.2.2.2 工程项目施工投标过程

投标过程主要是投标人(承包商)从填写资格预审调查表申请开始，到将编制完毕的正式投标文件报送业主为止所进行的全部工作。这个过程的工作量很大，内容包括：填写资格审查表，申报资格预审；当资格预审通过后，参加投标会议和购买招标文件；进行投标前调查和现场勘察，分析招标文件，校核工程量和编制施工规划；进行工程估价，确定利润方针，计算和确定报价；编制投标文件，办理抽标保函，报投标文件。如果中标则与招标人协商并签署承包合同。

3.2.2.3 工程项目施工投标文件的组成和编制

(1)建设工程项目投标文件的组成

①证明文件及有关资料；

②投标书及投标书附件；

③抽标保证金；

④履约保证金；

⑤报价单与工程量清单；

⑥施工规划；

⑦资格审查表和辅助资料表。

(2)投标文件的编制

投标人(承包商)应重点做好施工规划、投标报价书等施工投标文件，现将其编制内容和步骤分述如下：

①投标文件应根据工程项目的施工招标文件、工程技术规范等结合工程项目现场施工条件编制施工规划，包括施工方法、施工技术措施、施工进度计划和各项物资、人工需用量计划等。

②投标文件编制人员应根据现行的各种定额、费用标准、政策性调价文件、施工图纸(含标准图)、技术规范、工程量清单、工料单价或综合单价等资料编制投标报价书，并确定其工程总报价。

③投标文件编制人员应根据招标文件的规定与要求，认真做好投标书、投标书附件、投标辅助资料表等投标文件的填写编制工作，并与有关部门联系，办理投标保函。

④投标文件编制人员在投标文件全部编制完成以后，应认真进行核对、整理和装订成册，再按照招标文件的要求进行密封，并在规定的截止时间报送给招标人(业主)。

3.2.2.4　投标报价策略

投标报价策略是投标人经营决策的组成部分，指导投标全过程。影响投标报价策略的因素十分复杂，加之投标报价策略与投标人的经济效益紧密相关，所以必须做到及时、迅速、果断。投标时，根据经营状况和经营目标，既要考虑自身的优势和劣势，也要考虑竞争的激烈程度，还要分析投标项目的整体特点，按照工程的类别、特点、施工条件等确定投标报价策略。投标报价策略从投标的全过程分析主要表现在以下三个方面。

(1)生存型策略

投标报价以克服生存危机为目标而争取中标，可以不考虑各种影响因素。当今社会、经济环境的变化和投标人自身经营管理不善，都可能造成投标人的生存危机。生存危机表现在：

①企业经济状况变差，投标项目减少。②政府调整基建投资方向，使某些投标人擅长的工程项目减少，这种危机常常是危害到营业范围单一的专业工程投标人。③如果投标人经营管理不善，会存在投标邀请越来越少的危机。

这时投标人应以生存为重，采取不盈利甚至赔本也要参与投标的态度，只要能暂时维持生存渡过难关，就会有东山再起的希望。

(2)竞争策略

投标报价以竞争为手段，以开拓市场、低盈利为目标，在精确计算成本的基础上，充分估计各竞争对手的报价目标，以有竞争力的报价达到中标的目的。投标人处在以下几种情况下，应采取竞争型报价策略：①经营状况不景气，近期接到的投标邀请较少。②竞争对手有威胁性，试图打入新的地区，开拓新的工程施工类型。③投标项目风险小，施工工艺简单、工程量大、社会效益好。④附近有本企业其他正在施工的项目。这种策略是大多数企业采用的，也叫保本低利策略。

(3)盈利型策略

这种策略是投标报价充分发挥自身优势，以实现最佳盈利为目标，对效益较小的项目热情不高，对盈利大的项目充满自信。下面几种情况可以采用盈利型报价策略：

如投标人在该地区已经打开局面、施工能力饱和、信誉度高、竞争对手少、具有技术优势并对招标人有较强的名牌效应、投标人目标主要是扩大影响，或者施工条件差、难度高、资金支付条件不好、工期质量等要求苛刻，为联合伙伴陪标的项目等。

按一定的策略得到初步报价后，应当对这个报价进行多方面分析。分析的目的是探讨这个报价的合理性、竞争性、盈利及风险。一般来说，投标人对投标报价的计算方法是大同小异，造价工程师的基础价格资料也是相似的。因此，从理论上分析，各投标人的投标报价同招标人的标底价都应当相差不远。

这些差异正是实行工程量清单计价后低报价的原因所在，但在工程量清单计价下的低价必须讲“合理”二字。并不是越低越好，不能低于投标人的个别成本，不能由于低价中标而造成亏损。投标人必须是在保证质量、工期的前提下，保证预期的利润及考虑一定风险的基础上确定最低成本价。低价虽然重要，但不是报价唯一因素，除了低报价之外，投标人可以采取策略或投标技巧战胜对手。可以提出能够让招标人降低投资的合理化建议或对招标人有利的一些优惠条件等，都可以弥补报高价的不足。

3.2.2.5 投标人在投标过程中经常用到的投标报价技巧

(1)采用不平衡报价法

不平衡报价法是指一个工程项目的投标报价，在总价基本确定后，如何调整内部各个项目的报价，以期既不提高总价，不影响中标，又能在结算时得到更理想的经济效益。常见的不平衡报价法有：

①能够早日收回资金的项目，如前期措施费、基础工程、土石方工程等可以报得较高，以利资金周转，后期工程项目如设备安装、装饰工程等的报价可适当降低。②经过工程量核算，预计今后工程量会增加的项目，单价适当提高，这样在最终结算时可多增利润，而将工程量有可能减少的项目单价降低，工程结算时减少损失。但是，这两种情况要统筹考虑，即对于清单工程量有错误的早期工程，如果工程量不可能完成而有可能降低的项目，则不能盲目抬高单价，要具体分析后再定。③设计图纸不明确，估计修改后工程量要增加的，可以提高单价；而工程内容说不清楚的，则可以降低一些单价。④在议标时，投标人一般都要压低标价。这时应该首先压低那些工程小的单价，这样即使压低了很多单价，总的标价也不会降低很多，而给招标人的感觉却是工程量清单上的单价大幅度下降，投标人颇有让利的诚意。⑤在其他项目费中，工日单价和机械台班单价可以报得高些，以便在日后招标人用工或使用机械时可多盈利。对于其他项目中的工程量要具体分析，是否报高价，高多少有一个限度，不然会抬高总报价。

虽然不平衡报价对投标人可以降低一定的风险，但报价必须要建立在对工程量清单表中的工程量风险仔细核对的基础上，特别是对于降低单价的项目，如工程量一旦增多，将造成投标人的重大损失，同时一定要控制在合理幅度内，一般控制在10%以内，以免引起招标人反对，甚至导致个别清单项报价不合理而废标。如果不注意这一点，有时招标人会挑选出报价过高的项目，要求投标人进行单价分析，而围绕单价分析中过高的内容压价，以致投标人得不偿失。

(2)多方案报价法

有时招标文件中规定，可以提一个建议方案；或对于一些招标文件，如果发现工程范围不很明确，条款不清楚或很不公正，或者技术规范要求过于苛刻时，则要在充分估计风险的基础上，按多方案报价法处理。即是按原招标文件报一个价，然后再提出如果某条款作某些变动，报价可降低的额度。这样可以降低总造价，吸引招标人。投标人这时应组织一批有经验的施工工程师，对原招标文件的设计方案仔细研究，提出更合理的方案以吸引招标人，促成自己的方案中标。这种新的建议可以降低总造价或提前竣工。但要注意的是对原招标方案一定要报价，而新方案报价是供招标人比较的。

(3)突然降价法

报价是一件保密的工作，但是对手往往会通过各种渠道、手段来刺探情报，因此用此法可以在报价时迷惑竞争对手。即先按一般情况报价或表现出自己对该工程兴趣不大，到快要投标截止时，才突然降价。采用这种方法时，一定要在准备投标报价的过程中考虑好降价的幅度，在临近投标截止日期前，根据情况信息与分析判断，再作最后决策。采用突然降价法往往只降低总价，而要把降低的部分分摊到各清单项内，可采用不平衡报价进行，以期取得更高的效益。

(4)先亏后盈法

对于大型分期建设的工程，在第一期工程投标时，可以将部分间接费分摊到第二期工程中去，少计算利润以争取中标。这样在第二期工程投标时，凭借第一期累积的工程经验、拥有的临时设施以及创立的信誉，比较容易拿到第二期工程。但第二期工程遥遥无期时，则不可以这样考虑。

(5)承诺优惠条件

投标报价附带优惠条件是行之有效的一种手段。招标人评标时，除了主要考虑报价和技术方案外，还要分析别的条件，如工期、支付条件等。所以在投标时主动提出提前竣工、低息货款、赠给施工设备、免费转让新技术或某种技术专利、免费技术协作、代为培训人员等，均是吸引招标人、利于中标的辅助手段。

(6)争取评标奖励

有时招标文件规定，对某些技术指标的评标，可以提供优于规定的指标值，评标时能给予适当的评标奖励。因此，投标人应该使招标人比较注重的指标适当地优于规定标准，可以获得适当的评标奖励，有利于在竞争中取胜。但要注意技术性能优于招标规定，将导致报价相应上涨，如果投标报价过高，即使获得评标奖励，也难以与报价上涨的部分相抵，这样评标奖励也就得不偿失了。

在工程量清单实行后，投标人在投标报价时必须显示自己不同于别的竞争对手的核心优势，在报价降低的情况下如何获得最大的利润是每个投标人关注的焦点。首先，投标人在工程投标报价时，主要应该在先进合理的技术方案和较低的投标价格上下功夫。同时投标人在利润和风险之间作出正确的决策，但是还有其他一些策略和投标技巧对投标报价起辅助性作用。投标人应当运用这些策略和技巧尽可能地规避及防范风险。其次，有经验的投标人对招标人工程量清单特别关注，对每一项工程清单的描述及工程内容会进行特别详细地分析研究，在分析研究过程中，即使确认招标人的工程量清单有错项、漏项及施工过程中定会发生的变更及招标条件隐藏着巨大的风险，也不会正面变更或减少条件，而是利用招标人的错误运用不平衡报价等技巧，为中标后的索赔留下伏笔，中标后以求得最大的利润。因此，投标人只有很好地运用策略，才能对投标报价正确分析，并能果断地做出决策。从而保证在最低价中标的情况下获得预期的利润。

任务 3.3 施工项目合同的订立、履行及变更

任务背景

某海滨城市为发展旅游业，经批准兴建一座三星级大酒店。该项目甲方于××年 10 月 10 日分别与某建筑工程公司（乙方）和某外资装饰工程公司（丙方）签订了主体建筑工程施工合同和装饰工程施工合同。

合同约定主体建筑工程施工于当年 11 月 10 日正式开工。合同日历工期为 2 年 5 个月。因主体工程与装饰工程分别为两个独立的合同，由两个承包商承建，为保证工期，当事人约定：主体与装饰施工采取立体交叉作业，即主体完成三层，装饰工程承包商立即进入装饰作业。为保证装饰工程达到三星级水平，业主委托某监理公司实施“装饰工程监理”。

在工程施工 1 年 6 个月时，甲方要求乙方将竣工日期提前 2 个月，双方协商修订施工方案后达成协议。

该工程按变更后的合同工期竣工，经验收后投入使用。

在该工程投入使用 2 年 6 个月后，乙方因甲方少付工程款起诉至法院。诉称：甲方于该工程验收合格后签发了竣工验收报告，并已开张营业。在结算工程款时，甲方本应付工程总价款 1600 万元人民币，但只付 1400 万元人民币。特请求法庭判决被告支付剩余的 200 万元及拖期的利息。

在庭审中，被告答称：原告主体建筑工程施工质量有问题，大堂、电梯间门洞、大厅墙面、游泳池等主体施工质量不合格。因此，装修商进行返工，并提出索赔，经监理工程师签字报业主代表认可，共支付 15.2 万美元，折合人民币 125 万元。此项费用应由原告承担。另还有其他质量问题，并造成客房、机房设备、设施损失计入民币 75 万元。共计损失 200 万元人民币，应从总工程款中扣除，故支付乙方主体工程款总额为 1400 万元人民币。

原告辩称：被告称工程主体不合格不属实，并向法庭呈交了业主及有关方面签字的合格竣工验收报告及业主致乙方的感谢信等证据。

被告又辩称：竣工验收报告及感谢信，是在原告法定代表人宴请我方时，提出为了企业晋级的情况下，我方代表才签的字。此外，被告代理人又向法庭呈交业主被装饰工程公司提出的索赔 15.2 万美元（经监理工程师和业主代表签字）的清单 56 件。

原告再辩称：被告代表发言纯系戏言，怎能以签署竣工验收报告为儿戏，请求法庭以文字为证。又指出：如果真的存在被告所说的情况，被告应当在装饰施工前通知原告方修理。

原告最后请求法庭关注：从签发竣工验收报告到起诉前，乙方向甲方多次以书面方式提出结算要求。在长达 2 年多的时间里，甲方从未向乙方提出过工程存在质量问题。

【工作任务】

1. 原、被告之间的合同是否有效？

2. 如果在装修施工时，发现主体工程施工质量有问题，甲方应采取哪些正当措施？

3. 对于乙方因工程款纠纷的起诉和甲方因工程质量问题的起诉，法院是否应予以保护？

【任务目标】

1. 了解施工合同的订立；

2. 熟悉施工合同履行中发包人的义务；

3. 熟悉施工合同变更中施工方应注意的问题。

相关知识

3.3.1　施工合同订立

3.3.1.1　合同订立的原则

(1)合法的原则

订立施工合同，必须遵守国家法律、行政法规，也要遵守国家的建设计划和强制性的管理规定。只有遵守法律法规，施工合同才受国家法律的保护，合同当事人预期的经济利益目标才有保障。

(2)平等、自愿的原则

合同的当事人都是具有独立地位的法人，他们之间的地位平等，只有在充分协商取得一致的前提下，合同才有可能成立并生效。施工合同当事人一方不得将自己的意志强加给另一方，当事人依法享有自愿订立施工合同的权利，任何单位和个人不得违法。

(3)公平、诚实信用的原则

发包人与承包人的合同权利、义务要对等而不能有失公平。施工合同是双务合同，双方都享有合同权利，同时承担相应的义务。在订立施工合同中，要求当事人要诚实，实事求是地向对方介绍自己订立合同的条件、要求和履约能力，充分表达自己的真实意愿，不得有隐瞒、欺诈的成分。

3.3.1.2　合同订立的程序

合同的订立必须经过要约和承诺两个阶段。要约是希望与他人订立合同的意思表示；承诺是受要约人接受要约的意思表示。承诺生效时合同成立，也就是说承诺生效的时间即为合同成立的时间。

与一般合同的订立过程一样，施工项目合同的订立也应经过要约和承诺两个阶段。其订立方式有两种：直接发包和招标发包。这两种方式实际上都包含要约和承诺的过程。除某些特殊工程外，工程建设的施工都应通过招标投标的方式选择承包人及签订施工合同。

3.3.1.3　无效合同的认定

无效施工合同是指虽由发包人与承包人订立，但因违反法律规定而没有法律约束力，国家不予承认和保护，甚至要对违法当事人进行制裁的施工合同。具体而言，施工合同属下列情况之一的，合同无效。

(1)没有从事建筑经营资格而签订的合同。

(2)超越资质等级所订立的合同。

(3)违反国家、部门或地方基本建设计划的合同。

(4)未依法取得土地使用权而签订的合同。

(5)未取得“建设用地规划许可证”而签订的合同。

(6)未取得或违反“建设工程规划许可证”进行建设、严重影响城市规划的合同。

(7)应当办理而未办理招投标手续所订立的合同。

(8)非法转包的合同。

(9)违法分包的合同。

(10)采取欺诈、胁迫等手段所签订的合同。

(11)损害国家利益和社会公共利益的合同。

无效的施工合同自订立时起就没有法律约束力。合同无效后,因该合同取得的财产,应当予以返还;不能返还或者没有必要返还的,应当折价补偿。有过错的一方应当赔偿对方因此所受到的损失,双方都有过错的,应当各自承担相应的责任。

3.3.2 施工合同的履行

3.3.2.1 施工合同双方的义务

(1)发包人应承担的义务

①办理土地征用、拆迁补偿、平整施工场地等工作,使施工场地具备施工条件,在开工后继续负责解决以上事项遗留问题;

②将施工所需水、电、通信线路从施工场地外部接至合同约定地点,保证施工期间的需要;

③开通施工场地与城乡公共道路的通道,以及合同约定的施工场地内的主要道路,满足施工运输的需要,保证施工期间的畅通;

④向承包人提供施工场地的工程地质和地下管线资料,对资料的真实准确性负责;

⑤办理施工许可证及其他施工所需证件、批件和临时用地、停水、停电、中断道路交通、爆破作业等的申请批准手续(证明承包人自身资质的证件除外);

⑥确定水准点与坐标控制点,以书面形式交给承包人,进行现场交验;

⑦组织承包人与设计单位进行图纸会审和设计交底;

⑧协调处理将施工场地周围地下管线和邻近建筑物、构筑物(包括文物保护建筑)、古树名木的保护工作,承担有关费用;

⑨双方在合同中约定的发包人应做的其他工作。

发包人可以将上述部分工作委托承包方办理,具体内容由双方在合同中约定,费用由发包人承担。发包人不按合同约定完成以上义务,导致工期延误或给承包人造成损失的,赔偿承包人的有关损失,延误的工期相应顺延。

(2)承包人应承担的义务

①根据发包人委托,在其设计资质等级和业务允许的范围内,完成施工图设计或与工程配套的设计,经工程师确认后使用,发包人承担由此发生的费用。

②向工程师提供年、季、月度工程进度计划及相应进度统计报表。

③根据工程需要,提供和维修非夜间施工使用的照明、围栏设施,并负责安全保卫。

④按合同约定的数量和要求,向发包人提供施工场地办公和生活的房屋及设施,发包人

承担由此发生的费用。

⑤遵守政府有关主管部门对施工场地交通、施工噪声以及环境保护和安全生产等的管理规定，按规定办理有关手续，并以书面形式通知发包人，发包人承担由此发生的费用，因承包人责任造成的罚款除外。

⑥已竣工工程未交付发包人之前，承包人按合同约定负责已完工程的保护工作，保护期间发生损坏，承包人自费予以修复；发包人要求承包人采取特殊措施保护的工程部位和相应的追加合同价款，双方在合同中约定。

⑦按合同约定做好施工场地地下管线和邻近建筑物、构筑物（包括文物保护建筑）、古树名木的保护工作。

⑧保证施工场地清洁符合环境卫生管理的有关规定，交工前清理现场达到合同约定的标准，承担自身原因违反有关规定造成的损失和罚款。

⑨双方在合同中约定的承包人应做的其他工作。

⑩承包人不履行上述各项义务，造成发包人损失的，应对发包人的损失给予赔偿。

3.3.2.2　合同跟踪

(1)合同跟踪的依据

①合同和合同分析的结果，如各种计划、方案、合同变更文件等，是比较的基础，是合同实施的目标和依据。

②各种实际的工程文件，如原始记录，各种工程报表、报告、验收结果、量方结果等。

③管理人员每天对现场情况的直观了解，如通过施工现场的巡视、与各种人谈话、召集小组会议、检查工程质量等。

④这就要求合同管理人员在工程过程中一直立足于现场，对合同可能的风险应及时予以监控。

(2)合同跟踪的对象

①承包的任务。包括工程施工的质量是否符合合同要求、工程进度是否在预定期限内、工期有无延长、是否按合同要求完成全部施工任务、工程成本有无增加或减少。

②工程小组或分包人的工程和工作。合同执行者可以将工程施工任务分解交由不同的工程小组或发包给专业分包人完成，必须对这些工程小组或分包人及其所负责的工程进行跟踪检查，协调关系，提出意见、建议或警告，保证工程总体质量和进度。

③业主和其委托的工程师的工作。业主是否及时、完整地提供了工程施工的实施条件，如场地、图纸、资料等；业主和工程师是否及时给予了指令、答复和确认等；业主是否及时并足额地支付了应付的工程价款。

3.3.2.3　合同实施诊断

在合同跟踪的基础上可以进行合同诊断。合同诊断是对合同执行情况的评价、判断和趋向分析、预测。它包括如下内容：

(1)合同实施差异的原因分析。

(2)合同实施差异的责任方分析。

(3)合同实施趋向预测。当工程实施产生差异后（不利影响），分别考虑不采取调控措施和采取调控措施，以及采取不同的调控措施情况下，合同的最终执行结果：工程最终状况，如总工期的延误、总成本的超支，质量不符标准等；承包商将承担的后果，如被罚款，被清算，甚至被起诉，对承包商资信、企业形象、经营战略的影响等；最终工程经济效益。

(4)如果通过合同诊断，承包商已经发现业主有恶意或自己已经坠入合同陷阱中，或已经发现合同亏损，而且估计亏损会越来越大，则要及早确定合同执行战略，采取措施，例如及早撕毁合同，降低损失；争取道义索赔，取得部分补偿；采用以守为攻的办法，拖延工程进度，消极怠工等。

3.3.2.4 合同实施偏差处理

(1)技术措施。例如变更技术方案、采用新的更高效率的施工方案。

(2)组织和管理措施。如增加人员投入、重新进行计划或调整计划、派遣得力的管理人员、暂时停工、按照合同指令加速。在施工中经常修订进度计划对承包商来说是有利的。

(3)经济措施。如改变投资计划、增加投入、对工作人员进行经济激励、动用暂定金额等。

(4)合同措施。例如按照合同进行惩罚、进行合同变更、签订新的附加协议、签署备忘录、通过索赔解决费用超支问题等。

(5)在施工中出现任何工程问题和风险，承包商应首先考虑采用组织、技术和管理措施补救或改进。承包商在施工过程中出现工程暂时的不合格，或工作有缺陷的情况是难免的。但承包商应该及时纠正缺陷，及时自我完善。对工程师发出的不合格工程和工作修改指令，承包商应及时、有效地执行。

3.3.3 施工合同的变更

3.3.3.1 基本概念

合同变更实质上是对合同的修改，是双方新的要约和承诺。如工程范围、工程量、工程质量、合同价格、合同工期等方面出现变化，必须对原合同规定的内容作相应的调整。

合同变更产生的原因主要有：工程环境的变化、业主产生新的要求、因设计的错误而对设计图纸所作的修改、采用更合理的施工方案、业主要求合同条款的变化等。

3.3.3.2 合同变更中承包商应注意的问题

(1)对业主(工程师)的口头变更指令，按施工合同规定，承包商也必须遵照执行，但应根据合同规定的相关程序向工程师索取书面确认。

(2)工程师所作的工程变更不能免去承包商的合同责任，所以承包商对已收到的变更指令，特别对重大的变更指令或在图纸上作出的修改意见，应予以核实。对涉及双方责权利关系的重大变更，或超过合同范围的变更，必须有业主的书面指令、认可，或双方签署的变更协议。工程变更如果超过合同所规定的工程范围，承包商有权不执行变更或坚持先商定价格后再进行变更。

(3)应注意工程变更的实施、价格谈判和业主批准三者之间在时间上的矛盾性。如果工程变更已成为事实，工程师再发出价格和费率的调整通知，随后的价格谈判迟迟达不成协议，或业主对承包商的补偿要求不批准，承包商往往处于十分被动的地位。对此可采取如下措施：

①控制(即拖延)施工进度，等待变更谈判结果。这样不仅损失较小，而且谈判回旋余地

较大。

②争取以点工或按承包商的实际费用支出计算费用补偿，如采取成本加酬金方法，这样避免价格谈判中的争执。

③应有完整的变更实施的记录和照片，请业主、工程师签字，为索赔作准备。

(4)在工程中，承包商不能擅自进行工程变更。施工中发现图纸错误或其他问题，须进行变更，首先应通知工程师，经工程师同意或通过变更程序再进行变更。否则，可能不仅得不到应有的补偿，而且会带来麻烦。

(5)在商讨变更、签订变更协议过程中，承包商必须提出变更补偿(即索赔)问题。最好在变更执行前就明确补偿范围、补偿方法、索赔值的计算方法、补偿款的支付时间等。

项目 4　建设工程项目施工安全与实训

【教学目标】

1. 了解职业健康安全管理体系与环境管理体系的目标及任务；

2. 了解施工安全管理的内容及要求；

3. 熟悉安全事故的分级及处理；

4. 了解事故现场管理的注意事项；

5. 了解施工环境保护的相关内容。

【技能要求】

能结合任务背景，理解建设工程安全管理的重要意义，掌握建设工程项目施工安全现场管理的内容。

任务 4.1　建设工程职业健康安全与环境管理

任务背景

1. 事故简介

2003 年 1 月 7 日 13 时 10 分，广东省惠州市某花园工地的卸料平台架体因失稳发生坍塌事故造成 3 人死亡，7 人受伤，经济损失达 55 万元。

2. 事故发生经过

惠州市某花园工程项目建设单位是惠州市某房地产开发公司，施工单位是惠州市某住宅公司，监理单位是广州某监理事务所惠州监理部。

2002 年 9 月 12 号，惠城区建设局发现该项目未领取《施工许可证》擅自施工，当即对惠州市某房地产开发公司发出了停工通知，要求他们在 15 天内到惠城区建设局办理有关施工报建手续。发出停工通知书后，惠城区建设局有关领导和工作人员曾多次督促他们办理施工报建手续，直至 2002 年 12 月上旬，建设单位才到惠城区建设局补办施工报建手续。2002 年 12 月 17 日，惠城区建设局根据有关规定对该项目进行经济处罚后，当即发出了该项目的施工安全监督通知书，要求建设单位和施工单位到惠城区建设工程施工安全监督站办理建筑施工安全监督手续。2003 年 1 月 3 日，惠城区建设工程施工安全监督站在工地进行检查时，发现该工地存在严重安全隐患，当场发出整改通知，要求他们在 7 天内整改完毕，但施工单位没有严格按照规定进行整改，致使在整改期内发生事故。

该花园工程原为烂尾楼，房地产公司收购后建设开发。2002 年 6 月份工程动工复建，6 月底该工程项目的现场施工员根据公司的安排，通知搭棚队黄某搭设脚手架，搭设时无施工方案，搭设完成后没有经过验收便投入使用。投入使用后，工程队在施工作业过程中，擅自拆除改动卸料平台架体每层两根横杆，对架体稳定性造成一定的影响。

2002年12月底，为了赶工期，工地施工人员根据公司安排，通知搭棚队负责人黄某在工程未完成的情况下，先行拆除B、C栋与平台架体相连的脚手架。2003年1月3日拆完外脚手架后，只剩下独立的平台架体。事故前几天，工程队带班黄某在施工作业工程中，发现卸料平台架体不稳定，向工地施工员报告了此事，但施工员和搭棚队负责人及有关管理人员均未对平台架体进行认真安全检查和采取加固措施。

2003年1月7日13时，工程队带班黄某安排工人在B、C栋建筑进行施工作业。13时10分，平台架体失稳发生坍塌，造成平台作业人员2人当场死亡，4人重伤，4人轻伤。其中1名重伤工人因伤势严重，于1月14日抢救无效死亡。

【工作任务】

试析事故原因。

【任务目标】

1. 掌握职业健康安全与环境管理的目的。
2. 掌握职业健康安全与环境管理的任务。

相关知识

4.1.1　职业健康安全与环境管理的概念

(1)职业健康安全与劳动保护

职业健康安全是国际上通用的词语，通常是指影响作业场所内的员工、临时工作人员、合同工作人员、合同方人员、访问者和其他人员健康安全的条件和因素。

劳动保护通常是指为保护劳动者在劳动生产过程中的健康和安全，包括在改善劳动条件，预防工伤事故及职业病，实现劳逸结合和对女工、未成年工的特殊保护等方面采取的各种管理和技术措施。

职业健康安全和劳动保护在名称上虽然不同，但其工作内容大致相同，可以认为是同一概念的两种不同的命名。

(2)环境

对环境如何定义，必须通过对“主体”的界定来确定环境的定义。比如，《中华人民共和国环境保护法》认为环境是指“影响人类生存和发展的各种天然和经过人工改造的自然因素的总体，包括大气、水、海洋、土地、矿藏、森林、草原、野生生物、自然遗迹、人文遗迹、自然保护区、风景名胜区、城市和乡村等”。这是一种把各种自然因素(包括天然和经过人工改造的)界定为“主体”的对环境的定义。在《环境管理体系　要求及使用指南》(GB/T 24001—2016)认为环境是指“组织运行活动的外部存在，包括空气、水、土地、自然资源、植物、动物、人，以及它(他)们之间的相互关系”。这个定义是以组织运行活动为主体，外部存在主要是指人类认识到的、直接或间接影响人类生存的各种自然因素及它(他)们之间的相互关系。

(3)职业健康安全与环境管理

根据《职业健康安全管理体系规范》(GB/T 28001—2011)和《环境管理体系　要求及使用指南》(GB/T 24001—2016)，职业健康安全管理和环境管理都是组织管理体系的一部分，其管理的主体是组织，管理的对象是一个组织的活动、产品或服务中能与职业健康安全发生相互作用的不健康、不安全条件和因素及能与环境发生相互作用的要素。

因此，组织在职业健康安全管理中，应建立职业健康安全的方针和目标，识别与组织运行活动有关的危险源及其风险，通过风险评价，对不可接受的风险采取措施进行管理和控制。组织在环境管理中，应建立环境管理的方针和目标，识别与组织运行活动有关的环境因素，通过环境影响评价，对能够产生重大环境影响的环境因素采取措施进行管理和控制。应当特别指出的是，组织运行活动的环境因素给环境造成的影响不一定都是有害的，有些环境因素会对环境造成有益影响，无论是对环境影响有害或有益的重大环境因素，组织都要采取措施进行管理和控制；而职业健康安全一般只对有害因素（不安全因素、不利于健康的因素）进行管理和控制。在我国通常把职业健康安全管理称为安全生产管理。

4.1.2　职业健康安全与环境管理的目的

（1）建设工程职业健康安全管理的目的

建设工程项目职业健康安全管理的目的是防止和减少生产安全事故、保护产品生产者的健康与安全、保障人民群众的生命和财产免受损失。控制影响工作场所内员工、临时工作人员、合同方人员、访问者和其他有关部门人员健康和安全的条件和因素，考虑和避免因管理不当而对员工健康和安全造成的危害，是职业健康安全管理的有效手段和措施。

（2）建设工程环境管理的目的

建设工程项目环境管理的目的是保护生态环境，使社会的经济发展与人类的生存环境相协调。控制作业现场的各种粉尘、废水、废气、固体废弃物以及噪声、振动对环境的污染和危害，考虑能源节约和避免资源的浪费。

4.1.3　职业健康安全与环境管理的任务

职业健康安全与环境管理的任务是组织（企业）为达到建设工程的职业健康安全与环境管理的目的而进行的组织、计划、控制、领导和协调的活动，包括制订、实施、实现、评审和保持职业健康安全与环境方针所需的组织结构、计划活动、职责、惯例、程序、过程和资源，不同的组织（企业）根据自身的实际情况制订方针，为实施、实现、评审和保持（持续改进）其方针需要进行以下管理工作：

（1）建立组织机构；

（2）安排计划活动；

（3）明确各项职责及其负责的机构或单位；

（4）说明应遵守的有关法律法规和习惯；

（5）计划进行活动的过程或途径；

（6）确定实现的过程（任何使用资源输入转化为输出的活动可视为一个过程）；

（7）提供人员、设备、资金和信誉等资源。

对于职业健康安全与环境密切相关的工作任务，可一同完成。

4.1.4 建设工程项目各个阶段的职业健康安全与环境管理的主要任务

(1)建设工程项目决策阶段

建设单位应按照有关建设工程的法律法规和强制性标准的要求，办理各种有关安全与环境保护方面的审批手续。对需要进行环境影响评价或安全预评价的建设工程项目，组织或委托有相应资质的单位进行建设工程项目环境影响评价和安全预评价。

(2)工程设计阶段

设计单位应按照法律法规和工程建设强制性标准的要求，进行环境保护设施和安全设施的设计，防止因设计考虑不周而导致生产安全事故的发生或对环境造成不良影响。

在进行工程设计时，设计单位应当考虑施工安全和防护需要，对涉及施工安全的重点部分和环节在设计文件中注明，并对防范生产安全事故提出指导意见。

对于采用新结构、新材料、新工艺的建设工程和特殊结构的建设工程，设计单位应在设计中提出保障施工作业人员安全和预防生产安全事故的措施建议。

在工程总概算中，应明确工程安全环保设施费用、安全施工和环境保护措施费等。

设计单位和注册建筑师等执业人员应当对其设计负责。

(3)工程施工阶段

建设单位在申请领取施工许可证时，应当提供建设工程有关安全施工措施的资料。

对于依法批准开工报告的建设工程，建设单位应当自开工报告批准之日起15日内，将保证安全施工的措施报送建设工程所在地的县级以上人民政府建设行政主管部门或者其他有关部门备案。

对于应当拆除的工程，建设单位应当在拆除工程施工15日前，将拆除施工单位资质等级证明，拟拆除建筑物、构筑物及可能涉及毗邻建筑的说明，拆除施工组织方案，堆放、清除废弃物的措施的资料报送建设工程所在地的县级以上的人民政府主管部门或者其他有关部门备案。

施工单位应当具备安全生产的资质条件，建设工程实行总承包的，由承包单位对施工现场的安全生产负总责并自行完成工程主体结构的施工。

分包合同中应当明确各自的安全生产方面的权利、义务，总承包和分包单位对分包工程的安全生产承担连带责任。

分包单位应当接受总承包单位的安全生产管理，分包单位不服从管理导致生产安全事故的，由分包单位承担主要责任。

施工单位应依法建立安全生产责任制度，采取安全生产保障措施和实施安全教育培训。

(4)项目验收试运行阶段

项目竣工后，建设单位应向审批建设工程项目环境影响报告书、环境影响报告或者环境影响登记表的环境保护行政主管部门申请，对环保设施进行竣工验收。环保行政主管部门应在收到申请环保设施竣工验收之日起30日内完成验收。验收合格后，才能投入生产和使用。

对于需要试生产的建设工程项目，建设单位应当在项目投入试生产之日起3个月内向环保行政主管部门申请对其项目配套的环保设施进行竣工验收。

4.1.5 建设工程职业健康安全与环境管理的特点

依据建设工程产品的特性，建设工程职业健康安全与环境管理有以下特点：

(1)建筑产品的固定性和生产的流动性及受外部环境影响的因素多，决定了职业健康安全与环境管理的复杂性；

(2)建筑产品生产的单件性决定了职业健康安全与环境管理的多变性；

(3)产品生产过程的连续性和分工性决定了职业健康安全与环境管理的协调性；

(4)产品的委托性决定了职业健康安全与环境管理的不符合性；

(5)产品生产的阶段性决定职业健康安全与环境管理的持续性；

(6)产品的时代性、社会性与多样性决定环境管理的经济性。

任务 4.2 施工项目安全生产和现场管理

任务背景

2016 年 2 月 20 日上午，某电厂 5、6 号机组续建工程现场，屋面压型钢板安装班组 5 名工人张某、罗某、贺某、刘某、代某在 6 号主厂房屋面板安装压型钢板。在施工中未按要求对压型钢板进行锚固，即向外安装钢板，在安装推动过程中，压型钢板两端(张某、罗某、贺某在一端，刘某、代某在另一端)用力不均，致使钢板一侧突然向外滑移，带动张某、罗某、贺某 3 人失稳坠落至三层平台死亡，坠落高度 19.4m。

【工作任务】

1. 根据任务背景叙述事故的直接原因和间接原因。
2. 根据任务背景总结事故的经验教训。

【任务目标】

1. 掌握施工项目安全生产制度。
2. 掌握施工现场安全管理方法。

相关知识

4.2.1 施工项目安全生产制度

由于建设工程规模大、周期长、参与人数多、环境复杂多变，安全生产的难度很大。因此，通过建立各项制度，规范建设工程的生产行为，对于提高建设工程安全生产水平是非常重要的。《中华人民共和国建筑法》《中华人民共和国安全生产法》(以下简称《安全生产法》)、《安全生产许可证条例》《建设工程安全生产管理条例》《建筑施工企业安全生产许可证管理规定》等建设工程相关法律法规和部门规章对政府部门、有关企业及相关人员的建设工程安全生产和管理行为进行了全面的规范，确立了一系列建设工程安全生产管理制度。现阶段正在执行的主要安全生产管理制度包括：安全生产责任制度；安全生产许可证制度；政府安全生产监督检查制度；安全生产教育培训制度；安全措施计划制度；特种作业人员持证上岗制度；专项施工方案专家论证制度；危及施工安全工艺、设备、材料淘汰制度；施工起重机械使用登记制度；安全检查制度；生产安全事故报告和调查处理制度；“三同时”制度；安全预评价制度；意外伤害保险制等。

4.2.1.1　安全生产责任制度

安全生产责任制是最基本的安全管理制度，是所有安全生产管理制度的核心。安全生产责任制是按照安全生产管理方针和“管生产的同时必须管安全”的原则，将各级负责人员、各职能部门及其工作人员和各岗位生产工人在安全生产方面应做的事情及应负的责任加以明确规定的一种制度。具体来说，就是将安全生产责任分解到相关单位的主要负责人、项目负责人、班组长以及每个岗位的作业人员身上。根据《建设工程安全生产管理条例》和《建筑施工安全检查标准》的相关规定，安全生产责任制度的主要内容如下：

(1)安全生产责任制度主要包括企业主要负责人的安全责任，负责人或其他副职的安全责任，项目负责人(项目经理)的安全责任，生产、技术、材料等各职能管理负责人及其工作人员的安全责任，技术负责人(工程师)的安全责任、专职安全生产管理人员的安全责任，施工人员的安全责任，班组长的安全责任和岗位人员的安全责任等。

(2)项目应对各级、各部门安全生产责任制规定检查和考核办法，并按规定期限进行考核，对考核结果及兑现情况应有记录。

(3)项目独立承包的工程在签订承包合同中必须有安全生产工作的具体指标和要求。工程由多单位施工时，总分包单位在签订分包合同的同时要签订安全生产合同(协议)，签订合同前要检查分包单位的营业执照、企业资质证、安全资格证等。分包队伍的资质应与工程要求相符，在安全合同中应明确总分包单位各自的安全职责。原则上，实行总承包的由总承包单位负责，分包单位向总包单位负责，服从总包单位对施工现场的安全管理，分包单位在其分包范围内建立施工现场安全生产管理制度并组织实施。

(4)项目的主要工种应有相应的安全技术操作规程，包括砌筑、抹灰、混凝土、木工、电工、钢筋、机械、起重司机、信号指挥、脚手架、水暖、油漆、塔吊、电梯、电气焊等工种，特殊作业应另行补充。应将安全技术操作规程列为日常安全活动和安全教育的主要内容，并应悬挂在操作岗位前。

(5)工程项目部专职安全人员的配备应遵循住建部的规定：1 万 m^2 以下工程 1 人；1 万～5 万 m^2 的工程不少于 2 人；5 万 m^2 以上的工程不少于 3 人。

总之，企业实行安全生产责任制必须做到在计划、布置、检查、总结、评比生产的时候，同时计划、布置、检查、总结、评比安全工作。其内容大体分为两个方面：①纵向方面是各级人员的安全生产责任制，即从最高管理者、管理者代表到项目负责人(项目经理)、技术负责人(工程师)、专职安全生产管理人员、施工员、班组长和岗位人员等各级人员的安全生产责任制；②横向方面是各个部门的安全生产责任制，即各职能部门(如安全环保、设备、技术、生产、财务等部门)的安全生产责任制。只有这样，才能建立健全安全生产责任制，做到群防群治。

4.2.1.2　安全生产许可证制度

《安全生产许可证条例》规定国家对建筑施工企业实施安全生产许可证制度。其目的是严格规范安全生产条件，进一步加强安全生产监督管理，防止和减少生产安全事故。国务院建设主管部门负责中央管理的建筑施工企业安全生产许可证的颁发和管理；其他企业由省、自治区、直辖市人民政府建设主管部门进行颁发和管理，并接受国务院建设主管部门的指导和监督。

企业取得安全生产许可证，应当具备下列安全生产条件：

(1)建立、健全安全生产责任制，制定完备的安全生产规章制度和操作规程；

(2)安全投入符合安全生产要求；

(3)设置安全生产管理机构，配备专职安全生产管理人员；

(4)主要负责人和安全生产管理人员经考核合格；

(5)特种作业人员经有关业务主管部门考核合格，取得特种作业操作资格证书；

(6)从业人员经安全生产教育和培训合格；

(7)依法参加工伤保险，为从业人员缴纳保险费；

(8)厂房、作业场所的安全设施、设备、工艺符合有关安全生产法律、法规、标准和规程的要求；

(9)有职业危害防治措施，并为从业人员配备符合国家标准或者行业标准的劳动防护用品；

(10)依法进行安全评价；

(11)有重大危险源检测、评估、监控措施和应急预案；

(12)有生产安全事故应急救援预案、应急救援组织或者应急救援人员，配备必要的应急救援器材、设备；

(13)法律、法规规定的其他条件。

企业进行生产前，应当依照该条例的规定向安全生产许可证颁发管理机关申请领取安全生产许可证，并提供该条例第六条规定的相关文件、资料。

安全生产许可证颁发管理机关应当自收到申请之日起4～5日内审查完毕，经审查符合该条例规定的安全生产条件的，颁发安全生产许可证；不符合该条例规定的安全生产条件的，不予颁发安全生产许可证，书面通知企业并说明理由。

安全生产许可证的有效期为3年。安全生产许可证有效期满需要延期的，企业应当于期满前3个月向原安全生产许可证颁发管理机关办理延期手续。

企业在安全生产许可证有效期内，严格遵守有关安全生产的法律法规，未发生死亡事故的，安全生产许可证有效期届满时，经原安全生产许可证颁发管理机关同意，不再审查，安全生产许可证有效期延期3年。

企业不得转让、冒用安全生产许可证或者使用伪造的安全生产许可证。

4.2.1.3 政府安全生产监督检查制度

政府安全生产监督检查制度是指国家法律、法规授权的行政部门，代表政府对企业的安全生产过程实施监督管理。《建设工程安全生产管理条例》第五章“监督管理”对建设工程安全监督管理的规定内容如下：

(1)国务院负责安全生产监督管理的部门依照《安全生产法》的规定，对全国建设工程安全生产工作实施综合监督管理。

(2)县级以上地方人民政府负责安全生产监督管理的部门依照《安全生产法》的规定，对本行政区域内建设工程安全生产工作实施综合监督管理。

(3)国务院建设行政主管部门对全国的建设工程安全生产实施监督管理。国务院铁路、交通、水利等有关部门按照国务院规定的职责分工，负责有关专业建设工程安全生产的监督管理。

(4)县级以上地方人民政府建设行政主管部门对本行政区域内的建设工程安全生产实施监督管理。县级以上地方人民政府交通、水利等有关部门在各自的职责范围内，负责本行政区域内的专业建设工程安全生产的监督管理。

(5)县级以上人民政府负有建设工程安全生产监督管理职责的部门在各自的职责范围内履行安全监督检查职责时，有权纠正施工中违反安全生产要求的行为，责令立即排除检查中发现的安全事故隐患，对重大隐患可以责令暂时停止施工。建设行政主管部门或者其他有关部门可以将施工现场安全监督检查委托给建设工程安全监督机构具体实施。

4.2.1.4　安全生产教育培训制度

企业安全生产教育培训的对象一般包括管理人员、特种作业人员和企业员工。

(1)管理人员的安全教育

①企业领导的安全教育

企业法定代表人安全教育的主要内容包括：

a.国家有关安全生产的方针、政策、法律、法规及有关规章制度；

b.安全生产管理职责、企业安全生产管理知识及安全文化；

c.有关事故案例及事故应急处理措施等。

②项目经理、技术负责人和技术干部的安全教育

项目经理、技术负责人和技术干部安全教育的主要内容包括：

a.安全生产方针、政策和法律、法规；

b.项目经理部安全生产责任；

c.典型事故案例剖析；

d.本系统安全及其相应的安全技术知识。

③行政管理干部的安全教育

行政管理干部安全教育的主要内容包括：

a.安全生产方针、政策和法律、法规；

b.基本的安全技术知识；

c.本职的安全生产责任。

④企业安全管理人员的安全教育

企业安全管理人员安全教育内容应包括：

a.国家有关安全生产的方针、政策、法律、法规和安全生产标准；

b.企业安全生产管理、安全技术、职业病知识、安全文件；

c.员工伤亡事故和职业病统计报告及调查处理程序；

d.有关事故案例及事故应急处理措施。

⑤班组长和安全员的安全教育

班组长和安全员的安全教育内容包括：

a. 安全生产法律、法规、安全技术及技能、职业病和安全文化的知识；

b. 本企业、本班组和工作岗位的危险因素、安全注意事项；

c. 本岗位安全生产职责；

d. 典型事故案例；

e. 事故抢救与应急处理措施。

(2)特种作业人员的安全教育

①特种作业的定义

根据《特种作业人员安全技术培训考核管理规定》，特种作业是指容易发生事故，对操作者本人、他人的安全健康及设备、设施的安全可能造成重大危害的作业。特种作业人员，是指直接从事特种作业的从业人员。

②特种作业的范围

根据《特种作业人员安全技术培训考核管理规定》，特种作业的范围主要有(未详细列出)：

a. 电工作业，包括高压电工作业、低压电工作业、防爆电气作业。

b. 焊接与热切割作业，包括熔化焊接与热切割作业、压力焊作业、钎焊作业。

c. 高处作业，包括登高架设作业，高处安装、维护、拆除作业。

d. 制冷与空调作业，包括制冷与空调设备运行操作作业、制冷与空调设备安装修理作业。

e. 煤矿安全作业。

f. 金属、非金属矿山安全作业。

g. 石油天然气安全作业。

h. 冶金(有色)生产安全作业。

i. 危险化学品安全作业。

j. 烟花爆竹安全作业。

k. 安全监管总局认定的其他作业。

特种作业人员应具备的条件是：

a. 年满18周岁，且不超过国家法定退休年龄；

b. 经社区或者县级以上医疗机构体检健康合格，并无妨碍从事相应特种作业的器质性心脏病、癫痫病、美尼尔氏症、眩晕症、癔症、震颤麻痹症、精神病、痴呆症以及其他疾病和生理缺陷；

c. 具有初中及以上文化程度；

d. 具备必要的安全技术知识与技能；

e. 相应特种作业规定的其他条件。

③特种作业人员安全教育要求

特种作业人员必须经专门的安全技术培训并考核合格，取得"中华人民共和国特种作业操作证"后，方可上岗作业。特种作业人员应当接受与其所从事的特种作业相应的安全技术理论培训和实际操作培训。已经取得职业高中、技工学校及中专以上学历的毕业生从事与其所学专业相应的特种作业，持学历证明经考核发证机关同意，可以免予相关专业的培训。跨省、自治区、直辖市从业的特种作业人员，可以在户籍所在地或者从业所在地参加培训。

(3)企业员工的安全教育

企业员工的安全教育主要有新员工上岗前的三级安全教育、改变工艺和变换岗位安全教育、经常性安全教育三种形式。

①新员工上岗前的三级安全教育

三级安全教育通常是指进厂、进车间、进班组三级，对建设工程来说，具体指企业(公司)、项目(或工区、工程处、施工队)、班组三级。企业新员工上岗前必须进行三级安全教育，企业新员工须按规定通过三级安全教育和实际操作训练，并经考核合格后方可上岗。

企业(公司)级安全教育由企业主管领导负责，企业职业健康安全管理部门会同有关部门组织实施，内容应包括安全生产法律、法规，通用安全技术、职业卫生和安全文化的基本知识，本企业安全生产规章制度及状况、劳动纪律和有关事故案例等内容。

项目(或工区、工程处、施工队)级安全教育由项目级负责人组织实施，专职或兼职安全员协助，内容包括工程项目的概况，安全生产状况和规章制度，主要危险因素及安全事项，预防工伤事故和职业病的主要措施，典型事故案例及事故应急处理措施等。

班组级安全教育由班组长组织实施，内容包括遵章守纪，岗位安全操作规程，岗位间工作衔接配合的安全生产事项，典型事故及发生事故后应采取的应急措施，劳动防护用品(用具)的性能及正确使用方法等内容。

②改变工艺和变换岗位时的安全教育

企业(或工程项目)在实施新工艺、新技术或使用新设备、新材料时，必须对有关人员进行相应级别的安全教育，要按新的安全操作规程教育和培训参加操作的岗位员工和有关人员，使其了解新工艺、新设备、新产品的安全性能及安全技术，以适应新的岗位作业的安全要求。

当组织内部员工发生从一个岗位调到另外一个岗位，或从某工种改变为另一工种，或因放长假离岗一年以上重新上岗的情况，企业必须进行相应的安全技术培训和教育，以使其掌握现岗位安全生产特点和要求。

③经常性安全教育

无论何种教育都不可能是一劳永逸的，安全教育同样如此，必须坚持不懈、经常不断地进行，这就是经常性安全教育。在经常性安全教育中，安全思想、安全态度教育最重要。进行安全思想、安全态度教育，要通过采取多种多样形式的安全教育活动，激发员工搞好安全生产的热情，促使员工重视和真正实现安全生产。经常性安全教育的形式有：每天的班前班后会上说明安全注意事项；举办安全活动日；召开安全生产会议；召开事故现场会；张贴安全生产招贴画、宣传标语及标志等。

4.2.1.5 安全措施计划制度

(1)安全措施计划的范围

安全措施计划的范围应包括改善劳动条件、防止事故发生、预防职业病和职业中毒等内容，具体包括：

①安全技术措施

安全技术措施是预防企业员工在工作过程中发生工伤事故的各项措施，包括防护装置、保险装置、信号装置和防爆炸装置等。

②职业卫生措施

职业卫生措施是预防职业病和改善职业卫生环境的必要措施，包括防尘、防毒、防噪声、通风、照明、取暖、降温等措施。

③辅助用房间及设施

辅助用房间及设施是为了保证生产过程安全卫生所必需的房间及一切设施，包括更衣室、休息室、淋浴室、消毒室、妇女卫生室、厕所和冬期作业取暖室等。

④安全宣传教育措施

安全宣传教育措施是为了宣传普及有关安全生产法律、法规、基本知识所需要的措施，其主要内容包括安全生产教材、图书、资料，安全生产展览，安全生产规章制度，安全操作方法训练设施，劳动保护和安全技术的研究与试验等。

(2)编制安全措施计划的依据

①国家发布的有关职业健康安全政策、法规和标准；

②在安全检查中发现的尚未解决的问题；

③造成伤亡事故和职业病的主要原因和所采取的措施；

④生产发展需要所应采取的安全技术措施；

⑤安全技术革新项目和员工提出的合理化建议。

(3)编制安全技术措施计划的一般步骤

编制安全技术措施计划可以按照下列步骤进行：

①工作活动分类；

②危险源识别；

③风险确定；

④风险评价；

⑤制订安全技术措施计划；

⑥评定安全技术措施计划的充分性。

4.2.1.6　特种作业人员持证上岗制度

《建设工程安全生产管理条例》第二十五条规定：垂直运输机械作业人员、起重机械安装拆卸工、爆破作业人员、起重信号工、登高架设作业人员等特种作业人员，必须按照国家有关规定经过专门的安全作业培训，并取得特种作业操作资格证书后，方可上岗作业。专门的安全作业培训，是指由有关主管部门组织的专门针对特种作业人员的培训，也就是特种作业人员在独立上岗作业前，必须进行与本工种相适应的、专门的安全技术理论学习和实际操作训练，经培训考核合格，取得特种作业操作资格证书后，才能上岗作业。特种作业操作资格证书在全国范围内有效，离开特种作业岗位一定时间后，应当按照规定重新进行实际操作考核，经确认合格后方可上岗作业。

对于未经培训考核，即从事特种作业的，该条例第六十二条规定了行政处罚；造成重大安全事故，构成犯罪的，对直接责任人员，依照刑法的有关规定追究刑事责任。特种作业操作证由安全监管总局统一式样、标准及编号。特种作业操作证有效期为 6 年，在全国范围内有效。特种作业操作证每 3 年复审 1 次。特种作业人员在特种作业操作证有效期内，连续从事本工种 10 年以上，严格遵守有关安全生产法律法规的，经原考核发证机关或者从业所在地考核发证机关同意，特种作业操作证的复审时间可以延长至每6年1次。特种作业操作证申请复审或者延期复审前，特种作业人员应当参加必要的安全培训并考试合格。安全培训时间不少于8个学时，主要培训法律、法规、标准、事故案例和有关新工艺、新技术、新装备等知识。

4.2.1.7 专项施工方案专家论证制度

依据《建设工程安全生产管理条例》第二十六条的规定：施工单位应当在施工组织设计中编制安全技术措施和施工现场临时用电方案，对下列达到一定规模的危险性较大的分部分项工程编制专项施工方案，并附具安全验算结果，经施工单位技术负责人、总监理工程师签字后实施，由专职安全生产管理人员进行现场监督：包括基坑支护与降水工程；土方开挖工程；模板工程；起重吊装工程；脚手架工程；拆除、爆破工程；国务院建设行政主管部门或者其他有关部门规定的其他危险性较大的工程。对上述所列工程中涉及深基坑、地下暗挖工程、高大模板工程的专项施工方案，施工单位还应组织专家进行论证、审查。

4.2.2 安全检查制度

(1)安全检查的目的

安全检查制度是清除隐患、防止事故、改善劳动条件的重要手段，是企业安全生产管理工作的一项重要内容。通过安全检查可以发现企业及生产过程中的危险因素，以便有计划地采取措施，保证安全生产。

(2)安全检查的方式

检查方式有企业组织的定期安全检查，各级管理人员的日常巡回检查，专业性检查，季节性检查，节假日前后的安全检查，班组自检、交接检查，不定期检查等。

(3)安全检查的内容

安全检查的主要内容包括：查思想、查管理、查隐患、查整改、查伤亡事故处理等。安全检查的重点是检查“三违”和安全责任制的落实。检查后应编写安全检查报告，报告应包括以下内容：已达标项目，未达标项目，存在问题，原因分析，纠正和预防措施。

(4)安全隐患的处理程序

对查出的安全隐患，不能立即整改的要制订整改计划，定人、定措施、定经费、定完成日期，在未消除安全隐患前，必须采取可靠的防范措施，如有危及人身安全的紧急险情，应立即停工。应按照“登记→整改→复查→销案”的程序处理安全隐患。

4.2.3 建筑工程施工安全检查的主要内容

建筑工程施工安全检查主要是以查安全思想、查安全责任、查安全制度、查安全措施、查安全防护、查设备设施、查教育培训、查操作行为、查劳动防护用品的使用和查伤亡事故处理等为主要内容。安全检查要根据施工生产特点，具体确定检查的项目和检查的标准。

(1)查安全思想。主要是检查以项目经理为首的项目全体员工(包括分包作业人员)的安全生产意识和对安全生产工作的重视程度。

(2)查安全责任。主要是检查现场安全生产责任制度的建立，安全生产责任目标的分解与考核情况，安全生产责任制与责任目标是否已落实到了每一个岗位和每一个人员，并得到了确认。

(3)查安全制度。主要是检查现场各项安全生产规章制度和安全技术操作等级的建立和执行情况。

(4)查安全措施。主要是检查现场安全措施计划及各项安全专项施工方案的编制、审核、审批及实施情况;重点检查方案的内容是否全面、措施是否具体并有针对性,现场的实施运行是否与方案规定的内容相符。

(5)查安全防护。主要是检查现场临边、洞口等各项安全防护设施是否到位,有无安全隐患。

(6)查设备设施。主要是检查现场投入使用的设备设施的购置、租赁、安装、验收、使用、过程维护保养等各个环节是否符合要求;设备设施的安全装置是否齐全、灵敏、可靠,有无安全隐患。

(7)查教育培训。主要检查现场教育培训岗位、教育培训人员、教育培训内容是否明确、具体、有针对性;三级安全教育制度和特种作业人员持证上岗制度的落实情况是否到位;教育培训档案资料是否真实、齐全。

(8)查操作行为。主要是检查现场施工作业过程中有无违章指挥、违章作业、违反劳动纪律的行为发生。

(9)查劳动防护用品的使用。主要是检查现场劳动防护用品、用具的购置,用品、用具质量、配备数量和使用情况是否符合安全与职业卫生的要求。

(10)查伤亡事故处理。主要是检查现场是否发生伤亡事故,对发生的伤亡事故是否已按照"四不放过"的原则进行了调查处理,是否已有针对性地制定了纠正与预防措施;制定的纠正与预防措施是否已得到落实并取得实效。

4.2.4 建筑工程施工安全检查的主要形式

建筑工程施工安全检查的主要形式一般可分为定期安全检查,经常性安全检查,季节性安全检查,节假日安全检查,开工、复工安全检查,专业性安全检查和设备设施安全验收检查等。安全检查的组织形式应根据检查的目的、内容而定,因此参加检查的组成人员也就不完全相同。

(1)定期安全检查:建筑施工企业应建立定期分级安全检查制度,定期安全检查属全面性和考核性的检查,建筑工程施工现场应至少每旬开展一次安全检查工作,施工现场的定期安全检查应由项目经理亲自组织。

(2)经常性安全检查:建筑工程施工应经常开展预防性的安全检查工作,以便于及时发现并消除事故隐患,保证施工生产正常进行。施工现场经常性的安全检查方式主要有:

①现场专(兼)职安全生产管理人员及安全值班人员每天例行开展的安全巡视、巡查。

②现场项目经理、责任工程师及相关专业技术管理人员在检查生产工作的同时进行的安全检查。

③作业班级在班前、班中、班后进行的安全检查。

(3)季节性安全检查:季节性安全检查主要是针对气候特点(如暑季、雨季、风季、冬季等)可能给安全生产造成的不利影响或带来的危害而组织的安全检查。

(4)节假日安全检查:在节假日、特别是重大或传统节假日(如:五一、十一、元旦、春节等)前后和节日期间,为防止现场管理人员和作业人员思想麻痹、纪律松懈等进行的安全检查。节假日加班，更要认真检查各项安全防范措施的落实情况。

(5)开工、复工安全检查：针对工程项目开工、复工之前进行的安全检查，主要检查现场是否具备保障安全生产的条件。

(6)专业性安全检查：由有关专业人员对现场某项专业安全问题或在施工生产过程中存在的比较系统性的安全问题进行的单项检查。这类检查专业性强，主要应由专业工程技术人员、专业安全管理人员参加。

(7)设备设施安全验收检查：针对现场塔吊、外用施工电梯、龙门架及井架物料提升机、电气设备、脚手架、现浇混凝土模板支撑系统等设备设施在安装、搭设过程中或完成后进行的安全验收、检查。

4.2.5　建筑工程安全检查方法

建筑工程安全检查在正确使用安全检查表的基础上，可以采用"问""看""量""测""运转试验"等方法进行。

(1)"问"：主要是指通过询问、提问，对以项目经理为首的现场管理人员和操作工人进行的应知应会抽查，以便了解现场管理人员和操作工人的安全和安全素质。

(2)"看"：主要是指查看施工现场安全管理资料和对施工现场进行巡视。例如：查看项目负责人、专职安全管理人员、特种作业人员等的持证上岗情况；现场安全标志设置情况；劳动防护用品使用情况；现场安全防护情况；现场安全设施及机械设备安全装置配置情况等。

(3)"量"：主要是指使用测量工具对施工现场的一些设施、装置进行实测实量。例如：对脚手架各种杆件间距的测量；对现场安全防护栏杆高度的测量；对电气开关箱安装高度的测量；对在建工程与外电边线安全距离的测量等。

(4)"测"：主要是指使用专用仪器、仪表等监测器具对特定对象关键特性技术参数的测试。例如：使用漏电保护器测试仪对漏电保护器漏电动作电流、漏电动作时间的测试；使用地阻仪对现场各种接地装置接地电阻的测试；使用兆欧表对电机绝缘电阻的测试；使用经纬仪对塔吊、外用电梯安装垂直度的测试等。

(5)"运转试验"：主要是指由具有专业资格的人员对机械设备进行实际操作、试验，检验其运转的可靠性或安全限位装置的灵敏性。例如：对塔吊力矩限制器、变幅限位器、起重限位器等安全装置的试验；对施工电梯制动器、限速器、上下极限限位器、门联锁装置等安全装置的试验；对龙门架超高限位器、断绳保护器等安全装置的试验等。

4.2.6　施工项目不安全因素分析

施工中的不安全因素很多，而且随工种不同、工程不同而变化，但概括起来，这些不安全因素主要来自人、物和环境三个方面。因此，一般来说，施工安全控制就是对人、物和环境等因素进行控制。

4.2.6.1　人的不安全因素

人既是管理的对象，又是管理的动力。人的行为是安全生产的关键。人与人之间是有区别的，即使是同一个人，在不同的时期、地点，他的劳动状态、注意力、情绪效率也会有所不同，这就决定了管理好人的行为是一项难度很大的工作。

人的不安全因素是人的心理和生理特点造成的，主要表现在身体缺陷、错误行为和违纪违章等三个方面。

(1)身体缺陷。指疾病，职业病，精神失常，智商过低，紧张，烦躁，疲劳，易冲动和兴奋，对自然条件和环境过敏，应变能力差等。

(2)错误行为。指嗜酒，吸毒，吸烟，打赌，玩耍，嬉笑，追逐，错看，错听，错触，误判，意外滑倒，误入危险区域等。

(3)违纪违章。指粗心大意，漫不经心，不履行安全措施，不按规定使用防护用品，有意违章，玩忽职守，图省事等。

人的行为对施工安全影响很大，统计资料表明，88%的安全事故是由于人的不安全行为而造成的，而人的生理和心理特点，直接影响着人的行为。所以人的生理和心理状况与安全事故的发生有着密切关系。

4.2.6.2 物的不安全因素

物的不安全因素，主要表现在以下三个方面：

(1)设备和装置的缺陷。技术性能降低，强度不够，结构不良，磨损，老化，失灵，腐蚀，物理和化学性能达不到等。

(2)作业场所的缺陷。主要是指施工作业场地狭小，交通道路不畅通，机械设备拥挤，多工种交叉作业组织不善，多单位施工等。

(3)物资和环境的危险源。主要包括化学方面：氧化，易燃，毒性，腐蚀等；机械方面：振动，冲击，位移，倾覆，陷落，抛飞，断裂，剪切等；电气方面：漏电，短路，电弧，高压带电作业等；自然环境方面：辐射，强光，雷电，风暴，浓雾，高低温，洪水等。

上述不安全因素中，人的不安全因素是关键，物的不安全因素是通过人的生理和心理状态而起作用的。因此，监理工程师在安全控制中，必须将两类不安全因素结合起来综合考虑，才能达到确保安全的目的。

4.2.6.3 施工中常见的不安全因素

(1)高处施工的不安全因素

高空作业四面临空、条件差、危险因素多，因此建筑工程高空坠落事件特别多，其主要不安全因素有：

①安全网或护栏等设置不符合要求。高空作业点操作的下方必须设置安全网、护栏、立杆，盖好洞口等，从根本上避免人员坠落。

②脚手架和梯子结构不牢靠。

③施工人员意识差，如高空作业人员不系安全带等。

④施工人员身体素质差，如患有心脏病、高血压、严重贫血等。

(2)使用起重设备的不安全因素

起重设备，如塔式、门式起重机等。其工作特点是：塔身较高，行走起吊等作业可以同时进行。这类起重机较突出的事故发生在折臂和拆装时。容易发生这类事故的原因有：

①司机操作不熟练，引起错误操作。

②超负荷运行，造成吊塔倾斜。

③斜吊时，物体一离开地面就绕垂直方向摆动，极易伤人。

④铺设轨道不合格,尤其是轨排铺设不合格。

⑤安全装置失灵。如起重量限制器、吊钩高度限制器等的失灵。

(3)施工用电的不安全因素

电气事故的预兆性不直观、不明显,而事故的危害性很大。使用电气设备引起事故的主要原因有:

①违章在高压线下施工,而未采取其他安全措施,以至于钢管脚手架、钢筋等碰上高压线而触电。

②供电线路铺设不符合安装规程。如架设得太低,导线绝缘损坏,采用不合格的导线或绝缘子等。

③维护检修违章。移动或修理电气设备时不预先切断电源,用湿手触接开关、插头,使用不合格的电气设备等。

④用电设备损坏或不合格,使带电部分外露。

(4)爆破施工中的不安全因素

无论是露天爆破、地下爆破,还是水下爆破,都发生过许多安全事故,其主要原因是:

①炮位选择不当,最小抵抗线掌握不准,装药量过多,放炮时飞石超过警戒线,造成人身伤亡或损坏建筑物、设备等。

②违章处理瞎炮,拉动起爆雷管,引起爆炸伤人。

③起爆材料质量不符合标准,发生早爆或迟爆。

④人员、设备在起爆前未按规定撤离或爆破后人员过早进入危险区造成事故。

⑤爆破时,点炮个数过多,或导火索太短,点炮人员未来得及撤到安全地点。

⑥电力起爆时,附近有杂散电流或雷电。

⑦用非爆破专业测试仪表测量电爆网络或起爆体,因其输出电流强度大于规定的安全值而发生的爆炸事件。

⑧大量爆破时对地震波、空气冲击和飞石的安全距离估计不足,附近建筑物和设备未采取相应措施而造成的损失。

⑨爆破材料不按规定存放或警戒,管理不严,造成爆炸事故。

⑩爆炸材料位置选择不当,由意外因素造成事故。

(5)土方工程施工中的不安全因素

土方工程施工中最易发生的事故是塌方所造成的人员伤亡事故。施工中引起塌方的主要原因有:

①边坡修得太小或施工中泥土随意堆放,大型机械离沟坑边太近。这些均会增大土体的滑动力。

②排水系统设计不合理,使得土体抗滑力减小,滑动力增大,易引起塌方。

4.2.7 施工项目安全控制的方针与目标

4.2.7.1 施工项目安全控制的特点

安全控制是指采取措施使项目在施工中没有危险,不出事故,不造成人身伤亡和财产损失。安全既包括人身安全,也包括财产安全。安全法规、安全技术和工业卫生是安全控制的三大主要措施。安全法规也称劳动保护法规，是用立法的手段制定保护职工安全生产的政策、规程、条例、制度。安全技术指在施工过程中为防止和消除伤亡事故或减轻繁重劳动所采取的措施。工业卫生是在施工过程中为防止高温、严寒、粉尘、噪声、振动、毒气、废液、污染等对劳动者身体健康产生危害采取的防护和医疗措施。该三大措施与控制对象和控制内容的关系是：安全法规侧重于对劳动者的管理，约束劳动者的不安全行为，因此其主要控制内容是安全生产责任制、安全教育、安全事故的调查与处理。安全技术侧重于劳动对象和劳动手段的管理，消除、减弱物的不安全状态，其主要控制内容是安全检查和安全技术管理。工业卫生侧重于环境的管理，以形成良好的劳动条件，主要控制内容也是安全检查和安全技术管理。人、物和环境这些控制对象构成了安全施工体系。安全控制管人、管物、管环境。

施工项目安全控制的特点如下：

(1)施工项目安全控制的难点多

由于施工受自然环境的影响大，高处作业多，地下作业多，大型机械多，用电作业多，易燃物多，因此安全事故引发点多，安全控制的难点必然大量存在。

(2)安全控制的劳保责任重

这是因为建筑施工属劳动密集型产业，手工作业多，人员数量大，交叉作业多，作业的危险性大。所以要通过加强劳动保护创造安全施工条件。

(3)施工项目安全控制处在企业安全控制的大环境之中

施工项目安全控制是企业安全控制的一个子系统，企业安全系统还包括以下分系统：安全组织系统、安全法规系统和安全技术系统，它们都与施工项目安全系统密切相关。安全组织系统是指企业内部的安全部门和安全管理人员；安全法规系统指企业必须执行国家、行业、地方政府制定的安全法规，也必须有企业自身的安全管理制度；安全技术系统按操作对象、工种、机械的特点进行专业分类，如施工电气安全技术、脚手架安全技术、起重吊装安全技术、锅炉和压力容器安全技术、工业卫生安全技术、防火安全技术等。

(4)施工现场是安全控制的重点

施工现场人员集中、物资集中，是作业场所，事故一般都发生在施工现场。

4.2.7.2 施工项目安全控制的基本方针

(1)管生产必须管安全

安全蕴于生产之中，并对生产发挥促进与保证作用。安全和生产管理的目标及目的高度一致并完全统一。安全控制是生产管理的重要组成部分。一切与生产有关的机构、人员，都必须参与安全控制并承担安全责任。

(2)必须明确安全控制的目的

安全控制是对生产中的人、物、环境因素状态的控制，有效地控制人的不安全行为和物的不安全状态，消除或避免事故，达到保护劳动者的安全与健康的目的。

(3)必须贯彻预防为主的方针

安全生产的方针是“安全第一、预防为主”。安全第一是从保护生产力的角度和高度，表明在生产范围内，安全与生产的关系，肯定安全在生产活动中的位置和重要性。

在生产活动中进行安全控制，要针对生产的特点，对生产因素采取管理措施，有效地控制不安全因素，把可能发生的事故消灭在萌芽状态，以保证生产活动中人的安全与健康。

贯彻预防为主，要端正对生产中不安全因素的认识，端正消除不安全因素的态度，选准消除不安全因素的时机。在安排与布置生产内容的时候，针对施工生产中可能出现的危险因素，采取措施予以消除。在生产活动过程中，经常检查、及时发现不安全因素，采取措施，明确责任，尽快地、坚决地予以消除。

(4)坚持动态管理

安全管理不只是少数人和安全机构的事，而是一切与生产有关的人共同的事。生产组织者在安全管理中的作用固然重要，但全员参与管理也十分重要。安全管理涉及生产活动的方方面面，涉及从开工到竣工交付的全部生产过程、全部的生产时间和一切变化着的生产因素。因此，生产活动中必须坚持全员、全过程、全方位、全天候的动态安全管理。

(5)不断提高安全控制水平

生产活动是在不断发展与变化的，可导致安全事故的因素也处在变化之中，因此要随生产的变化调整安全控制工作，还要不断提高安全控制水平，取得更好的效果。

4.2.7.3 施工项目安全控制目标及目标体系

(1)施工项目安全控制目标

施工项目安全控制目标是在施工过程中，安全工作所要达到的预期效果。工程项目实施施工总承包的，由总承包单位负责制定。

施工项目安全控制目标应适合项目施工的规模、特点，具有先进性和可行性；应符合国家安全生产法律、行政法规和建筑行业安全规章、规程及对业主和社会要求的承诺。

施工项目安全控制应实现重大伤亡事故为零的目标，以及其他安全目标指标：控制伤亡事故的指标(死亡率、重伤率、千人负伤率、经济损失额等)、控制交通安全事故的指标(杜绝重大交通事故、百车次肇事率等)、尘毒治理要求达到的指标(粉尘合格率等)、控制火灾发生的指标等。

(2)施工项目安全控制目标体系

施工项目总安全目标确定后，还要按层次进行安全目标分解到岗、落实到人，形成安全目标体系。即施工项目安全总目标；项目经理部下属各单位、各部门的安全指标；施工作业班组安全目标；个人安全目标等。

在安全目标体系中，总目标值是最基本的安全指标，而下一层的目标值应略高些，以保证上一层安全目标的实现。如项目安全控制总目标是实现重大伤亡事故为零，中层的安全目标就应是除此之外还要求重伤事故为零，施工队一级的安全目标还应进一步要求轻伤事故为零，班组一级要求险肇事故为零。

施工项目安全控制目标体系应形成能被全体员工所理解的文件，并实施保持。

4.2.8 施工项目安全技术措施计划及实施

4.2.8.1 施工项目安全立法措施

项目经理部必须执行国家、行业、地区安全法规、标准，并以此制订本项目的安全管理制度，主要有如下一些方面：

(1)行政管理方面

①安全生产责任制度；

②安全生产例会制度；

③安全生产教育制度；

④安全生产检查制度；

⑤伤亡事故管理制度；

⑥劳保用品发放及使用管理制度；

⑦安全生产奖惩制度；

⑧工程开竣工的安全制度；

⑨施工现场安全管理制度；

⑩安全技术措施计划管理制度；

⑪特殊作业安全管理制度；

⑫环境保护、工业卫生工作管理制度；

⑬锅炉、压力容器安全管理制度；

⑭场区交通安全管理制度；

⑮防火安全管理制度；

⑯意外伤害保险制度；

⑰安全检举和控告制度等。

(2)技术管理方面

①关于施工现场安全技术要求的规定；

②各专业工种安全技术操作规程；

③设备维护检修制度等。

4.2.8.2 施工项目安全管理组织措施

施工项目安全管理组织措施包括建立施工项目安全组织系统——项目安全管理委员会；建立施工项目安全责任系统；建立各项安全生产责任制度等。

(1)建立施工项目安全组织系统——项目安全管理委员会，其主要职责是：

①项目安全管理组织编制安全生产计划，决定资源配置。

②规定从事项目安全管理、操作、检查人员的职责、权限和相互关系。

③对安全生产管理体系实施监督、检查和评价。

④纠正和预防措施的验证。

(2)建立与项目安全组织系统相配套的各专业、部门、生产岗位的安全责任系统。

(3)安全生产责任制：

安全生产责任制是指企业对项目经理部各级领导、各个部门、各类人员所规定的在他们各自职责范围内对安全生产应负责任的制度。

安全生产责任制应根据“管生产必须管安全”“安全生产人人有责”的原则，明确各级领导、各职能部门和各类人员在施工生产活动中应负的安全责任，其内容应充分体现责、权、利相统一的原则。

项目经理部应根据安全生产责任制的要求，把安全责任目标分解到岗，落实到人。安全生产责任制必须经项目经理批准后实施。

4.2.8.3 施工安全技术措施

施工安全技术措施是指在施工项目生产活动中，针对工程特点、施工现场环境、施工方法、劳动组织、作业使用的机械、动力设备、变配电设施、架设工具以及各项安全防护设施等制定的确保安全施工、保护环境、防止工伤事故和职业病危害，从技术上采取的预防措施。

施工安全技术措施应具有超前性、针对性、可靠性和可操作性。

4.2.9　建设工程职业健康安全事故及其处理

职业健康安全事故分两大类型，即职业伤害事故与职业病。职业伤害事故是指由生产过程及工作原因或与其相关的其他原因造成的伤亡事故。

4.2.9.1　按照事故发生的原因分类

按照我国《企业职工伤亡事故分类》(GB 6441—1986)规定，职业伤害事故分为 20 类，其中与建筑业有关的有以下 12 类。

(1)物体打击：指落物、滚石、锤击、碎裂、崩块、砸伤等造成的人身伤害，不包括因爆炸而引起的物体打击。

(2)车辆伤害：指被车辆挤、压、撞和车辆倾覆等造成的人身伤害。

(3)机械伤害：指被机械设备或工具绞、碾、碰、割、戳等造成的人身伤害，不包括车辆、起重设备引起的伤害。

(4)起重伤害：指从事各种起重作业时发生的机械伤害事故，不包括上下驾驶室时发生的坠落伤害、起重设备引起的触电及检修时制动失灵造成的伤害。

(5)触电：电流经过人体导致的生理伤害，包括雷击伤害。

(6)灼烫：指火焰引起的烧伤、高温物体引起的烫伤、强酸或强碱引起的灼伤、放射线引起的皮肤损伤，不包括电烧伤及火灾事故引起的烧伤。

(7)火灾：在火灾时造成的人体烧伤、窒息、中毒等。

(8)高处坠落：由危险势能差而引起的伤害，包括从架子、屋架上坠落以及平地坠入坑内等。

(9)坍塌：指建筑物、堆置物倒塌以及土石塌方等引起的事故伤害。

(10)火药爆炸：指在火药的生产、运输、储藏过程中发生的爆炸事故。

(11)中毒和窒息：指煤气、油气、沥青、化学、一氧化碳中毒等。

(12)其他伤害：包括扭伤、跌伤、冻伤、野兽咬伤等。

以上 12 类职业伤害事故中，在建设工程领域中最常见的是高处坠落、物体打击、机械伤害、触电、坍塌、中毒、火灾 7 类。

4.2.9.2　按事故后果严重程度分类

我国《企业职工伤亡事故分类》(GB 6441—1986)规定，按事故后果严重程度分类，事故分为：

(1)轻伤事故，是指造成职工肢体或某些器官功能性或器质性轻度损伤，能引起劳动能力轻度或暂时丧失的伤害的事故，一般每个受伤人员休息 1 个工作日以上，105 个工作日以下；

(2)重伤事故，一般指受伤人员肢体残缺或视觉、听觉等器官受到严重损伤，能引起人体长期存在功能障碍或劳动能力有重大损失的伤害，或者造成每个受伤人损失 105 工作日以上的失能伤害的事故；

(3)死亡事故,一次事故中死亡职工1～2人的事故;

(4)重大伤亡事故,一次事故中死亡3人以上(含3人),10人以下的事故;

(5)特大伤亡事故,一次死亡10人以上(含10人)的事故。

4.2.9.3 按事故造成的人员伤亡或者直接经济损失分类

依据2007年6月1日起实施的《生产安全事故报告和调查处理条例》规定,按生产安全事故造成的人员伤亡或者直接经济损失,事故分为:

(1)特别重大事故,是指造成30人以上死亡,或者100人以上重伤(包括急性工业中毒,下同),或者1亿元以上直接经济损失的事故;

(2)重大事故,是指造成10人以上30人以下死亡,或者50人以上100人以下重伤,或者5000万元以上1亿元以下直接经济损失的事故;

(3)较大事故,是指造成3人以上10人以下死亡,或者10人以上50人以下重伤,或者1000万元以上5000万元以下直接经济损失的事故;

(4)一般事故,是指造成3人以下死亡,或者10人以下重伤,或者1000万元以下直接经济损失的事故。

4.2.9.4 建设工程安全事故的处理

一旦事故发生,通过应急预案的实施,尽可能防止事态的扩大和减少事故的损失。

(1)事故处理的原则("四不放过"原则)

国家对发生事故后的"四不放过"处理原则,其具体内容如下:

①事故原因未查清不放过;

②事故责任人未受到处理不放过;

③事故责任人和周围群众没有受到教育不放过;

④事故没有制定切实可行的整改措施不放过。

(2)建设工程安全事故处理

①迅速抢救伤员并保护事故现场,及时向相关部门报告。

各个行业的建设施工中出现了安全事故,都应当向建设行政主管部门报告。专业工程出现安全事故,还需要向有关行业主管部门报告。

a.特别重大事故、重大事故逐级上报至国务院安全生产监督管理部门和负有安全生产监督管理职责的有关部门;

b.较大事故逐级上报至省、自治区、直辖市人民政府安全生产监督管理部门和负有安全生产监督管理职责的有关部门;

c.一般事故上报至设区的市级人民政府安全生产监督管理部门和负有安全生产监管理职责的有关部门。

②组织调查组,开展事故调查。

特别重大事故由国务院或者国务院授权有关部门组织事故调查组进行调查。重大事故、较大事故、一般事故分别由事故发生地省级人民政府、设区的市级人民政府、县级人民政府负责调查。

③现场勘查。

④分析事故原因,通过直接和间接地分析,确定事故的直接责任者、间接责任者和主要

责任者。

⑤制定预防措施。

⑥提交事故调查报告。

⑦事故的审理和结案。

重大事故、较大事故、一般事故，负责事故调查的人民政府应当自收到事故调查报告之日起15日内作出批复；特别重大事故，30日内作出批复。特殊情况下，批复时间可以适当延长，但延长的时间最长不超过30日。

4.2.9.5 生产安全事故报告和调查制度

(1)事故报告

事故发生后，事故现场有关人员应当立即向本单位负责人报告；单位负责人接到报告后，应当于1小时内向事故发生地县级以上人民政府安全生产监督管理部门和负有安全生产监督管理职责的有关部门报告。情况紧急时，事故现场有关人员可以直接向事故发生地县级以上人民政府负有安全生产监督管理职责的有关部门报告。

事故报告应当包括下列内容：

①事故发生单位概况；

②事故发生的时间、地点以及事故现场情况；

③事故的简要经过；

④事故已经造成或者可能造成的伤亡人数(包括下落不明的人数)和初步估计的直接经济损失；

⑤已经采取的措施；

⑥其他应当报告的情况。

事故报告后出现新情况的，应当及时补报；自事故发生之日起30日内，事故造成的伤亡人数发生变化的，应当及时补报。

(2)事故调查

事故调查处理应当坚持实事求是、尊重科学的原则，及时、准确地查清事故经过、事故原因和事故损失，查明事故性质，认定事故责任，总结事故教训，提出整改措施，并对事故责任者依法追究责任。

县级以上人民政府应当依照相关条例的规定，严格履行职责，及时、准确地完成事故调查处理工作。

事故发生地有关地方人民政府应当支持、配合上级人民政府或者有关部门的事故调查处理工作，并提供必要的便利条件；参加事故调查处理的部门和单位应当互相配合，提高事故调查处理工作的效率；工会依法参加事故调查处理，有权向有关部门提出处理意见；任何单位和个人不得阻挠和干涉对事故的报告和依法调查处理；对事故报告和调查处理中的违法行为，任何单位和个人有权向安全生产监督管理部门、监察机关或者其他有关部门举报，接到举报的部门应当依法及时处理。

特别重大事故由国务院或者国务院授权有关部门组织事故调查组进行调查。

重大事故、较大事故、一般事故分别由事故发生地省级人民政府、设区的市级人民政府、县级人民政府负责调查。省级人民政府、设区的市级人民政府、县级人民政府可以直接组织事故调查组进行调查,也可以授权或者委托有关部门组织事故调查组进行调查。

未造成人员伤亡的一般事故,县级人民政府也可以委托事故发生单位组织事故调查组进行调查。

事故调查组应履行的职责:

①查明事故发生的经过、原因、人员伤亡情况及直接经济损失;

②认定事故的性质和事故责任;

③提出对事故责任者的处理建议;

④总结事故教训,提出防范和整改措施;

⑤提交事故调查报告。

事故调查组应当自事故发生之日起60日内提交事故调查报告,特殊情况下,经负责事故调查的人民政府批准,提交事故调查报告的期限可以适当延长,但延长的期限最长不超过60日。

事故调查报告应当包括下列内容:

①事故发生单位概况;

②事故发生经过和事故救援情况;

③事故造成的人员伤亡和直接经济损失;

④事故发生的原因和事故性质;

⑤事故责任的认定以及对事故责任者的处理建议;

⑥事故防范和整改措施。

4.2.9.6 建筑工程五方责任主体项目负责人终身责任追究

建筑工程五方责任主体项目负责人是指承担建筑工程项目建设的建设单位项目负责人、勘察单位项目负责人、设计单位项目负责人、施工单位项目经理、监理单位总监理工程师。

建筑工程开工建设前,建设、勘察、设计、施工、监理单位法定代表人应当签署授权书,明确本单位项目负责人。建设单位项目负责人对工程质量承担全面责任,不得违法发包、肢解发包,不得以任何理由要求勘察、设计、施工、监理单位违反法律法规和工程建设标准,降低工程质量,其违法违规或不当行为造成工程质量事故或质量问题应当承担责任。

勘察、设计单位项目负责人应当保证勘察设计文件符合法律法规和工程建设强制性标准的要求,对因勘察、设计导致的工程质量事故或质量问题承担责任。

施工单位项目经理应当按照经审查合格的施工图设计文件和施工技术标准进行施工,对因施工导致的工程质量事故或质量问题承担责任。

监理单位总监理工程师应当按照法律法规、有关技术标准、设计文件和工程承包合同进行监理,对施工质量承担监理责任。

符合下列情形之一的,县级以上地方人民政府建设主管部门应当依法追究项目负责人的质量终身责任。

①发生工程质量事故;

②发生投诉、举报、群体性事件、媒体报道并造成恶劣社会影响的严重工程质量问题;

③由于勘察、设计或施工原因造成尚在设计使用年限内的建筑工程不能正常使用;

④存在其他须追究责任的违法违规行为。

4.2.9.7　生产安全事故的处理

生产经营单位发生生产安全事故，经调查确定为责任事故的，除了应当查明事故单位的责任并依法予以追究外，还应当查明对安全生产的有关事项负有审查批准和监督职责的行政部门的责任，对有失职、渎职行为的工作人员，依法追究其法律责任。负有安全生产监督管理职责的部门的工作人员，有下列行为之一的，给予降级或者撤职的处分；构成犯罪的，依照刑法有关规定追究刑事责任。

①对不符合法定安全生产条件的涉及安全生产的事项予以批准或者验收通过的。

②发现未依法取得批准、验收的单位擅自从事有关活动或者接到举报后不予取缔或者不依法予以处理的。

③对已经依法取得批准的单位不履行监督管理职责，发现其不再具备安全生产条件而不撤销原批准或者发现安全生产违法行为不予查处的。

④在监督检查中发现重大事故隐患，不依法及时处理的。

负有安全生产监督管理职责的部门的工作人员有前款规定以外的滥用职权、玩忽职守、徇私舞弊行为的，依法给予处分；构成犯罪的，依照刑法有关规定追究刑事责任。

承担安全评价、认证、检测、检验工作的机构，出具虚假证明的，没收违法所得，违法所得在十万元以上的，并处违法所得二倍以上五倍以下的罚款，没有违法所得或者违法所得不足十万元的，单处或者并处十万元以上二十万元以下的罚款；对其直接负责的主管人员和其他直接责任人员处二万元以上五万元以下的罚款，给他人造成损害的，与生产经营单位承担连带赔偿责任；构成犯罪的依照刑法有关规定追究刑事责任。

对有以上违法行为的机构，吊销其相应资质。

生产经营单位的决策机构、主要负责人或者个人经营的投资人不依照规定保证安全生产所必需的资金投入，致使生产经营单位不具备安全生产条件的，责令限期改正，提供必需的资金逾期未改正的，责令生产经营单位停产停业整顿。

有以上违法行为，导致发生生产安全事故的，对生产经营单位的主要负责人给予撤职处分，对个人经营的投资人处二万元以上二十万元以下的罚款，构成犯罪的，依照刑法有关规定追究刑事责任。

生产经营单位的主要负责人未履行相关法律规定的安全生产管理职责的，责令限期改正，逾期未改正的，处二万元以上五万元以下的罚款，责令生产经营单位停产整顿。

生产经营单位的主要负责人有相关违法行为，导致发生生产安全事故的，给予撤职处分，构成犯罪的，依照刑法有关规定追究刑事责任。

生产经营单位的主要负责人依照相关法律规定受刑事处罚或者撤职处分的，自刑罚执行完毕或者受处分之日起，五年内不得担任任何生产经营单位的主要负责人。对重大、特别重大生产安全事故负有责任的，终身不得担任本行业生产经营单位的主要负责人。

生产经营单位的主要负责人未履行相关法律规定的安全生产管理职责，导致发生生产安全事故的，由安全生产监督管理部门依照下列规定处以罚款：

①发生一般事故的，处上一年年收入百分之三十的罚款；

②发生较大事故的，处上一年年收入百分之四十的罚款；

③发生重大事故的，处上一年年收入百分之六十的罚款；

④发生特别重大事故的，处上一年年收入百分之八十的罚款。

发生生产安全事故，对负有责任的生产经营单位除要求其依法承担相应的赔偿等责任外，由安全生产监督管理部门依照下列规定处以罚款：

①发生一般事故的，处二十万元以上五十万元以下的罚款；

②发生较大事故的，处五十万元以上一百万元以下的罚款；

③发生重大事故的，处一百万元以上五百万元以下的罚款；

④发生特别重大事故的，处五百万元以上一千万元以下的罚款，情节特别严重的，处一千万元以上二千万元以下的罚款。

4.2.10 施工项目现场管理的意义以及评价

施工项目的现场管理是项目管理的一个重要部分。良好的现场管理使场容美观整洁、道路畅通、材料放置有序、施工有条不紊，安全、消防、安保均能得到有效的保障，并且使得与项目有关的相关方都能满意。相反，低劣的现场管理会影响施工进度，并且是产生事故的隐患。过去，由于条件的限制，现场管理往往得不到应有的重视，由于国家对于安全、环境保护的重视，法制的健全以及在市场经济的形势下，施工企业必须树立良好的信誉，防止事故的发生，增强企业在市场的竞争力。因此现场管理得到了普遍的重视，现场管理水平有了较快的提高。

施工项目现场管理就是运用科学的管理思想、组织、手段和方法，对施工现场的各种生产要素，如人、机、料、法、环境、资金、能源、信息等进行合理配置和优化组合，通过计划、组织、控制、协调、激励等管理职能，以保证现场按预定的目标，实现优质、高效、低耗、按期、安全、文明的生产。

4.2.10.1 施工现场管理的意义

(1)现场管理是项目的“镜子”，能照出施工单位面貌。通过对工程施工现场观察，施工单位的精神面貌和管理水平赫然显现。特别是市区内的施工现场周边来往人流众多，对周边的影响也大，一个文明的施工现场能产生很好的社会效益，会赢得广泛的社会赞誉。反之也会损害企业的声誉。

(2)现场是进行施工的“舞台”。所有的施工活动都要通过现场这个舞台实施。大量的物资、劳动力、机械设备都需要通过这个“舞台”有条不紊地逐步转变为建筑物。因而这个“舞台”的布置正确与否是“节目”能否顺利进行的关键。

(3)现场管理是处理各方关系的“焦点”。现场管理涉及城市规划、市容整洁、交通运输、消防安全、文物保护、居民生活、文明建设等范畴。施工现场管理是一个严肃的社会问题和政治问题，稍有不慎就出现可能危及社会安定的问题。因此，在施工现场负责现场管理的人员必须具备强烈的法制观念，有全心全意为人民服务的精神，才能担起现场管理的重任。

(4)现场管理是连接项目其他工作的“纽带”。现场管理很难和其他管理工作分开，其他管理工作也必须和现场管理相结合。例如，安全工作要求设置防护，现场管理要求对现场进行围护。二者如果结合良好，就可一举两得，否则各行其是，将造成不必要的浪费。

综上所述，现场管理应当通过对施工场地的安排、使用和管理，保证生产的顺利进行，还要减少污染、保护环境,使业主和有关方面满意。此外现场管理水平也是考核是否达到 ISO 14000 环境保护标准的重要条件。目前有的城市已要求在规定的区域内,施工企业必须达到 ISO 14000 标准,否则不得在该区域内承接施工任务。这些要求将会促进企业对现场管理的重视,推动现场管理水平的提高。

4.2.10.2 加强施工项目现场管理的必要性

(1)加强施工项目现场管理是提高企业生产力的需要。施工企业向社会和市场提供的建安产品必须通过施工现场建造起来。建安产品施工进度的快慢、质量的优劣、成本的高低、效益的好坏都与施工项目现场管理水平息息相关。施工单位现场管理混乱,施工无计划,操作无标准,规章制度不执行,材料、工具、设备到处乱堆乱放,浪费惊人,现场环境"脏、乱、差",质量、安全事故频繁等现象的存在严重制约施工企业生产力的发展。

(2)加强施工项目现场管理是市场竞争的需要。施工企业要在激烈的市场竞争中求生存、求发展,就必须向市场提供质量好、造价和工期合理的建安产品,这要靠施工项目现场管理来保证,施工项目现场管理水平的高低决定着施工企业对市场的应变能力和竞争能力。施工项目现场管理是市场经营的后盾。甲方在招标时不仅要审查施工企业的资质条件,还要考察施工企业的施工现场的条件和管理水平能否保证建安施工质量,是否具备履约能力。因此,施工现场又被称为施工企业形象的"窗口",施工项目现场管理混乱、"窗口"形象很差,施工企业即使有好的外部机遇,投标也不可能被选中。可见高水平的施工项目现场管理提高了企业的竞争能力,扩大了市场占有率。

(3)加强施工项目现场管理是实现施工企业管理整体优化的需要。施工项目现场管理与企业管理是管理的两个层次,前者是局部,后者是整体,两者相辅相成、相互促进。企业生产经营目标的实现有赖于优化各项专业管理,并使其在现场相互协调配合和贯彻落实,同时需要企业各职能部门的支持和密切配合。

4.2.10.3 施工项目现场管理评价

为了加强施工现场管理,提高施工现场管理水平,实现文明施工,确保工程质量和安全,应该对施工现场管理进行综合评价。评价内容应包括经营行为管理、工程质量、施工安全管理、文明施工管理及施工队伍管理五个方面。

(1)经营行为管理评价

经营行为管理评价的主要内容是合同签订及履约、总分包、施工许可证、企业资质、施工组织设计及实施等情况。不得有下列行为:未取得施工许可证而擅自开工,企业资质等级与其承担的工程任务不符,层层转包;无施工组织设计,建筑施工企业的原因严重影响合同履约。

(2)工程质量评价

工程质量评价的主要内容是质量体系建立及运转情况、质量管理状况、质量保证资料情况。不得有下列情况:无质量体系,工程质量不合格,无质量保证资料。工程质量检查按有关标准规范执行。

(3)施工安全管理评价

施工安全管理评价的主要内容是安全生产保证体系及执行,施工安全各项措施情况等。不得有下列情况:无安全生产保证体系,无安全施工许可,施工现场的安全设施不合格,发生人员死亡事故。

(4)文明施工管理评价

文明施工管理评价的主要内容是场容场貌、料具管理、消防保卫、环境保护、职工生活状况等。不准有下列情况:施工现场的场容场貌严重混乱,不符合管理要求,无消防设施或消防设施不合格,职工集体食物中毒。

(5)施工队伍管理评价

施工队伍管理评价的主要内容是项目经理及其他人员持证上岗,民工的培训和使用,社会治安综合治理情况等。

(6)评价方法

进行日常检查制,每个施工现场一个月综合评价一次。

检查之后评分,5 个方面评分比重不同。假如总分满分为 100 分,可以给经营行为管理、工程质量管理、施工安全管理、文明施工管理、施工队伍管理分别评为 20 分、25 分、25 分、20 分、10 分。

综合评分结果可用作对企业资质实行动态管理的依据之一,作为企业申请资质等级升级的条件及对企业进行奖罚的依据。

一般说来,只有综合评分达 70 分及其以上的,方可算作合格施工现场。如为不合格现场,应给予该施工现场和项目经理警告或罚款。

4.2.11 施工项目现场管理的要求与措施

4.2.11.1 施工项目现场管理的要求

(1)现场标志符合相关规范要求

现场标志包括:

①在施工现场门头设置企业名称、标志。

②在施工现场主要进出口处醒目位置设置施工现场公示牌和施工总平面图,具体有工程概况(项目名称)牌,施工总平面图,安全无重大事故计数牌,安全生产、文明施工牌,项目主要管理人员名单及项目经理部组织结构图。

③防火须知牌及防火标志(设置在施工现场重点防火区域和场所)。

④安全纪律牌(设置在相应的施工部位、作业点、高空施工区及主要通道口)。

(2)现场布置及场容符合规范要求

遵守有关规划、市政、供电、供水、交通、市容、安全、消防、绿化、环保、环卫等部门的法规、政策,接受其监督和管理,尽力避免和降低施工作业对环境的污染和对社会生活正常秩序的干扰。

施工总平面图设计应遵循施工现场管理标准,合理可行,充分利用施工场地和空间,降低各工种、作业活动相互干扰,符合安全防火、环保要求,保证高效有序顺利文明施工。

施工现场实行封闭式管理,在现场周边应设置临时维护设施(市区内其高度应不低于 1.8m),维护材料要符合市容要求;在建工程应采用密闭式安全网全封闭。

严格按照已批准的施工总平面图或相关的单位工程施工平面图划定的位置,布置施工项目的主要机械设备、脚手架、模具,施工临时道路及进出口,水、气、电管线,材料制品堆场及仓库，土方及建筑垃圾，变配电间、消防设施、警卫室、现场办公室、生产生活临时设施，加工场地、周转使用场地等，井然有序。

施工物料器具除应按照施工平面图指定位置就位布置外，尚应根据不同特点和性质，规范布置方式和要求，做到位置合理、码放整齐、限宽限高、上架入箱、规格分类、挂牌标识，便于来料验收、清点、保管和出库使用。

大型机械和设施位置应布局合理，力争一步到位；须按施工内容和阶段调整现场布置时，应选择调整耗费较小，影响面小或已经完成作业活动的设施，大宗材料应根据使用时间，有计划地分批进场，尽量靠近使用地点，减少二次搬运，以免浪费。

施工现场应设置畅通的排水沟渠系统，工地地面宜做硬化处理，场地不积水、泥浆，保持道路干燥坚实。

施工过程应合理有序，尽量避免前后反复，影响施工，对平面和高度也要进行合理分块分区，尽量避免各分包或各工种交叉作业、互相干扰，维持正常的施工秩序。

坚持各项作业"落手清"，即工完料尽场地清。杜绝废料残渣遍地、好坏材料混杂，改善施工现场脏、乱、差、险的状况。

做好原材料、成品、半成品、临时设施的保护工作。

明确划分施工区域、办公区、生活区域。生活区内宿舍、食堂、厕所、浴室齐全，符合卫生标准；各区都有专人负责，创造一个整齐、清洁的工作和生活环境。

(3)现场环境保护达到相关规范的要求

①施工现场泥浆、污水未经处理不得直接排入城市排水设施和河流、湖泊、池塘。

②除有符合规定的装置外，不得在施工现场熔化沥青或焚烧油毡、油漆，亦不得焚烧其他可产生有毒有害烟尘和恶臭气味的废弃物，禁止将有毒有害废弃物做土方回填。

③建筑垃圾、渣土应在指定地点堆放，及时运到指定地点清理，高空施工的垃圾和废弃物应采用密闭式串筒或其他措施清理搬运，装载建筑材料、垃圾、渣土等散碎物料的车辆应有严密遮挡措施，防止飞扬、洒漏或流溢，进出施工现场的车辆应经常冲洗，保持清洁。

④在居民和单位密集区域进行爆破、打桩等施工作业前，项目经理部除按规定报告申请批准外，还应将作业计划、影响范围、程度及有关措施等情况，向有关的居民和单位通报说明，取得协作和配合，对施工机械的噪声与振动扰民，应有相应的措施予以控制。

⑤经过施工现场的地下管线，应由发包人在施工前通知承包人，标出位置，加以保护。

⑥施工时发现文物、古迹、爆炸物、电缆等，应当停止施工，保护好现场，及时向有关部门报告，按照有关规定处理后方可继续施工。

⑦施工中需要停水、停电、封路而影响环境时，必须经有关部门批准，事先告示，并设有标志。

⑧温暖季节宜对施工现场进行绿化布置。

(4)卫生防疫等方面的要求

①现场应准备必要的医疗保健设施。在办公室内显著地点张贴急救车和有关医院电话号码。

②施工现场不宜设置职工宿舍，必须设置时应尽量和施工场地分开。

③现场应设置饮水设施，食堂、厕所要符合卫生要求，根据需要制订防暑降温措施，进行

消毒、防毒和注意食品卫生等。

④现场应进行节能、节水管理，必要时下达使用指标。

⑤现场涉及的保密事项应通知有关人员执行。

⑥参加施工的各类人员都要保持个人卫生、仪表整洁，同时还应注意精神文明，遵守公民社会道德规范，不打架、赌博、酗酒等。

4.2.11.2 施工项目现场管理的措施

(1)技术管理基础工作

建立健全施工项目技术管理制度。技术管理制度主要有：技术责任制度，图纸会审制度，施工组织设计管理制度，技术交底制度，材料设备检验制度，工程质量检查验收制度、技术组织措施计划制度，工程施工技术资料管理制度以及工程测量、计量管理办法，环境保护工作办法，工程质量奖罚办法，技术革新和合理化建议管理办法等。

(2)技术责任制度

首先建立以项目技术负责人为首的技术业务统一领导和分级管理的技术管理工作系统，并配备相应的职能人员，然后按技术职责和业务范围建立各级技术人员的责任制。

(3)贯彻技术标准和技术规程

项目经理部在施工过程中，严格贯彻执行国家和上级颁布的技术标准和技术规程及各种建筑材料、半成品、成品的技术标准及相应的检验标准。

(4)建立施工技术日志

施工技术日志是施工中有关技术方面的原始记录。内容有设计变更或施工图修改记录，质量、安全、机械事故的分析和处理记录，紧急情况下采取的措施，有关领导部门对工程所做的技术方面的建议或决定等。

(5)建立工程技术档案

施工项目技术档案是施工活动中积累形成的、具有保存价值并按照一定的立卷归档制度集中保管的技术文件和资料，如图纸、照片、报表、文件等。工程技术档案是工程交工验收的必备技术资料；同时也是评定工程质量、交工后对工程进行维护的技术依据之一，还能在发生工程索赔时提供重要的技术证据资料。

(6)做好技术情报工作

项目经理部在施工中应注意收集、索取技术信息、情报资料，通过学习、交流，采用先进技术、设备，采用新工艺、新材料，不断提高施工技术水平。

(7)做好职工技术教育与培训

通过对职工的技术教育、技术培训，提高职工的技术素质，使职工自觉遵守技术规程，执行技术标准，开展群众性的技术改造、技术革新活动。

4.2.11.3 施工项目的主要技术管理工作

(1)设计文件的学习和图纸会审

图纸会审是施工单位熟悉、审查设计图纸，了解工程特点、设计意图和关键部位的工程质量要求，帮助设计单位减少差错的重要手段。它是项目组织在学习和审查图纸的基础上，进行质量控制的一种重要而有效的方法。

(2)施工项目技术交底

建立技术交底责任制，并加强施工质量检验、监督和管理，从而提高质量。

①技术交底要求的所有的技术交底资料，都是施工中的技术资料，要列入工程技术档案。技术交底必须以书面形式进行，经过检查与审核，有签发人、审核人、接受人的签字。各分部分项工程，均须作技术交底。特殊和隐蔽工程，更应认真作技术交底。在交底时应着重强调易发生质量事故与工伤事故的工程部位，预防各种事故的发生。

②施工项目技术负责人对工长、班组长进行技术交底。应按工程分部、分项进行交底，内容包括：设计图纸具体要求，施工方案实施的具体技术措施及施工方法，设计要求，规范、规程、工艺标准；施工质量标准及检验方法，隐蔽工程记录、验收时间及标准；成品保护项目、办法与制度，施工安全技术措施。

③工长向班组长交底主要利用下达施工任务书的时间进行分项工程操作交底。

(3)隐蔽工程检查与验收

隐蔽工程是指完工后将被下一道工序所掩盖的工程。隐蔽工程项目在隐蔽前应进行严密检查，作出记录，签署意见，办理验收手续，不得后补。有问题需复验的，须办理复验手续，并由复验人作出结论，填写复验日期。建筑工程隐蔽工程验收项目如下：

①地基验槽。包括土质情况、标高、地基处理。

②基础、主体结构各部位的钢筋。内容包括：钢筋的品种、规格、数量、位置锚固或接头位置长度及除锈、代用变更情况，板缝及楼板胡子锈处理情况，保护层情况等。

③现场结构焊接、钢筋焊接。钢筋焊接包括焊接形式及焊接种类，焊条、焊剂牌号（型号）；焊口规格；焊缝质量检查等级要求；焊缝不合格率统计、分析及保证质量措施、返修措施、返修复查记录等。

④高强螺栓施工检验记录。

⑤屋面、厕浴间防水层下的各层细部做法，地下室施工缝、变形缝、止水带、过墙管做法等，外墙板空腔立缝、平缝、十字缝接头，阳台雨罩接头等。

(4)施工的预检

预检是工程项目或分项工程在未施工前所进行的预先检查。预检是保证工程质量、防止可能发生差错而造成质量事故的重要措施。预检时要做出记录。

(5)技术措施计划的编制

技术措施是为了克服生产中的薄弱环节，挖掘生产潜力，保证完成生产任务，获得良好的经济效果，在提高技术水平方面采取的各种手段或办法。要做好技术措施工作，必须编制、执行技术措施计划。

①技术措施计划的主要内容

a. 加快施工进度方面的技术措施。

b. 保证和提高工程质量的技术措施。

c. 节约劳动力、原材料、动力、燃料的措施。

d. 推广新技术、新工艺、新结构、新材料的措施。

e. 提高机械化水平、改进机械设备的管理以提高完好率和利用率的措施。

f. 改进施工工艺和操作技术以提高劳动生产率的措施。

g. 保证安全施工的措施。

②施工技术措施计划的编制

a. 施工技术措施计划应同生产计划一样按年、季、月分级编制，并以生产计划要求的进度与指标为依据。

b. 编制施工技术措施计划应依据施工组织设计和施工方案。

c. 编制施工技术措施计划时，应结合施工实际，公司编制年度技术措施纲要分年度和季度技术措施计划，项目经理部编制月度技术措施计划。

d. 项目经理部编制的技术措施计划是作业性的，因此在编制时既要贯彻上级编制的技术措施计划，又要充分发动施工员、班组长及工人提合理化建议，使计划有群众基础。

e. 编制技术措施计划应计算其经济效果。

③技术措施计划的贯彻执行

a. 在下达施工计划的同时，将技术措施计划下达到栋号长、工长及有关班组长。

b. 对技术措施计划的执行情况应认真检查，发现问题及时处理，督促执行。如果无法执行，应查明原因，进行分析。

c. 每月底施工项目技术负责人应汇总当月的技术措施计划执行情况，填写报表上报、总结并公布成果。

(6)施工组织设计

施工组织设计工作是一项重要的技术管理工作，是指导工程从施工准备到施工完成的组织、技术、经济的一个综合性的设计文件，对施工的全过程起指导作用。

①编制施工组织设计应遵循的原则

a. 认真贯彻基本建设工作中的各项有关方针、政策，严格执行基本建设程序和施工程序的要求。

b. 施工、建设、设计单位及其他各有关单位应密切配合，了解工程建设的性质和目的，明确上级要求，做好调查研究，充分掌握总设计的资料和依据。

c. 结合实际情况，统筹规划全局，做好施工部署，分期分批、配套组织施工，缩短工期，为早日发挥投资的经济效益创造条件。

d. 在做好技术经济分析和多方案比较的基础上，选择最优施工方案和先进施工机具。

e. 积极采用新技术、新工艺，努力提高机械化程度、工厂化生产程度；采用有效办法和措施，节约劳动力，提高劳动生产率。

f. 分析生产工艺，合理安排施工项目的顺序，应用网络计划方法，分析主要矛盾，合理调配力量，组织流水施工和立体交叉施工，做好冬、雨季施工安排，力争全年均衡有计划施工。

g. 坚持质量第一，重视施工安全，切实拟订保证质量和安全的有效措施。

h. 贯彻勤俭节约的原则，因地制宜就地取材，制订节约能源和材料措施，尽量减少运输量，合理安排人力、物力，搞好综合平衡调度。

i. 节约用地，少占农田好地，搞好施工总平面规划和管理，做到文明施工。

j. 土建、安装、机械化等各专业施工的总包、分包单位，要互相配合，协调施工顺序，互相创造条件，保证施工顺序进行。

②施工组织设计的贯彻执行

施工组织设计是指导施工的设计，其经批准后，在施工现场各项准备工作和施工活动开始前，各级技术负责人要根据施工组织设计的有关规定，向执行工程项目施工的有关施工人员交底，使他们了解其内容和要求及有关事项，交底时应做记录，不能走过场，各级生产和技术领导人是实现和贯彻施工组织设计的组织者，各施工计划、技术物资供应、劳动及加工单位或部门，都应按施工组织设计的有关要求，安排各自的工作。

在施工过程中如果施工条件发生变化、施工方案有重大变更、设计图纸有很大变动等情况，应对施工组织设计及时修改或补充，经原审批单位批准之后，按修改的方案执行。

在执行过程中，应当随时检查，发现问题，及时解决。施工组织设计作一些必要的、局部的调整也是经常可能发生的，但总的原则、方案、工期都不能随意变动，或者编制以后，不去执行，从而造成严重事故者，应当追究执行者的事故责任。

同时，施工组织设计在执行中，要做好执行记录，总结经验，积累资料，以便不断提高施工组织设计的编制水平。

4.2.11.4 施工质量保证措施

(1)制订科学周密的质量计划(或施工组织设计)，内容包括：

①工程特点及施工条件分析。

②履行施工承包合同所必须达到的工程质量总目标及其分解目标。

③质量管理组织机构人员及资源配置计划。

④为确保工程质量所采取的施工技术方案和施工程序。

⑤材料、设备质量管理及控制措施。

⑥工程检测项目计划及方法等。

(2)设置质量控制点，凡属关键技术、重要部位、控制难度大、影响大、经验欠缺的施工内容以及新材料、新技术、新工艺、新设备等均可列为质量控制点，实施重点控制。

(3)加强对施工生产五大要素的质量控制。

劳动主体——人员素质，即作业者、管理者的素质及其组织效果。

劳动对象——材料、半成品、工程用品、设备等的质量。

劳动方法——采取的施工工艺及技术措施的水平。

劳动手段——工具、模具、施工机械、设备等条件。

施工环境——现场水文、地质、气象等自然环境，通风、照明、安全等作业环境以及协调配合的管理环境。

(4)对施工作业过程的质量进行控制。过程控制的基本程序为：

①进行作业技术交底。

②检查施工工序、程序的合理性、科学性，防止工序流程错误，导致工序质量失控。

③检查工序施工条件是否符合施工组织设计的要求。

④检查工序施工中人员操作程序、操作质量是否符合质量规程要求。

⑤检查工序施工中间产品的质量，即工序质量、分项工程质量。

⑥对工序质量符合要求的中间产品(分项工程)及时进行工序验收或隐蔽工程验收。

⑦质量合格的工序经验收后可进入下道工序施工。未经验收合格的工序，不得进入下道工序施工。

4.2.11.5 安全生产措施

(1)认真进行施工现场危险源的辨识与评价，制订有计划、有针对性的控制措施。

(2)编制切实可行的施工安全技术措施计划。其主要内容包括:工程概况、控制目标、控制程序、组织机构、职责权限、规章制度、资源配置、安全措施、检查评价、奖惩制度等。

(3)保证安全技术措施计划的实施。

①建立安全生产责任制,保证施工安全技术措施计划的实施。

②加强安全教育。

③认真进行安全技术交底。

④积极开展各种安全检查。

4.2.12 现场文明施工管理

工程在进行施工的过程中,应当创造一个良好的施工环境,这样既能够保证工程计划不会被打乱,又能保证工人的安全,这是所有工程在施工中都应当遵循的原则,而这个原则即为建筑工程现场文明施工。文明施工能够保证不对周围环境产生影响,不产生过大的噪声而对周围群众的正常生活产生影响,这既是对自己生命的关爱,同时也是对别人生命的关爱。在过去的工程施工中,文明施工只是一句空话,施工管理中根本不会对文明施工做出任何要求,这也是过去一直沿用到现在的施工管理方案的薄弱环节。现代各个建筑企业在进行工程项目建设时,大多对文明施工的投入不够、规范不全、没有标准或标准不高。其实文明施工代表着技术的创新,在工程建设中实施文明施工代表了在建设过程中会不断采取新技术、新工艺、新方法,革新施工手段,完善技术设备等,因此,文明施工是项目管理在发展中必然要走出的一步。

4.2.12.1 文明施工管理的重要性

在建筑企业发展过程中,管理的重要性不言而喻,管理模式的先进与否对于企业的工作效率有着十分大的影响,可以说一个落后的管理模式会拖垮整个企业。同样的,在建筑工程施工过程中,施工单位的管理工作是否做到位对工程施工有着十分大的影响,如管理前期工作是否准备充足、管理过程中各个单位的协调是否到位、管理后期建筑工程的质量是否符合标准等诸多因素都会影响建筑工程最终的成果。其次,建筑工程的施工有其自身的特殊性。建筑施工危险系数高、操作难度大、工程建设的类型多样、施工操作易受天气影响等。因此,建筑工程在施工过程中一定要做好文明施工管理,这样才能够保质保量地完成建筑工程。

4.2.12.2 制定文明施工管理制度

(1)施工现场的平面管理

在规划现场布置图时,应进行实地考察,在对实际场地有一定了解后进行合理的布置,所规划的施工机械、材料以及临时设施等都应当合理安置。尤其是各种材料废料应当集中堆放,不能再利用的应当边用边清。砌体料、砖料、砂石料等应当归类堆好,废料随用随清。在施工现场可以建立起一套评分考核系统,定时定期对施工现场进行检查、考核,并将成绩公布出来,同时还可以设立奖惩机制,对于成绩好的进行嘉奖,反之则惩罚。

(2)生活卫生管理

工人生活卫生是十分重要的,这涉及工人整体精神面貌问题。工程的建设离不开人工的投入,因而人是建筑工程成败的关键所在。因此应做好生活卫生管理工作。

人生活卫生应纳入工程总体规划中去,并配备专门的卫生管理人员,明确其权责利;

在施工现场设立休息室，以供工人休息和补充水分，做好休息室的消毒工作，以免出现病毒传染，威胁工人人身安全；

设立临时浴室，并保证其供水及浴室的清洁消毒工作；

生活垃圾应集中处理，保持整个施工现场的整洁。

(3)施工现场周围环境保护

在施工过程中要注意对工程周边环境的保护。尤其是土方工程在施工过程中，应对进出车辆进行冲洗，以免对路面造成污染和扬尘。如果在施工过程中出现文物或古树时应及时对其实施保护隔离措施，并上报有关部门，在处理后方可继续施工。同时施工单位应对施工工人进行素质教育，工人在施工过程中保证自己不出现过激的言行举止，保证施工现场的整洁。

4.2.12.3　文明施工检查

(1)定期检查

文明施工管理机构应不定期组织施工现场的全面文明施工检查，并定期每月组织企业职能部门对工程进行大检查。

(2)检查方法

在对建筑工程进行文明施工检查时，应采取不定期检查的方式，同时还应组织每周一次的抽查。每次检查都应记录不合格的地方，并在下次检查或抽查中重点检查，以检查相关负责主体是否认真整改。可以设立文明施工奖惩制度及百分制记分制度。每次检查都进行详细记录和记分，每月进行文明施工部门奖惩活动，得分排在前列的进行奖励，而处在最后几位的则应进行相应的惩戒。对于检查出的不足之处应及时指出，并下令整改，做好整改后的复查工作。

(3)奖惩措施

为了提高工人们文明施工的积极性，可以设立奖惩措施，奖励文明施工部门，惩戒屡次整改不合格的部门，并督促其改进。建立完善的权责制度，明确权、责、利到具体责任部门。

4.2.12.4　加强对文明施工管理的实施措施

(1)加强工人对文明施工重要性的认识

文明施工不仅是对周围环境的保护，同时还是对施工人员安全的辅助。文明施工是安全施工的保证，同时也是工程顺利施工和工程质量得到保证的前提。因此，施工企业应当加强对工人安全意识的培训，同时对工程建筑工人进行系统的技术培训和安全指导，以增加工程在施工过程中的安全因素，使建筑工人在工程施工过程中时刻牢记安全施工、文明施工，从而保证建筑工程在施工过程中工人的施工安全和整个建筑工程的文明施工。

(2)运用目标管理方案

目标管理方案指的是在建筑工程在施工前所进行的目标管理计划，目标管理计划通常包括三个方面，即施工前期计划、中期实施过程以及后期完善计划。在制订目标管理方案时，应从周围环境、实际施工场地以及工程整体计划等方面进行全方位、多角度的系统分析，以使得工程在建设施工过程中能够安全、稳定地建设。目标管理方案的运用能够为安全文明施工提供一定的指导作用，因而要对目标管理方案重视起来。

(3)运用管理办法

定制管理所指的是对人、物、场所这三个方面关系的研究管理。它具体指通过将各个因素划分出适当的活动范围,以此来使得人、物以及场所这三个方面有效地结合,从而使得人能够更加有效地进行生产活动。因而引用到建筑施工中来则应当在整个施工场所中建立工人、施工材料及器械以及施工场地的协调关系,使得各个系统及生产要素都能够有效地调动起来,摒除了无效劳动,从而进一步提高建筑工程施工的效率。因此,定制管理办法对于安全生产也有着重要意义,同时也是文明施工的重要手段。而提高建筑工程施工的效率能够在不影响工程质量的前提下缩短工程进度,企业的利益也因此而大大增加,因而其对于建筑企业的重要性不言而喻。

4.2.13 施工现场环境保护

在我国当前的国民经济体系当中,建筑行业在推动经济进一步发展以及改善和提高人民物质生活以及居住环境等方面发挥着非常重要的作用。但与此同时,由于施工技术以及施工工艺相对传统落后,再加上施工过程中管理不完善,施工作业人员缺乏一定环保意识,因此造成在现阶段的施工作业过程中,对当地的生态环境造成严重破坏。如在施工过程中所产生的固体垃圾,以及作业时所造成的空气污染以及噪声污染等,都对当地的生态环境以及人民的日常生活带来较大的负面影响。

4.2.13.1 环境管理的特点

环境管理是指按照法律法规、各级主管部门和企业环境方针的要求,制订程序、资源、过程和方法,管理环境因素的过程,包括控制现场的各种粉尘、废水、废气、固体废弃物、噪声、振动等对环境的污染和危害,节约建设资源等。工程建设项目的环境管理主要体现在项目设计方案和施工环境的控制。项目设计方案在施工工艺的选择方面对环境的间接影响明显,施工过程则是直接影响工程建设项目环境的主要因素。

4.2.13.2 施工环境的污染预防

为了降低有害的环境影响,而采用过程、惯例、技术、材料、产品、服务或能源以避免、减少或控制任何类型的污染物或废物的产生、排放或废弃是施工环境的污染预防要求。保护和改善项目建设环境是保证人们身体健康、提升社会文明水平、改善施工现场环境和保证施工顺利进行的需要。文明施工是环境管理的一部分。

4.2.13.3 施工环境管理的要求

施工现场应成立以项目经理为第一责任人的施工环境管理组织。分包单位应服从总包单位环境管理组织的统一管理,并接受监督检查。

施工现场应及时进行环境因素识别。具体包括与施工过程有关的产品、活动和服务中的能够控制和能够施加影响的环境因素,并应用科学方法评价、确定重要环境因素。

根据法律法规、相关方要求和环境影响等确定施工现场环境管理的目标和指标,并结合施工图纸、施工方案策划相应的环境管理方案和环境保护措施。

环境管理的宣传和教育。通过短期培训、上技术课、登黑板报、广播、看录像、看电视等方式,进行企业全体员工环境管理的宣传和教育工作。专业管理人员应熟悉、掌握环境管理的规定。

4.2.13.4 认识在建筑作业时所造成的各种污染

(1)噪声污染

我国现行的法律以及法规中明确指出:建筑施工噪声主要是指在当前的建筑工程施工

作业过程中因进行施工作业而产生的一种能够对周边日常生活环境起到一定干扰作用的声音。而在现阶段的工程建筑施工建设中，所产生的噪声污染大都是使用相关施工设备或者是施工器具时所发出的声音，当然还包括在施工时，装卸脚手架以及安装和拆除施工时的一些临时辅助性工具所产生的声音；支拆模板时所产生的声音；清理施工现场或者施工设备时所产生的声音；进行切割或修复作业时所产生的工作噪声。由于在当前的建筑施工过程中，施工设备所产生的某些噪声大都已经超过了国家法律、法规中规定的最高限值标准，因此很容易对周边的社区居民的日常生活和休息带来一定干扰。

(2)废水污染

在建筑施工作业过程中，所产生的废水一般都是在进行钻孔灌注或者混凝土浇筑等作业时，所产生的一些废泥浆液，还有进行混凝土搅拌作业时所产生的一些浇注废水，以及在进行骨料冲洗作业时产生的废水；在对混凝土养护时所产生的废水以及日常生活废水等。此外在作业过程中所排出的一些废泥浆会对周围环境造成较大的破坏，主要体现在：如果将废浆直接排入下水道中，在其自身沉淀之后所形成的原浆会造成下水道堵塞；如果将这些废浆直接运出施工现场，势必会对城市环境造成一定程度的污染，而由此所产生的一些粉尘也会对大气造成一定程度的污染；此外这些建筑废水如果不能在施工作业时进行有效的处理，就会严重影响到周边居民的日常生活，同时也会对周围环境造成一定程度破坏。

(3)粉尘污染

建筑粉尘的主要来源就是在施工作业过程中所产生的一些地表扬尘，同时它也是影响当前城市空气质量的重要因素。应该说，粉尘污染是在工程建筑项目施工作业中常见的一种污染现象，主要是指在工程作业时进行的一些水泥搬运以及混凝土搅拌还有木工房锯末过程中，由人为因素或者是自然因素等所造成的一种污染。另外在施工现场进行相关的切割以及石灰及回填土作业时，也会造成粉尘污染。应该说在现阶段的施工作业过程中，所产生的粉尘污染不仅会对当地的周围环境造成一定负面影响，同时也会对周边居民的身体健康造成很大伤害。

(4)废弃物污染

这里所讲的废弃物污染主要是在建筑工程施工作业过程中所产生的固体废弃物。一般来说，现阶段的施工建设中，经常会在一些旧建筑的拆除或者维修过程中，产生一些固体垃圾，虽然不同类型以及不同内部结构的建筑物在其相应作业过程中所产生的废弃物不相同，但总的来说，其自身组成大都一致，主要就是渣土、土等，还有一部分砂浆以及部分混凝土、砖石、进行打桩作业时所遗留下来的混凝土桩头、进行装修作业时所剩下的废料、生活垃圾等。由于固体垃圾其自身排放量比较大，而且体积大，再加上难以进行自我降解，如果放任不管，将其存放在土壤中，时间久了势必会改变土壤的特性，不仅会对周围环境的美感造成一定破坏，同时也会对整个市容面貌以及周边居民的身体健康、地下水等造成较大污染，同时，还会在一定程度上降低整个土地的使用经济价值。

(5)光污染

应该说，光污染是现阶段工程项目施工作业过程中一种全新的环境污染。由于其自身的污染特点，可以将其归类为较为特殊的污染方式。主要包括可见光、激光还有红外线等。而在当前的建筑施工时，光污染一般就是指在进行工程作业时，因使用电焊机等专业设备所发出的一种弧光，以及为确保夜间施工建设所发出的一种强光。由于在夜间施工作业时，所使用的强光经过反射之后，可以将施工现场照得如同白天一样，而这样居住在周边地区的居民就会很难入睡，时间久了，就会对周边群众的生活规律造成一定干扰，进而造成周边群众精神萎靡等情况。另外在使用电焊机进行焊接作业时所产生的弧光也会对人们的眼睛造成一定损害。

4.2.13.5 污染控制方法及措施

(1)强化监督管理

在现阶段的施工作业过程中，施工企业应依据当前国家制定的相关法律、法规以及现行的一些管理标准体系来科学、合理地构建一套较为完整的管理体系，并据此来编制相应的程序文件，同时结合当前的行业发展现状以及施工工艺和施工技术等来制订相应的环境保护措施。此外在施工作业过程中，项目小组可以依据项目工程特点以及施工现状来成立一个以经理为首的具有一定专业性质的环境维持保护小组，并在运行过程中，确立一个以预防为主的全方位、全过程的综合治理体系。并将实施与开展过程中的相关责任以及工作落实到人，另外在施工作业过程中，也应做好相应的宣传、教育工作。

(2)做好技术防治、限时施工

在当前的建筑施工作业过程中，施工方应在进行施工作业之前，依照相应的分级管理权限，在遵循一定流程的基础之上，向负责此项工作的相关部门以及机构提出相应申请。申请过程中需要将工程项目的实际名称，负责工程作业的详细施工单位名称，工程建筑的实际所在地，预计施工期限，在施工作业过程中可能造成的噪声强度、粉尘量，所采取的相应的保护措施和手段等诸多内容都讲清楚。

采取各种有效措施以及手段进行隔声降噪，依据当前工程施工作业的实际特点，对施工现场进行一个合理有效的平面布置，同时在施工作业时，将容易发出噪声的一些施工设备以及施工器具在不影响施工作业的前提之下分布在远离周边居民的位置。

在进行相应的施工作业之前，应依据施工现场的具体特点来搭建专用围墙，并对施工作业过程中相对比较敏感的位置，包裹上一些隔音降噪物品。

在现场浇筑混凝土作业时，尽可能地选择使用一些噪声较低的环保振捣棒，另外在混凝土输送过程中，应尽可能地对相关的机械设备和器具进行一个全方位的封闭隔声作业。

做好施工设备的检测与维修工作，确保施工设备在使用以及运行过程中，不会产生过多的杂音。

(3)科学防尘

在施工现场以及一些工人的生活区和办公区等区域专门配置一些专业的硬化设备，同时指派专人负责洒水清扫工作。另外如果在城区进行施工作业时，应禁止在施工现场进行相应的混凝土搅拌浇筑作业，要选择使用商品混凝土。另外也可以在作业过程中选择使用混凝土自动搅拌站。

在对楼层垃圾进行相应的清运以及处理作业时，应先进行洒水，然后进行清扫作业，并在对其进行集中装袋作业之后运送出去。

(4)处理好相应的废水以及废弃物

搅拌作业过程中，依据相关标准设立相应的沉淀池，同时要确保沉淀之后的水可以循环使用。

在施工作业过程中所产生的工程垃圾及相应的生活垃圾应集中在相应的垃圾池当中，同时添加井盖，并做好相应的清运工作。

对施工作业时所使用的一些油漆以及油料，应进行相应的分类作业，并配置专用的沙土、铲、托盘等，防止在施工作业时，出现渗漏情况。

(5)减少光污染

在施工作业过程中，应制订合理有效的工作计划，尽可能地避免在夜间施工；另外在夜间施工作业过程中，应选择那些功率相对较低的照明设备。

项目5　建设工程项目质量控制与实训

【教学目标】

1. 熟悉工程项目质量的概念；
2. 熟悉工程项目质量控制的几个方面；
3. 掌握建设工程项目质量控制的影响因素；
4. 掌握施工质量控制的要点。

【技能要求】

能结合任务背景，熟悉工程项目控制的几个方面，掌握建设工程项目质量控制的影响因素及控制要点。

任务5.1　建设工程项目质量控制

任务背景

某大型公共建筑项目，建设单位为A房地产开发有限公司，设计单位为B设计研究院，监理单位为C工程监理公司，工程质量监督单位为D质量监督站，施工单位是E建设集团公司，材料供应为F贸易公司。该工程地下2层，地上9层，基底标高－5.80m，檐高29.97m。基础类型为墙下钢筋混凝土条形基础，局部筏形基础。结构形式为现浇剪力墙结构，楼板采用无黏结预应力混凝土，该施工单位缺乏预应力混凝土的施工经验，对该楼板无黏结预应力施工有难度。

【工作任务】

1. 为保证工程质量，施工单位应对哪些影响质量的因素进行控制？
2. 施工单位对该工程应采用哪些质量控制的方法？

【任务目标】

1. 掌握影响质量的因素有哪些。
2. 掌握施工单位质量控制的方法。

相关知识

5.1.1　工程项目的质量

在现代社会人们赋予“质量”以综合的含义。工程项目质量管理的目的是，为项目的用户(顾客、项目的相关者等)提供一个高质量的工程和服务，令顾客满意，关键是过程和产品的质量都必须满足项目目标。项目质量管理过程和目标适用于所有项目管理职能和过程，还包括项目决策的质量、项目计划的质量、项目控制的质量等。

项目质量管理的主要对象是工程质量，它是一个综合性的指标，包括如下几个方面：

(1)工程投产运行后，所生产的产品(或服务)的质量，该工程的可用性、使用效果和产出效益，运行的安全度和稳定性；

(2)工程结构设计和施工的安全性和可靠性；

(3)所使用的材料、设备、工艺、结构的质量以及它们的耐久性和整个工程的寿命；

(4)工程的其他方面，如外观造型、与环境的协调、项目运行费用的高低以及可维护性和可检查性等。

由于工程项目是一次性的，在项目初期质量(功能、技术要求等)的定义不是很清楚，而项目质量管理与通用的企业生产质量管理又有很大的区别，致使在现代工程中，项目质量管理十分困难，尽管人们已经作了很大的努力，但问题依然很多，效果不大。在项目管理目标系统中，当出现工期拖延、成本超支时质量目标最容易作为牺牲品而被放弃。

工程项目的建设过程是不可逆的，即如果出现质量问题，或项目不可行，则不能重新回到原状态，最终可能导致工程的报废。

5.1.2 质量和费用的关系

当然质量和费用是有直接联系的，这就是人们常说的“一分钱一分货”。但这里的费用已不局限于建设期费用，而是指整个工程生命期的费用。在许多工业生产项目中，项目投产后经常会出现“孩子病”，即在投产初期经常会由于工程质量，生产过程中的操作、维护等问题而造成停产，而等产品成熟很长时间后才进入正常。这样不仅造成维护、运行费用大，而且常常要经过相当一段时间才能达到设计生产能力，造成很大损失。例如一般机械设备，其每年保养费用为投资的3%～10%，人们可以通过增加建设投资，加强对项目的管理和运行的组织准备工作，以提高设备的可用程度。设备的可用度在与费用的关系上存在着一个经济的最佳的可用度(图5.1)。

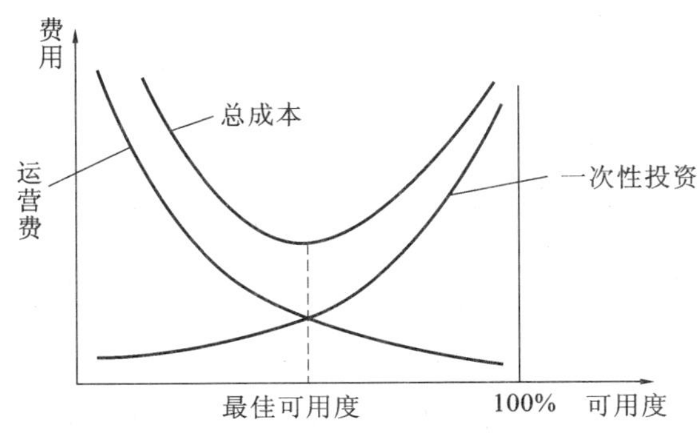

图5.1 可用度与费用的关系

在项目策划时，人们必须对项目的可用度和费用作权衡和决策。但常常并非都是有意识地争取最佳(最经济)的可用度的。

对于工程项目，现在业主一般都要求减少运营费用，提高运营的可靠性、安全性。而对于一些特殊项目，例如：

①高费用的设备，如高技术的、尖端的设备；

②保养维修比较困难的，甚至不可能维修的设备，如航天空间站、大型水电工程；

③不允许出现质量问题的工程（如果出现会造成极大的损害），例如航天飞机、火箭、核工业工程，必须一次运行成功，人们在决策时通常要求高的可用度，尽管费用是很高的。在这个费用中不仅包括高质量的材料、工艺、设备的费用，而且包括较高的质量管理的费用，包括人员费用、检测费用以及局部工程检查验收损失费用。

从另一个方面来说，对一个工程评标，不能一味追求低的报价或将任务委托给报价过低的承包商。工程实践已经证明，报价过低，一般很难取得高质量的工程。

5.1.3 工程质量控制的几个影响因素

按照实际工作的统计，质量出现问题的原因主要在如下几个方面：

①设计的问题 40.1%；

②施工责任 29.3%；

③材料问题 14.5%；

④使用责任 9.0%；

⑤其他 7.1%。

当然还可以采用结构分析方法研究更细的原因。这样从总体上看，设计、施工、材料、使用是造成质量问题的根本原因，进行质量控制同样必须从这几个方面着手。

5.1.4 工程项目的质量体系的建立

目前许多企业都进行 ISO9000 贯标，建立企业的质量体系，它包括质量管理的所有要素。属于 ISO9000 族的关于项目管理的质量标准为《质量管理——项目管理的质量指南》（国际标准 ISO10006）。为了达到项目质量目标，必须制定整个工程项目的质量体系，在工程过程中按照质量体系进行全面控制。企业的质量体系与项目的质量体系既有联系又有区别。

企业的质量体系体现在质量保证手册中，应包括企业的质量方针政策、质量目标、宣言、质量要求、质量工作计划和指示、质量检查规定、质量管理工作程序、质量标准和关系。而项目质量体系体现在质量执行计划中，执行计划又是项目手册的一部分。项目管理作为企业管理的一部分，项目的质量方针政策、质量目标、质量要求、质量工作计划和指示、质量检查的规定、质量工作程序应与企业的相同。项目质量体系应反映在合同、项目实施计划、项目管理规范、工作计划中。

建立项目的质量体系应符合如下基本要求：

(1)最重要的是满足业主、顾客和其他利益相关者的明确的和隐含的需要，使他们满意。

(2)规划一系列互相关联的过程来实施项目，包括项目实施过程和项目管理过程。

(3)通过严密的全方位的控制保证过程和产品的质量都达到项目的目标。

(4)项目经理必须创建良好的质量环境，包括：

①建立项目管理组织机构，以达到项目目标。

②依据数据和有关事实根据的信息作决策。

③开展评价，并将其结果用于质量评价。

④项目的质量体系应被参加项目的所有人员了解并贯彻到每个人的工作中，使他们都参与到保证项目过程和项目产品的质量工作中。

与承包商、供应商和其他项目参加者建立互利的双赢关系。

(5)质量体系应有自我持续改进的功能，项目经理应负责持续改进工作：

①应指定有质量能力和资质的人员实施、监测及控制质量过程，实施纠正和预防措施，并向他提供必要的技术支持。

②对项目所属的企业，上层管理者应不断从以前的工程经验中寻求对项目各过程质量管理的改进和不断完善，不能将一个项目和项目管理看作一个孤立的过程。应建立信息系统，收集、分析各个项目实施信息，以持续地改进企业管理过程，形成大的循环。

③项目组织负责不断地改进自己的过程和活动的质量，应有自身工作评定、内部审核及可能的外部审核作过程，并对此安排所需的时间和资源。

④质量体系应根植于项目组织中，应当是项目管理体系的组成部分。

⑤项目组织应尽可能采用项目所属的企业组织的质量体系和程序，必要时，可修改，这最容易被上层系统接受。

(6)应确定项目整个过程中的质量惯例，如文件化、验证、记录、可追溯性、评审和审核要求。并建立项目信息的收集、存贮、更新及检索系统，确保有效利用这些信息。

(7)为了控制项目的质量，应在项目过程中按照项目的进展状况评价项目达到质量目标的程度。评价过程又是促进项目质量改进的机会。

①应评定质量计划的适宜性及实施的工作符合质量计划的程度。为了保证工程质量，进度、项目过程、成本花费应是相互协调的。应确定和评价对项目目标可能产生不利影响的偏离及风险。

②对工程质量的评价应由项目经理负责，并吸收其他利益相关者参与。

③项目的计划和实施方案中应包括质量的评价目的、评价过程、评价准则及每次评价的要求，并给以足够的时间，以进行度量和评定。项目实施过程中应确保项目这些工作按计划、按标准进行和结束，并将评价结果纪录编辑成册，按规定时间保存。

④评价结果应及时反馈在后期工作上，确保相应的人员及时获得信息，及时采取措施，明确职责。在项目结束时应对项目的运作进行全面评价。应考虑项目过程中的所有有关记录，考虑业主或顾客及其他利益相关者的反馈意见，编写相应的评价报告，重点突出能为其他项目利用的经验。

5.1.5　工程质量控制中应注意的问题

在我国的工程管理中十分重视质量管理，一再强调它的重要性，上至国家领导人，下到工程小组长都在抓工程质量，许多资料中都介绍了不少先进的质量管理方法和手段。目前在我国工程建设中，监理工程师的主要工作和职责就是质量管理，这是从我国国情出发的，是符合实际的。

而在国外的一些项目管理系统中，人们较少地谈质量管理，如在德国的IPM项目管理公司的项目管理系统中将质量管理纳入合同管理的子系统中，这也是很有道理的。这并不能说他们不重视质量管理。在实际的工程项目管理工作中有如下几个问题必须引起注意：

(1)工程项目管理不是追求最高的质量和最完美的工程，而是追求符合预定目标的，符合合同要求的工程。工程质量是按照工程使用功能的要求设计的，它是经过与工期、费用优化后确定的，符合工程的整体效益目标。如果追求高质量就会损害其他两个目标，而最终会损害工程整体效益。无论谁提出变动工程质量时一定要先顾及另两个方面。

同时在符合项目功能、工期和费用要求的情况下，又必须追求尽可能地提高质量，不出质量事故，保证一次性成功，通过质量管理避免或减少损失和错误。

(2)要减少重复的质量管理工作。具体分部工程(工作包的任务)是由承包商、实施负责人完成的，这些企业或部门中应有专门从事生产和技术管理的人员，他们应有具体的质量管理工作。这些企业有完备的质量管理系统，它是属于企业内部的领导、协调、计划、培训和组织的任务，实施负责人应负责这些工作，这属于合同内的工作，而项目管理者不必再具体地重复这些工作(除了发现重大问题)。项目管理者必须监督各参加单位在由他们负责的范围内用适当的措施、工具和方法来解决质量保证问题，当然也包括对实施中的质量管理工作提供帮助、解答，并积极介入，但如果存在质量问题仍由实施者负责。实践证明，在许多大项目，特别是多层次承(分)包的项目中，质量管理的重复工作现象是普遍存在的，这将导致管理人员的浪费、费用的浪费、时间的延长和信息的泛滥。

(3)不同种类的项目、不同的项目部分，项目管理进行质量控制的深度不一样。例如：

对飞机和宇航工程、核工业工程、大型水力发电工程，质量重于一切。质量控制对于项目管理者来说比成本控制还重要，项目管理中必须设置专门的质量保证措施和组织。

对一些项目中的特殊部分，如超平地面、超洁净车间，则应有细致严密的质量控制。

有些项目，特别是国家项目，政府机关要介入质量管理，则项目管理者必须提供协调，如安排并协助检查、整理并提交报告等。在这里项目管理常常要为质量保证服务。

对一些新的开发型研究项目，没有或很少有现存的质量标准和管理方法，则项目管理者必须寻找出新的质量管理方法，自己必须直接参与具体的质量管理。

(4)质量管理是一项综合性的管理工作，除了工程项目的各个管理过程以外还需要一个良好的社会质量环境，最主要的有：

①企业的基础管理工作，如标准化工作、质量管理教育、职员的质量意识、信息工作等；

②整个社会的价值观念，国民素质。在一个浮躁、急功近利、不讲信用的社会里是不可能产生高质量的工程的。

(5)注意合同对质量管理的决定作用。要利用合同对质量进行有效的控制，又要在合同范围内进行质量管理，超过合同范围则会导致赔偿问题：

①合同中对质量要求的说明文件，如图纸、规范、工作量表等应正确、清楚、详细、没有矛盾，应给各方面一个清晰的质量目标。应有定量化的、可执行、可检查的指标，防止质量问题争执。

②在合同中应规定承包商的质量责任，划分界限、赋予项目管理者以绝对的质量检查权，并定义检查方法、手段及检查结果的处理方式。

③在合同中定义材料采购、图纸设计、工艺使用的认可和批准制度，即采购前先送样品

认可，图纸使用前先批准。

④在工程中，多层次的分包和将工程肢解得太细发包会严重损害工程的质量。

(6)质量问题大多是技术性工作，例如设计、实施方案、采购等工作，甚至许多资料中介绍的众多质量的统计方法、检测方法、分析方法实质上在很大程度上属于技术和技术管理问题。项目的质量管理的技术性很强，但它又不同于技术性工作。长期以来人们过于注重质量技术方面的问题，而忽视管理方面的问题。质量控制应着眼于质量控制程序的建立，质量、工期、成本目标的协调和平衡，质量保证体系的建立，以及工作监督、检查、跟踪、诊断，以减少技术工作的错误和不完备性，以保证技术工作的有效性。

(7)质量控制的目标不是发现质量问题，而是应提前避免质量问题的发生。在各项工作之前应有明确的质量要求，在工作中应有质量保证体系。

(8)注意过去同类项目的经验和反面的教训，特别是过去的业主、设计单位、施工单位反映出来的对技术、质量有重大影响的关键性问题。

5.1.6 工程质量控制的几个方面

对一般产品，顾客在市场上直接购置一个最终产品，而不介入该产品的生产过程。但工程的建设过程是十分复杂的，它的顾客(业主、投资者)必须直接介入整个生产过程，参与全过程的、各个环节的、各种要素的质量管理。

要达到工程项目的目标，取得一个高质量的工程，必须对整个项目过程实施严格的质量控制。质量控制必须达到微观和宏观的统一，过程和结果的统一。

(1)项目的质量控制过程：由于项目是个渐进的过程，在如图5.2所示的项目控制过程中，任何一个方面出现问题，必然会影响后期的质量控制，进而影响工程的质量目标。

(2)工程的各个生产要素的质量控制：工程建设是通过人工、材料、设备、方法即施工工艺(即4M)来完成分项工程，进而完成分部工程、单位工程、单项工程，以至整个工程的。质量控制必须着眼于各个要素、各个分项工程的施工，并直接渗入到材料的采购、供应、储存、使用过程中。

(3)对生产者，各层次管理人员的控制：工程建设是通过各个项目参加单位的参与进行的，质量控制必须重视对人及对人的工作的控制。由于项目参加者来自不同的单位，通过合同确定各自的责权利关系，各有其不同的经济利益和目标，这会影响对质量的管理能力和积极性。所以应做到：

①认真选择任务承担者，重视被委托者的能力。无论是选择咨询公司、设计单位、施工单位和供应商，还是招聘管理人员，不仅要审查他们的资质等级、业务范围，还要审查他们的质量能力及信誉(如是否经过ISO9000贯标认证)，审查他们过去工程的质量水平、技术水平和装备水平，切不可将工程任务委托给那些没有质量能力的单位、部门或人。

②加强对人员的培训。对业主来说，自己招聘的各种项目管理人员及为项目运行招聘的各种操作和管理人员，都应作培训。有时还要对承包商或分包商的人员进行培训或为其培训提供帮助。

对承包商来说，各种操作人员、管理人员的上岗培训，是质量保证的前提。通过培训增加项目技术知识，以防止出现施工、操作、保养、维修方面的问题。

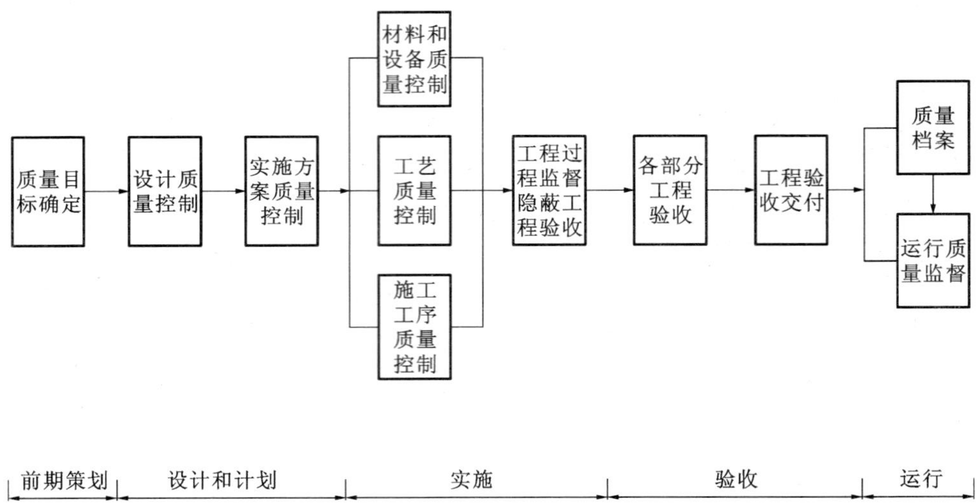

图 5.2　工程项目质量控制过程

③正确的引导。通过合同、责任制、经济奖励等手段激发人们对质量控制的积极性。

在工程建设过程中,所有项目参加者都应具有质量意识。这里不仅是指重视质量,而且应具备质量管理的知识和经验。

人的问题是质量问题产生的主要原因,甚至有许多本属于技术、管理、环境等造成的质量问题,最终常常还是归结到人的身上。

5.1.6.1　设计质量的控制

设计是从技术方面来定义工程的技术系统,定义工程的功能、工艺等各个总体和细节问题。这些工作包括功能目标的设计和各阶段的技术设计。一个工程的设计质量不仅直接决定了工程最终所能达到的质量水准,而且决定了工程实施的秩序程度和费用水平。

在现代工程中,要求设计提供的信息越来越多。设计中的任何错误都会在计划、制造、施工、运行中扩展、放大,引起更大的失误。所以任何业主和项目管理者都应在设计工作上花大力气,舍得花时间、金钱和精力,进行及早控制和严格的协调。涉及工程质量(技术、功能等)方面的设计包括如下两个方面:

①工程的质量标准,例如采用的技术标准、设计使用年限、工程规模、达到的生产能力。它是设计工作的对象。工程质量的标准应符合项目目标的要求。

②设计工作质量。即设计成果的正确性、各专业设计的协调性、文件的完备性,及要求设计文件清晰、易于理解、直观明了,符合规定的详细程度和设计成果数量要求。这一切都要求严格的质量控制。

(1)确定工程质量(功能、技术)的要求是为工程使用的总目标服务的

①由业主确定的总功能目标和工程的总质量标准,由市场、销售部门提出的产品数量、生产技术和质量要求,这些是通过对市场需求分析、产品价格和工艺综合考虑确定的。这属于企业的市场战略和工艺战略的一部分,应选择最新的(保证先进性)但又应是成熟的生产工艺(防止风险),同时确定建筑工程及生产设备的质量标准及使用年限。

②按产品计划和方案确定生产规划，并确定各个部分(各个车间)生产能力、生产设备及配套的供应和附属生产工艺的要求，形成各部分的设计要求。对重点部位应作特别说明。

③各部门提出对建筑的空间、位置、功能、质量的要求。使用功能和建筑物协调，并将它们一齐纳入目标系统中，与边界条件、时间(工期和运行期)等一齐进行优化，提出具体工程要求、技术说明、安全说明等，最终形成工程的质量要求文本。它是用特征值和边界值表示的，是工程的总体规范，并以说明书(表)的形式来制订质量要求目标值。这对以后详细的技术设计起控制作用。起草好设计任务书是进行设计质量控制、工程质量控制、投资控制的根本。

④各部分详细技术设计工作。项目早期质量的定义是不清楚的，只有通过技术设计才能使之具体化、细化。在现代工程中每部分涉及的各种专业设计都有相应的技术规范，这些规范作为通用规范，是设计的依据。由于通用规范经常有标准的生产工艺、标准的成品(半成品)，供应者、施工者都熟悉，因此能降低施工和供应的费用。按照工程的特点、环境的特点还必须进行工程的特殊的技术设计，作出图纸和特殊的(专用)规范，以及各方面详细的技术说明文件。

⑤投资的限额及其分配是设计质量标准重要的影响因素之一。项目任务书批准并下达后，就将投资总额下达，人们常常将它按各个子功能(分厂、各个建筑或各个工程子项目)进行切块分解，作为各部分设计的依据，则总体的以及各部分的工程质量标准就已由这个投资分解敲定。

(2)设计单位的选择

设计单位的选择对设计质量有根本性的影响，而许多业主和项目管理者在项目初期对它没有引起足够的重视，有时为了方便、省钱或其他原因(例如关系)将工程委托给不合格的设计单位甚至委托给业余设计者，结果造成很大的麻烦和经济的损失。设计工作属于高智力型的、技术与艺术相结合的工作，其成果评价比较困难。设计方案以及整个设计工作的合理性、经济性、新颖性等常常不能从设计文件，如图纸、规范、模型的表面反映出来。所以设计质量很难控制。这就要对设计单位的选择予以特别的重视。对设计单位的要求是：

①尽可能是大的、著名的设计院。

②不仅本项目设计在它的业务范围内，而且具有与项目相符合的资质等级证书。

③有同类工程经验，在过去的项目中与业主合作良好，信誉好。

(3)设计工作控制

①对阶段设计成果应审批签章，再进行更深入的设计，否则无效。无论是国内还是国外，设计分为几个阶段，逐渐由总体到详细，各个阶段都必须经过一定的权力部门审批，作为继续设计的依据，这是一个重要的控制手段。

②由于设计工作的特殊性，对一些大的、技术复杂的工程，业主和项目管理者常常不具备相关的知识和技能，因此常常必须委托设计监理或聘请专家咨询，对设计进度和质量、设计成果进行审查。这是十分有效的控制手段。

③由于设计单位对项目的经济性不承担责任，因此常常从自身效益的角度出发尽快出方案、出图，不希望也不愿意作多方案的对比分析。对此常须作如下考虑：

a.采用设计招标，在中标前审查方案，而且可以对比多家方案，这样定下一个设计单位就等于选择了一个好的方案，但这样需要的时间和费用增多。

b. 采取奖励措施。鼓励设计单位进行设计方案优化，将从优化所降低的费用中取一部分作为奖励。

c. 另外请科研单位专门对方案进行试验或研究，进行全面技术经济分析，最后选择优化的方案。

多方案的论证不仅对项目的质量有很大的影响，而且对项目投资的经济性有很大的影响。

(4)对设计工作质量进行检查

这是一项十分细致的，同时又是技术性很强的工作。在设计阶段发现问题和错误并纠正是最方便、最省事、最省钱的方法，其影响也最小。

①设计工作以及设计文件的完备性，应包括说明工程形象的各种文件，如各种专业图纸、规范、模型，相应的概预算文件，设备清单和工程的各种技术经济指标说明以及设计依据的说明文件、边界条件的说明等。设计文件应能够为施工单位和各层次的管理人员所理解。

②从宏观到微观上分析设计构思、设计工作、设计文件的正确性、全面性、安全性，识别系统错误和薄弱环节。分析这样的设计若付诸实施，建成工程后能否安全、高效率、稳定、经济地运行，以及是否美观，能否与环境协调一致。设计工作的评价包括工程功能组合的科学性，数量和质量符合项目的定义。

③设计应符合规范的要求，特别是强制性的规范，如防火、安全、环保、抗震的标准，以及相关质量标准、卫生标准。

④设计工作的检查常常不仅要有业主、项目、管理者、设计监理(咨询)参与，而且有可能让施工单位、制造厂家、将来工程的运行使用单位参加，作各种会审。在实际中经常发现如下问题：

a. 技术设计未考虑到施工的可行性、便捷性和安全性。

b. 设计未考虑到将来设备维修、设备更换、设备保养的方便。

c. 设计中未考虑到运营的安全性、便捷性和运行费用的高低。

在检查中必须找出各种问题和薄弱环节，在实施前所有的设计文件都应是确定的、正确的，不能有任何疑问。

5.1.6.2 施工质量控制要点

(1)施工企业对施工质量负责。工程施工中的质量控制属于生产过程的质量控制。工程质量控制不仅要保证工程的各个要素(材料、设备、工作、工艺等)符合规定(合同、设计文件)要求，而且要保证各部分的成果，即分部分项工程符合规定，还要保证最终整个工程符合质量要求，达到预定的功能，整个系统能经济、安全、高效率地运行。这个阶段质量控制的对象是承(分)包商、供应商或工程小组。

(2)在工程实施过程中如果发生工程问题，质量目标最容易受到损害。

(3)质量控制的关键因素是实施者，所以业主与项目管理者应重视对承(分)包商、供应商的选择。在委托任务、商讨价格、签订合同时应注意考查他们的质量能力、信誉。包括：技术水平、装备水平；管理能力，特别是项目经理、技术总工程师的经历、经验；承包企业质量管理体系，如是否经过 ISO9000 贯标认证；以往工程的质量标准，企业等级、资信及企业形象、声誉等，将它们作为评标，授予合同的一个重要指标。如果选择出错，则业主以及他的项目管理者对质量的控制会很艰难，而且会有许多麻烦。对于自己的工程小组，操作人员，如果发现质量能力不足，或技术人员、操作人员对新的工艺、材料、方案不懂，则必须进行培训。甚至对分包商、劳务供应进行培训或提供培训帮助。

(4)必须向实施者落实质量责任，灌输质量意识。

①要保证质量，必须将工程的质量责任落实到具体的实施者(承包者)，而不是(或不仅仅是)检查者。建立工程的技术管理制度，并经常进行考核。

②在合同、委托书或任务单中明确质量的要求，确定质量的标准、检查和评价方法，以及奖惩办法和标准，不能用含糊不清的、笼统的质量要求或标准，在合同中应规定项目管理者对质量的绝对的检查和监督的权力。

③要求各投标单位在投标文件中说清楚质量保证体系，在项目中保证质量的措施和方法，并由专家审查这些措施和方法的适用性、科学性、安全性，并作为选择承包商的依据。

④在实际工作中，防止实施者为了追求高效率和低费用而牺牲质量，发现工期拖延、费用超支时，首先应考虑选择修改或制订周密的计划，防止以牺牲质量为代价赶工和降低费用。由于质量是工程的内在因素，它的指标常常不硬，因此人们特别容易忽视。

(5)确定质量控制程序和权力。

①质量控制程序和权力由合同条件、规范和项目功能规程规定，通常在合同中确定质量控制权力和责任的划分，确定主要控制过程，确定工程检查验收的方法。在规范中常常包含了专业分项工程的质量检查标准、过程、要求、时间、方法、业务工作条例等各方面的内容。

②质量控制程序应包括极其广泛的内容：设备和材料采购，工艺，隐蔽工程，分项工程，分部工程，单位工程，单项工程，整个工程项目的最终检验和试运行等。检查应包括常规检查、专项检查、非常规检查、现场检查以及现场以外的结构件、设备、生产场地检查。对每一项检查应确定查什么，怎样检查，在何处何时查，谁检查谁，检查频度等。

③要使质量控制有效，必须与其他控制手段，如工程款支付、量方、合同处罚等结合起来，明确规定(合同中)管理者对不符合质量的工程材料、工艺的处置权，例如拒绝验收和付款、指令拆除不合格工程、重新施工、由此引起的一切费用和工期拖延由责任者负责，当然对高质量应有奖励措施。

(6)如图纸、规范、模型是由设计者提出的质量要求文件，经工程实施应反馈出能够证明和反映实际工程状况的质量报告文件。工程实施以及各种控制过程中应收集、整理这些文件。这在工程质量评价、质量问题分析、索赔和反索赔中有重要作用，它们能系统地、全面地说明(证明)已建工程的各部分(工程、技术、设备等)的质量状况。

5.1.6.3　技术文件的会审

要将技术设计付诸实施，首先实施者要对技术设计进行会审。会审应作为一个工程制度认真执行。

(1)作为实施单位，必须全面理解设计文件、设计意图。只有这样才能正确制订实施方案和报价。

(2)对设计文件中发现的问题，例如矛盾、错误、二义性、说明不清楚或无法实施的地方，在会审中提出，向设计单位咨询或要求修改。

(3)由于设计和实施单位很多,必须解决他们之间的协调问题,即各个承包商的实施方案必须在质量要求、在时间上协调一致。通过会审可以沟通和协调解决这些问题。

5.1.6.4 材料质量控制

材料的经营和采购是工程项目质量和费用控制的重点。

因为一方面材料费用占工程费用大部分(一般50%以上),另一方面材料是构成工程实体的要素,它决定了工程内在质量。可以这样说,材料不合格则不会有合格的工程,当然有合格的材料也可能有不合格的工程。材料质量控制措施有:

(1)采购前必须将项目所需材料的质量要求(包括品种、规格、规范、标准等)、用途、投入时间、数量说明清楚,作出材料计划表并在采购合同中明确规定这些内容。

(2)采购选择。供应商通常是很多的,对各种供应的质量应有深入的了解,多收集一些说明书、产品介绍方面的信息。

①采购前要求提供样品认可,特别对承包商(或分包商)自己采购的材料。样品认可后封存,在供应到现场时,再作对比检查。

②尽可能选择有长期合作伙伴关系的供应商。一个大型的承包商周围应有一些长期的合作伙伴,这有利于保证质量、保证供应、抗御风险。

③要求供应商提供他的产品证书,如官方认可的质量系统文件和证明、生产许可证、质量认证书。

④对重要的、大批量供应或专项物资供应,可以派自己的人员在生产厂进行巡视,检查产品质量及生产管理系统,验收产品。

⑤与供应商或其生产厂家一起研究质量改进措施。

⑥供应的可靠度,即供应商的生产(供应)能力、现已承接的业务的数量、供应时间,这不仅影响工程质量,而且会影响工期。通常超过能力进行生产,供应时间不能保证,质量也不能保证。

(3)入库和使用前的检查。检查供应的质量,并作出评价,保存好记录。不合格的材料不得进入工地,更不得使用。对设备、工艺的质量控制基本上同材料控制过程。

5.1.6.5 工程质量检查和监督

工程施工是一个渐进的过程,质量控制必须在整个过程中起作用,这里有两个层次。

(1)实施单位(如承包商、供应商、工程小组)内部有质量的管理工作,如领导、协调、计划、组织控制,通过生产过程的内部监督和调整及质量特征的检查达到质量保证的结果,这需要许多技术监督工作和质量信息的收集、判断工作。

(2)项目管理者对质量的控制权,包括行使质量检查的权力;行使对质量文件的批准、确认、变更的权力;对不符合质量标准的工程(包括材料、设备、工程)的处置的权力;在工程中做到隐蔽工程不经签字不得覆盖,工序间不经验收下道工序不能施工;不经质量检查,已完的分项工程不能验收、不能量方,更不能结算工程价款。这一切必须在合同中明确规定,并在实际工作中得到不折不扣地执行。

5.1.6.6 工程验收和移交

(1)验收过程

在实施阶段的质量管理是局部的,主要针对某些特定的对象,而工程验收的重点则在于工程项目的整体是否达到设计的生产能力和规范的要求，检查系统的完整性，不可缺少运行必需的部分。在工程接近完成前双方就应商讨安排验收和移交问题，由项目经理组织各单位、各专业协调进行。工程验收一般分为如下几个阶段：

①检查阶段

包括两层含义：一方面对工程项目的质量检查，检查其是否达到设计和规范的要求，如结构、地面、油漆工程、门窗、建筑垃圾的处理、绿化工程等；另一方面对工程的完整性进行检查，即查出各项目内容的疏漏，保证项目的功能完整。检查包括对工程实体的检查和各种质量文件的检查。对查出来的问题应限期解决，既可以边移交边解决，也可以推迟移交，再作复查。

②试验阶段

按规范采用某些技术检验方法，对一些设备进行功能方面的检查，如管线的试压和气密性试验，对一些材料和设备的特殊检验等。

③移交阶段

全部工程完成以后，业主组织力量或委托某些专业工程师对整个工程的实体和全部的施工记录资料进行交接检查，找出存在的问题，并为下一步的质量评定工作做好准备。在竣工阶段竣工图纸和文件的移交是一项十分重要的工作。竣工图不仅作为工程实施状况和最终工程技术系统状况的证明文件，而且是一份重要的历史文件，对工程以后的使用、修理、改建、加固都有重要作用。最终由项目管理者签发证书，则工程正式移交。

(2)工程项目的验收报告

验收报告可以按不同的项目需要编写，通常工业工程项目的验收报告应包括以下几方面的内容：

①总说明。a.项目情况介绍。包括项目的批准依据、建设规模、新增生产能力、设计依据、设计单位、批准部门、重大设计变更、施工单位、总施工进度、施工大事记、设计概算、竣工决算等。b.生产准备情况。包括组织机构、人员培训、原材料供应、水电气的供给和生产技术准备等。c.试运行结果的考核，各项技术指标分析。d.总的工程质量评定。e.三废处理情况。f.影响生产的遗留问题及处理意见。g.合同各方面的执行情况。h.投资效果分析。i.项目的经验和教训等。

②竣工验收报告附表。a.竣工工程概况表。b.竣工工程验收清册及交付使用的固定资产表。c.移交的工、器具和家具表。d.库存结余的设备材料表。e.重大事故一览表。f.重大设计变更表。g.单位工程质量表。h.设计质量评定表。i.关键设备质量评定表。j.三废治理情况表。

③工程验收鉴定书。包括工程名称、建设规模、工程地址、移交日期、验收委员会名单、工程建设总说明、验收委员会鉴定意见、验收签章等。

5.1.6.7 工程项目质量运行条件的准备

工程的运行条件准备是项目施工和运行两个重要阶段的中间环节，并涉及很大的费用。对许多复杂的工业建设项目，试运行本身包括极其复杂的工作内容，它具有项目的特征，可以作为一个独立的子项目进行全面的计划、准备、协调、控制。

(1)提供运行文件，包括系统运行(使用、操作)手册、维护要求、技术要求、使用条件说明。这是作为项目成果由项目管理者负责的，具体由设计者或和设备供应商承担并完成。

(2)培训操作人员及维护人员。他们必须掌握操作技术和各种规程，对专业性强的工作必须经过正规的培训，避免操作失误，并防止由此造成的工程损坏。

(3)物质准备。包括生产用原材料、能源、设备运行的备用件等一切必要的生产条件，在承包(或供应)合同中应注明这些供应的责任人。

对于由新项目组建的企业或企业分部，则必须建立新企业的运行机制、生产管理规章制度、管理组织及管理系统。

5.1.6.8 试运行

(1)项目试运行是对整个项目的设计、计划、实施和管理工作综合性的检验。作为使用单位，应尽可能地按设计生产能力满负荷运行，以考验工程。由于保修期(缺陷责任期)是从移交开始的，因此一经移交就应进入使用状态。有的工程是分批移交的，则在计划期就应考虑到移交后应能进行局部运行，否则会减轻施工单位的保修责任。

(2)在保修期中应定期派人进行系统检查，进行各种监测，因为早期(一般 1 年内)几乎所有的质量问题都能暴露，所以能及时地按合同解决出现的问题。

(3)必须完全按照操作规程和规定的条件运行，否则质量问题的责任由运行者承担。

(4)当然运行中的质量管理更重要的是通过各种措施保证工程设备良好的运行状态和高生产效率、低费用。通过质量保证措施的投入(一般为生产成本的 5%～10%)使产品质量好，竞争能力强，销量增加，废品少，返修少，设备运行期延长。

(5)做好运行状态的全部记录，为落实保修责任做准备。

5.1.6.9 缺陷责任和保修

对运行初期的质量保证在很大程度上仍属于实施者的责任，一般工程承包合同都有保修期的规定，为了保证承包商对工程的缺陷担负责任，常常尚有一笔保留金作为维修的保证。

在国务院颁布的《建设工程质量管理条例》上对建设工程的质量责任、保修期年限、保修办法都有明确的规定。

由于投产初期仍处于“孩提”时代，因此很容易出问题，这里的问题可能是许多原因造成的，例如：工程设计的问题；工程施工问题；设备问题；操作或运行管理问题。对具体的问题，必须进行原因分析，找出解决办法。

在保修阶段一定要进行工程质量跟踪，及时找出运营中的问题，精确描述问题，以分析责任。有许多问题的解决和质量问题的原因分析需要重新研究过去工程资料和文件，有的甚至要请专家进行技术鉴定或认证。

任务 5.2 工程质量事故处理方案的确定及鉴定验收

任务背景

某建筑工程位于繁华市区，建筑面积 213000m^2，混凝土现浇结构，筏板基础，地下 2 层，地上 15 层，基础埋深 10.2m。

工程所在地区地势北高南低，地下水流从北向南。施工单位的降水方案计划在基坑北边布置单排轻型井点。

基坑开挖到设计标高后，施工单位和监理单位对基坑进行验槽，并对基底进行了钎探，发现地基东南角有约 350m² 的软土区，监理工程师随即指令施工单位进行换填处理。

工程主体结构施工时，2 层现浇钢筋混凝土阳台在拆模时沿阳台根部发生断裂，经检查发现是施工人员将受力主筋位置布置错误所致。事故发生后，业主立即组织了质量大检查，发现一层大厅梁柱节点处有露筋；已绑扎完成的楼板钢筋位置与设计图纸不符；施工人员对钢筋绑扎规范要求不清楚。

工程进入外墙面装修阶段后，施工单位按原设计完成了 1065m² 的外墙贴面砖工作，业主认为原设计贴面与周边环境不协调，要求更换为大理石贴面，施工单位按业主要求进行了更换。

【工作任务】

1. 施工单位和监理单位两家单位共同进行工程验槽的做法是否妥当？请说明理由。
2. 发现基坑基底软土区后应按什么工作程序进行基底处理？
3. 工程质量事故和业主检查出的问题反映出施工单位质量管理中存在哪些主要问题？

【任务目标】

1. 掌握基础验收的程序。
2. 掌握施工单位质量管理中存在的问题。

相关知识

5.2.1　施工质量事故处理的基本要求

(1)质量事故的处理应达到安全可靠、不留隐患、满足生产和使用要求、施工方便、经济合理的目的；

(2)重视消除造成事故的原因，注意综合治理；

(3)正确确定处理的范围和正确选择处理的时间和方法；

(4)加强事故处理的检查验收工作，认真复查事故处理的实际情况；

(5)确保事故处理期间的安全。

5.2.2　施工质量事故处理的基本方法

(1)修补处理

当工程的某些部分的质量虽未达到规定的规范、标准或设计的要求，存在一定的缺陷，但经过修补后可以达到要求的质量标准，又不影响使用功能或外观的要求时，可采取修补处理的方法。

如：混凝土结构表面出现蜂窝、麻面，经调查分析该部位经修补后，不会影响使用功能及外观，可采取修补处理；对混凝土局部出现的损伤(如结构受撞击、局部未捣实、冻害、火灾、酸类腐蚀、碱骨料反应等)，当这些损伤仅仅在结构表面或局部，不影响使用功能和外观，可进行修补处理。

再如，混凝土结构出现的裂缝，经分析如果不影响结构的安全和使用，可采取修补处理。当裂缝宽度不大于 0.2mm 时，可采用表面密封法；当裂缝宽度大于 0.3mm 时，可采用嵌缝密闭法；当裂缝较深时，则应采取灌浆修补的方法。

(2)加固处理

加固处理主要是针对危及承载力的质量缺陷的处理。通过对缺陷的加固处理，使建筑结构恢复或提高承载力，重新满足结构安全性、可靠性的要求，使结构能够使用或改作其他用途。

对混凝土结构常用的加固方法主要有：增大截面加固法、外包角钢加固法、粘钢加固法、增设支点加固法、增设剪力墙加固法、预应力加固法。

(3)返工处理

当工程质量缺陷经过修补后仍不能满足规定的质量标准要求，或不具备补救可能性则必须采取返工处理。

例如：某砖混结构住宅一楼墙体砌筑时，监理发现由于施工放线的失误，山墙上窗户的位置偏离 30cm，这时应该返工处理；某防洪堤坝填筑压实后，其压实土的干密度未达到规定值，经核算将影响土体的稳定且不满足抗渗能力的要求，须挖除不合格土，重新填筑，进行返工处理；某工厂设备基础的混凝土浇筑时掺入木质素磺酸钙减水剂，因施工管理不善，掺量多于规定的 7 倍，导致混凝土坍落度大于 180mm，石子下沉，混凝土结构不均匀，浇筑后 5 天仍然不凝固硬化，28 天的混凝土实际强度不到规定强度的 32%，不得不返工重浇。

(4)限制使用

当工程质量缺陷按修补方法处理后无法保证达到规定的使用要求和安全要求，而又无法返工处理的情况下，不得已时可做出诸如结构卸荷或减荷以及限制使用的决定。

(5)不作处理

某些工程质量问题虽然达不到规定的要求或标准，但其情况不严重，对工程或结构的使用及安全影响很小，经过分析、论证、法定检测单位鉴定和设计单位等认可后可不专门作处理。一般不作专门处理的情况有以下几种：

①不影响结构安全、生产工艺和使用要求的。例如：某工业建筑物出现放线定位的偏差且严重超过规范标准规定，若要纠正会造成重大的经济损失，但经过分析、论证其偏差不影响生产工艺和正常使用，在外观上也无明显影响，可不作处理。又如某些部位的混凝土表面的裂缝，经检查分析，属于表面养护不够的干缩微裂，不影响使用和外观，也可不作处理。

②后道工序可以弥补的质量缺陷。例如：混凝土结构表面的轻微麻面，可通过后续的抹灰、刮涂、喷涂等弥补，也可不作处理；某桩基工程，浇筑的混凝土桩在地上可见部分有蜂窝麻面，但经过桩基检测，桩身未见异常，承载力也满足设计要求，该桩基可以不作处理；再比如混凝土现浇楼面的平整度偏差达到 10mm，但由于后续垫层和面层的施工可以弥补，也可以不作弥补。

③法定检测单位鉴定合格的。例如：某检验批混凝土试块强度不满足规范要求，强度不足，但经法定检测单位对混凝土实体强度进行检测后，其实际强度达到规范允许和设计要求值时，可不作处理。对经检测未达到要求值，但相差不多，经分析论证，只要使用前经再次检

测达到设计强度，也可不作处理，但应严格控制施工荷载。

④出现的质量缺陷，经检测鉴定达不到设计要求，但经原设计单位核算，仍能满足结构安全和使用功能的。例如：某一结构构件截面尺寸不足，或材料强度不足，影响结构承载力，但按实际情况进行复核验算后仍能满足设计要求的承载力时，可不进行专门处理。这种做法实际上是挖掘设计潜力或降低设计的安全系数，应谨慎处理。

(5)报废处理

出现质量事故的工程，通过分析或实践，采取上述处理方法后仍不能满足规定的质量要求或标准，则必须予以报废处理。

5.2.3 工程质量事故处理的鉴定验收

(1)检查验收

对施工单位完工自检后报验，监理工程师应严格按规范规定，依据质量事故处理方案设计要求，通过实际量测，检查各种资料数据进行验收，并应办理交工验收文件，组织有关单位会签。

(2)必要的鉴定

如用于检查混凝土密实性和裂缝修补效果或检测实际强度时常采用混凝土钻芯取样；确定结构实际承载力时常采用结构荷载试验；检测焊接或结构内部质量时常采用超声波检测；对池、灌、箱柜工程的渗漏等也必须进行检测鉴定。检测鉴定工作必须委托政府批准的有资质的法定检测单位进行。

(3)验收结论

对所有的质量事故，都应有明确的书面验收结论。对后续工程施工有特定要求或对建筑物使用有一定限制条件时，应在结论中提出。

验收结论通常有以下几种：①事故已排除，可继续施工；②隐患已消除，结构安全有保证；③经修补处理后，完全能够满足使用要求；④基本上满足使用要求，但使用时应有附加限制条件，例如限制荷载等；⑤对耐久性的结论；⑥对建筑物外观影响的结论；⑦对短期内难以作出结论的，可提出进一步观测检验的意见。

项目6　建设工程项目进度控制与实训

【教学目标】

1. 熟悉施工项目进度管理的概念、程序和措施；
2. 掌握施工项目进度计划的内容和编制步骤；
3. 掌握施工项目进度计划的编制方法：横道图、网络计划；
4. 掌握施工项目进度控制的内容、影响因素及原理。

【技能要求】

能够独立编制施工进度计划，并能够分析项目进度拖延的原因。

任务6.1　施工进度管理概述及内容

任务背景

某工程的网络计划如图6.1所示。

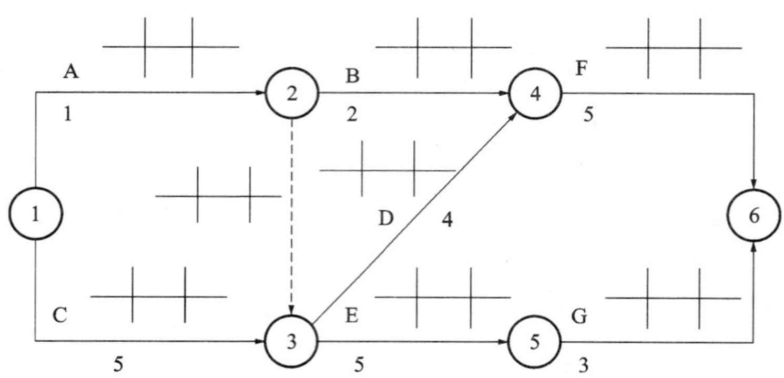

图6.1　某工程网络计划

【工作任务】

1. 用六时标计算法计算六个时间参数，计算工期，确定关键线路。
2. 能清楚地表达各个工作之间的逻辑关系。

【任务目标】

1. 掌握时间参数的计算。
2. 掌握各个工作之间的逻辑关系。

相关知识

6.1.1　工程项目进度管理的概念

施工项目进度管理是为实现预定的进度目标而进行的计划、组织、指挥、协调和控制等活动。即在限定的工期内，确定进度目标，编制出最佳的施工进度计划，在执行进度计划的施工过程中，经常检查实际施工进度，并不断地用实际进度与计划进度相比较，确定实际进度是否与计划进度相符。若出现偏差，便分析产生的原因和对工期的影响程度，找出必要的调整措施，修改原计划，如此不断地循环，直至工程竣工。

6.1.2　工程项目进度计划的内容

施工项目进度计划应包括下列内容：进度计划表、资源需要量及供应平衡表、编制说明等。其中，进度计划表是最主要的内容，包括分解的计划子项名称（如作业计划的分项工程或工序）、进度目标或进度图等。资源需要量及供应平衡表是实现进度表的进度安排所需要的资源保证计划。编制说明主要包括进度计划关键目标的说明、实施中的关键点和难点、保证条件的重点、要采取的主要措施等。

6.1.3　工程项目进度管理的目标

施工项目进度管理目标应按施工项目实施过程、专业、阶段或实施周期进行分解。

(1)按实施过程进行分解的进度目标。将施工项目目标分解为单项工程进度目标、单位工程进度目标、分部工程进度目标和分项工程进度目标。

(2)按专业进行分解的进度目标。将施工项目目标分解为建筑、结构、设备、市政、园林绿化等专业进度目标。

(3)按阶段进行分解的进度目标。施工项目目标包括施工准备、施工、竣工验收、交付使用等进度目标；施工单位还可将施工项目按阶段分解为基础、结构、装修、安装、收尾、竣工验收等进度目标。

(4)按实施周期进行分解的进度目标。施工项目可按周期分解为年度、季度、月度、旬度等进度目标。

6.1.4　工程项目的总进度目标

(1)建设工程项目总进度目标的内涵

建设工程项目的总进度目标指的是整个项目的进度目标，它是在项目决策阶段项目定义时确定的，项目管理的主要任务是在项目的实施阶段对项目的目标进行控制。建设工程项目总进度目标的控制是业主方项目管理的任务。

(2)建设工程项目总进度目标的论证

大型建设工程项目总进度目标论证的核心工作是通过编制总进度纲要论证总进度目标实现的可能性。总进度纲要的主要内容包括：

①项目实施的总体部署；

②总进度规划；
③各子系统进度规划；
④确定里程碑事件的计划进度目标；
⑤总进度目标实现的条件和应采取的措施等。
(3)建设工程项目总进度目标论证的工作步骤
①调查研究和收集资料；
②进行项目结构分析；
③进行进度计划系统的结构分析；
④确定项目的工作编码；
⑤编制各层的进度计划；
⑥协调各层进度计划的关系和编制总进度计划；
⑦若所编制的总进度计划不符合项目的进度目标，则设法调整；
⑧若经过多次调整，进度目标无法实现，则报告项目决策者。

6.1.5 施工项目进度计划的分类

项目进度计划系统是由多个相互关联的进度计划组成的，是项目进度控制的依据。施工进度计划是在确定工程施工目标工期的基础上，根据相应的工程量，对各项施工过程的施工顺序、起止时间和相互衔接关系以及所需的劳动力和各种技术物资的供应所做的具体策划和统筹安排。

根据不同的划分标准，施工项目进度计划可划分为不同的种类。

(1)按计划的深度划分

施工项目进度计划分为总施工进度计划、项目子系统施工进度计划、项目子系统中的单项工程施工进度计划、单位工程施工进度计划和分部分项作业计划等。

(2)按计划的功能划分

施工项目进度计划分为控制性进度计划、指导性进度计划和实施性进度计划。

(3)按计划的周期划分

施工项目进度计划分为年度、季度、月度和旬度计划等。

6.1.6 施工项目进度计划的编制依据

施工项目进度计划的编制依据有合同文件、施工项目管理规划文件、资源条件、内部与外部约束条件。合同文件的作用是提出施工项目计划总目标，以满足顾客和企业的需求。施工项目管理规划文件是施工项目管理组织根据合同文件的要求，结合组织自身条件所作的安排，其目标规划便成为施工项目进度计划的编制依据。资源条件和内部与外部约束条件都是进度计划的约束条件，影响计划目标与指标的决策和执行效果。

6.1.7 施工项目进度计划的编制步骤

(1)确定施工进度计划的目标、性质和使用者；
(2)进行相关工作结构的分解；

(3)收集编制的依据；

(4)确定工作的起止时间和里程碑；

(5)处理各工作之间的衔接关系；

(6)编制施工进度表；

(7)编制施工进度说明书；

(8)编制各种资源、需要量及供应量表；

(9)报有关部门批准。

该步骤的作用是确保进度计划的质量。步骤中，前一步是后一步的目标或依据，后一步是前一步的工作继续或深化、落实，环环相扣，不可颠倒或遗漏。其中，第 2 步“进行相关工作结构的分解”是至关重要的，它的作用是界定进度计划的范围，所使用的方法是 WBS。

6.1.8　施工项目进度计划的编制方法

施工项目进度计划的编制可使用文字说明、里程碑表、工作量表、横道图、网络计划、曲线图等方法。

6.1.8.1　横道图

横道图是一种最简单、运用最传统的进度计划方法，尽管有许多新的计划技术，横道图在建设领域中的应用仍非常普遍。

通常横道图的表头为工作及其简要说明，施工项目进展表示在时间表格上，如图 6.2 所示，按照所表示工作的详细程度，时间单位可为小时、天、周、月等。

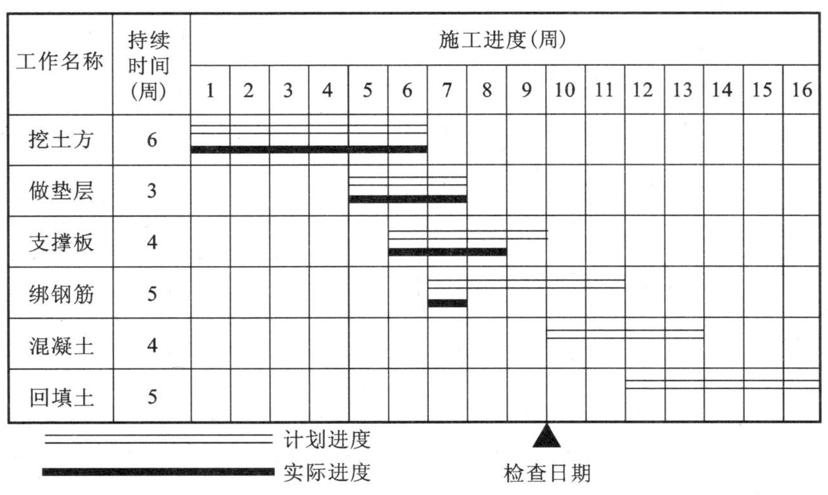

图 6.2　横道图

横道图计划表中的进度线(横道)与时间坐标相对应，这种表达方式直观、易懂计划编制的意图。但是，横道图进度计划也存在一些欠缺，如：

(1)工序(工作)之间的逻辑关系可以设法表达，但不易表达清楚；

(2)适用于手工编制计划；

(3)没有通过严谨的进度计划时间参数计算，不能确定计划的关键路线与时差；

(4)计划调整只能用手工方式进行，其工作量较大；

(5)难以适应规模较大的进度计划系统。

6.1.8.2 网络计划

(1)网络计划的分类

①按工作持续时间划分：肯定型问题的网络计划、非肯定型问题的网络计划和随机网络计划等。

②按工作和事件在网络图中的表示方法划分：事件网络，以节点表示事件的网络计划即单代号网络计划；工作网络，以箭线表示工作的网络计划即双代号网络计划。

③按计划平面的个数划分：单平面网络计划、多平面网络计划(多阶网络计划，分级网络计划)。我国《工程网络计划技术规范》(JGJ/T 121—2015)推荐常用的工程网络计划类型包括：

a. 双代号网络计划；

b. 单代号网络计划；

c. 双代号时标网络计划；

d. 单代号时标网络计划。

(2)网络计划的相关概念

①工艺关系：生产性工作之间由工艺过程决定的、非生产性工作之间由工序决定的先后顺序关系。

②组织关系：工作之间由于组织安排需要或资源(劳动力、原材料、施工机具等)调配需要而规定的先后顺序关系。

③紧前工作：在网络图中，相对于某工作而言，紧排在该工作之前的工作为该工作的紧前工作。

④紧后工作：在网络图中，相对于某工作而言，紧排在该工作之后的工作为该工作的紧后工作。

⑤平行工作：在网络图中，相对于某工作而言，可以与该工作同时进行的工作即为该工作的平行工作。

⑥先行工作：相对于某工作而言，从网络图的第一个节点(起始节点)开始，顺箭头方向经过一系列箭线与节点到达该工作为止的各条通路上的所有工作，都称为该工作的先行工作。

⑦后续工作：相对于某工作而言，从该工作之后开始，顺箭头方向经过一系列箭线与节点到网络图最后一个节点(终点节点)的各条通路上的所有工作，都称为该工作的后续工作。

⑧线路：网络图中从起点节点开始，沿箭头方向顺序通过一系列箭线与节点，最后到的通路。

⑨关键线路：在关键线路法中，线路上所有工作的持续时间总和称为该线路的总持续时间。总持续时间最长的线路称为关键线路，关键线路的长度就是网络计划的工期。关键线路可能不止一条。

⑩关键工作：关键线路上的工作称为关键工作。在网络计划的实施过程中，关键工作的实际进度提前或拖后，均会对总工期产生影响。因此，关键工作的实际进度是建设工程进度

控制工作中的重点。

(3)网络计划的编制程序

①准备阶段

a. 确定网络计划目标。网络计划目标有时间目标、时间-资源目标、时间-成本目标。

b. 调查研究。调查研究的内容包括项目的任务、实施条件、设计数据;有关标准、定额、规程、制度;资源需求和供应情况;有关经验、统计资料和历史资料;其他有关技术经济资料。

c. 编制施工方案。主要内容是确定施工程序,确定施工方法;选择需要的机械设备;确定重要的技术政策或组织原则;对施工中的关键问题设计出技术组织措施;确定采用的网络图类型。

②绘制网络图阶段

a. 项目分解。将项目分解为网络计划的基本组成单元(工作),分解时采用 WBS 方法。

b. 逻辑关系分析。逻辑关系分为工艺关系和组织关系。

c. 编制网络图。绘图顺序是确定排列方式,决定网络图布局;从起点节点开始自左而右根据分析的逻辑关系绘制网络图;检查所绘网络图的逻辑关系是否有错、漏等情况并修正;按绘图规则完善网络图;编号。

③时间参数计算与确定关键线路阶段

a. 计算工作持续时间。

b. 计算其他时间参数。包括计算最早时间;确定计算工期及计划工期;计算最迟时间;计算时差。

c. 确定关键线路。

④编制可行网络计划阶段

a. 检查与调整网络计划。

b. 绘图并形成可行网络计划。

⑤优化并绘制正式网络计划阶段

a. 优化网络计划。

b. 绘制正式网络计划。

⑥实施、调整与控制阶段

a. 网络计划的贯彻。

b. 检查和数据采集。

c. 控制和调整计划。

⑦结束阶段

进行总结分析。

(4)网络图基本符号

双代号网络图(图 6.3)和单代号网络图(图 6.4)的基本符号有两个,即箭线和节点。箭线在双代号网络图中表示工作,在单代号网络图中表示工作之间的联系;节点在双代号网络图中表示工作之间的联系,在单代号网络图中表示工作。在双代号网络图中还有虚箭线,它可以联系两项工作,同时分开两项没有关系的工作。

图 6.3 双代号网络图基本符号　　　　图 6.4 单代号网络图基本符号

(5)网络图绘图规则和编号规则

①网络图必须按照已定的逻辑关系绘制。双代号网络图中常见的各种工作逻辑关系的表示方法,如表 6.1。

②网络图中严禁出现从一个节点出发,顺箭头方向又回到原出发点的循环回路。

③网络图中的箭线(包括虚箭线,以下同)应保持自左向右的方向。

④网络图严禁出现双向箭头和无箭头的连线。

⑤网络图中严禁出现没有箭尾节点的箭线和没有箭头节点的箭线。

⑥严禁在箭线上引入引出箭线。

⑦应尽量避免网络图中工作箭线的交叉。

⑧网络图中只有一个起点节点和一个终点节点。

单代号网络图的绘制规则与双代号网络图的绘图规则基本相同,主要区别在于当网络图中有多项开始工作时,应增设一项虚拟工作作为网络图的起点节点,当网络图有多项结束工作时,也应增设一项虚拟工作作为该网络图的终点节点。

表 6.1 双代号网络图中常见的各种工作的逻辑关系的表示方法

序号	工作之间的逻辑关系	网络图中的表示方法
1	A 完成后进行 B 和 C	
2	A、B 均完成后进行 C	
3	A、B 均完成后同时进行 C 和 D	
4	A 完成后进行 C, A、B 均完成后进行 D	
5	A、B 均完成后进行 D, A、B、C 均完成后进行 E, D、E 均完成后进行 F	

续表 6.1

序号	工作之间的逻辑关系	网络图中的表示方法
6	A、B 均完成后进行 C， B、D 均完成后进行 E	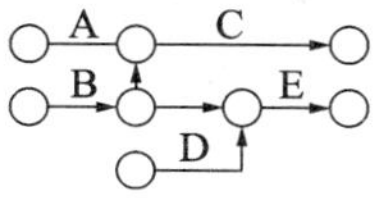
7	A、B、C 均完成后进行 D， B、C 均完成后进行 E	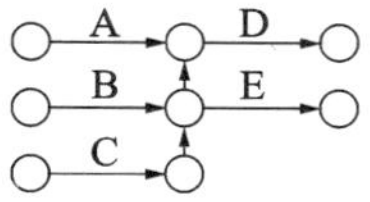
8	A 完成后进行 C， A、B 均完成后进行 D， B 完成后进行 E	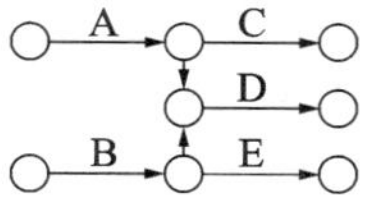
9	A、B 两项工作分成三个施工段， 分段流施工； A_1 完成后进行 A_2、B_1， A_2 完成后进行 A_3、B_2， A_2，B_1 完成后进行 B_2， A_3、B_2 完成后进行 B_3	有两种表示方式 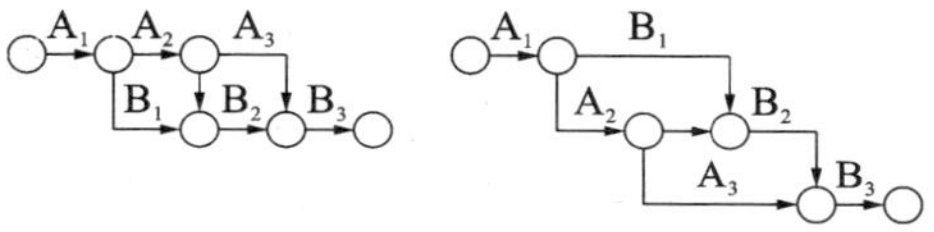

(6)网络计划时间参数计算

①网络计划时间参数的种类、概念

最早开始时间（ES_{i-j}）是指在各紧前工作全部完成后，工作 $i—j$ 有可能开始的最早时刻。

最早完成时间（EF_{i-j}），是指在各紧前工作全部完成后，工作 $i—j$ 有可能完成的最早时刻。

最迟开始时间（LS_{i-j}），是指在不影响整个任务按期完成的前提下，工作 $i—j$ 必须开始的最迟时刻。

最迟完成时间（LF_{i-j}），是指在不影响整个任务按期完成的前提下，工作 $i—j$ 必须完成的最迟时刻。

总时差（TF_{i-j}），是指在不影响总工期的前提下，工作 $i—j$ 可以利用的机动时间。

自由时差（FF_{i-j}），是指在不影响其紧后工作最早开始的前提下，工作 $i—j$ 可以利用的机动时间。

计算工期（T_c），根据网络计划时间参数计算出来的工期。

要求工期（T_r），任务委托人所要求的工期。

计划工期（T_p），根据要求工期和计算工期所确定的作为实施目标的工期。

网络计划的计划工期（T_p）按下列情况分别确定：

当已规定了要求工期时，

$$T_p \leqslant T_r \tag{6-1}$$

当未规定要求工期时，可令计划工期等于计算工期，

$$T_p \leqslant T_c \tag{6-2}$$

②双代号网络计划时间参数计算

a. 最早开始时间和最早完成时间的计算

工作最早时间参数受到紧前工作的约束，故其计算顺序应从起点节点开始，顺着箭线方向依次逐项计算。

以网络计划的起点节点为开始节点的工作最早开始时间为零。如网络计划起点节点的编号为 1，则：

$$ES_{i-j} = 0(i = 1) \tag{6-3}$$

最早完成时间等于最早开始时间加上其持续时间：

$$EF_{i-j} = ES_{i-j} + D_{i-j} \tag{6-4}$$

最早开始时间等于各紧前工作的最早完成时间 EF_{h-i} 的最大值：

$$ES_{i-j} = \max\{EF_{h-i}\} \tag{6-5}$$

或

$$ES_{i-j} = \max\{EF_{h-j} + D_{h-i}\} \tag{6-6}$$

b. 确定计算工期 T_c

计算工期等于以网络计划的终点节点为箭头节点的各个工作的最早完成时间的最大值。当网络计划终点节点的编号为 n 时，计算工期：

$$T_c = \max\{EF_{i-n}\} \tag{6-7}$$

当无要求工期的限制时，取计划工期等于计算工期，即 $T_p = T_c$。

c. 最迟开始时间和最迟完成时间的计算

工作最迟时间参数受到紧后工作的约束，故其计算顺序应从终点节点起，逆着箭线方向依次逐项计算。

以网络计划的终点节点($j=n$)为箭头节点的工作的最迟完成时间等于计划工期：

$$LF_{i-n} = T_p \tag{6-8}$$

最迟开始时间等于最迟完成时间减去其持续时间：

$$LS_{i-j} = LF_{i-j} - D_{i-j} \tag{6-9}$$

最迟完成时间等于各紧后工作的最迟开始时间 LS_{j-k} 的最小值：

$$LF_{i-j} = \min\{LS_{i-k}\} \tag{6-10}$$

或

$$LF_{i-j} = \min(LF_{j-k} - D_{j-k}) \tag{6-11}$$

d. 计算工作总时差

总时差等于其最迟开始减去最早开始时间，或等于最迟完成时间减去最早完成时间：

$$TF_{i-j} = LS_{i-j} - ES_{i-j} \tag{6-12}$$

或

$$TF_{i-j} = LF_{i-j} - EF_{i-j} \tag{6-13}$$

e. 计算工作自由时差

当工作 $i—j$ 有紧后工作 $j—k$ 时，其自由时差应为：

$$FF_{i-j} = ES_{j-k} - EF_{i-j} \tag{6-14}$$

或

$$FF_{i-j} = ES_{j-k} - ES_{j-k} - D_{i-j} \tag{6-15}$$

以网络计划的终点节点($j=n$)为箭头节点的工作,其自由时差 FF_{i-n} 应按网络计划的计划工期 T_p 计算:

$$FF_{i-n} = T_p - EF_{i-n} \tag{6-16}$$

③关键工作和关键线路的确定

a. 关键工作

网络计划中总时差最小的工作是关键工作。

b. 关键线路

自始至终全部由关键工作组成的线路为关键线路,或线路上总的工作持续时间最长的线路为关键线路。网络图上的关键线路可用双线或粗线标注。

(7)双代号时标网络计划编制步骤及参数判别

①双代号时标网络计划的编制步骤如下:

第一步,编制无时标的双代号网络计划。

第二步,绘制时间坐标。

第三步,将起点节点定位在0点。

第四步,画起点节点的外向箭线,按时间坐标及持续时间确定箭线的长度。

第五步,定节点的位置。如果节点前面只有一条内向箭线,则将节点定位在该箭的尾部;如果节点前面有多条内向箭线,则节点定位在最早完成时间最大的箭线的尾部。

第六步,有的箭线未达节点位置,则在此距离内补画波线。

第七步,重复画节点的外向箭线、定节点位置,直到终点节点定位为止。

②判别时间参数。从图6.5上可以看出工期、每项工作的两个最早时间和自由时差。波线长度就是自由时差。

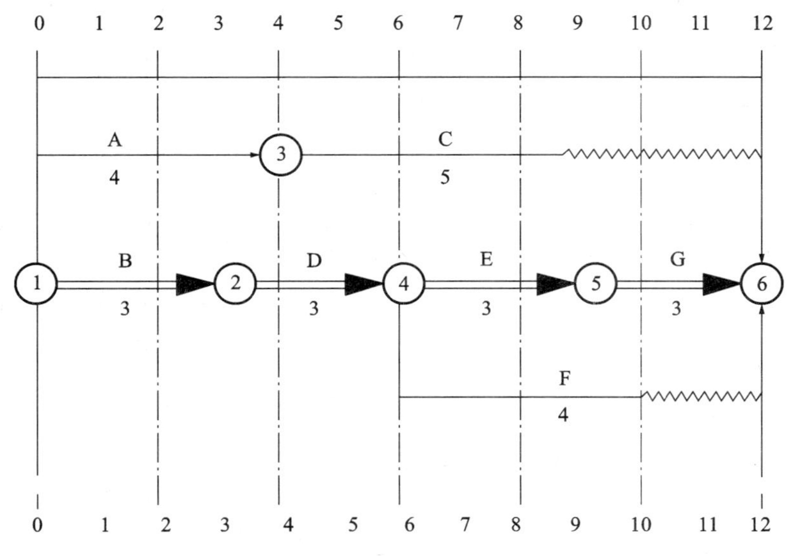

图6.5 双代号时标网络计划

③判别关键线路。自终点节点至起点节点逆箭线方向观察，凡不出现波线的线路就是关键线路。图6.5的关键线路是1—2—4—5—6。

6.1.9 施工项目进度控制的概念

施工项目进度控制是指在既定的工期内，编制出最优的施工进度计划，在执行该计划的施工中，经常检查施工实际进度情况，并将其与计划进度相比较，若出现偏差，便分析产生的原因和对工期的影响程度，找出必要的调整措施，修改原计划，不断地如此循环，直至工程竣工验收。施工项目进度控制的总目标是确保施工项目的既定工期目标的实现，或者在保证施工质量和不因此而增加施工实际成本的条件下，适当缩短施工工期。

6.1.10 工程项目进度控制的原理

6.1.10.1 动态控制原理

施工项目进度控制是一个不断进行的动态控制，也是一个循环进行的过程。它是从项目施工开始，实际进度就出现了运动的轨迹，也就是计划进入执行的动态。实际进度按照计划进度进行时，两者相吻合；当实际进度与计划进度不一致时，便产生超前或落后的偏差。分析偏差的原因，采取相应的措施，调整原来计划，使两者在新的起点上重合，继续按其进行施工活动，并且尽量发挥组织管理的作用，使实际工作按计划进行。但是在新的干扰因素作用下，又会产生新的偏差。施工进度计划控制就是采用这种动态循环的控制方法。

6.1.10.2 系统原理

(1)施工项目计划系统

为了对施工项目实行进度计划控制，首先必须编制施工项目的各种进度计划。其中有施工项目总进度计划、单位工程进度计划、分部分项工程进度计划、季度和月(旬)作业计划，这些计划组成一个施工项目进度计划系统。计划的编制对象由大到小，计划的内容从粗到细。编制时从总体计划到局部计划，逐层进行控制目标分解，以便计划控制目标落实。执行计划时，从月(旬)作业计划开始实施，逐级按目标控制，从而达到对施工项目整体进度目标的控制。

(2)施工项目进度实施组织系统

施工项目实施全过程的各专业队伍都是遵照计划规定的目标去努力完成一个个任务的。施工项目经理和有关劳动调配、材料设备、采购运输等各职能部门都按照施工进度规定的要求进行严格管理、落实和完成各自的任务。施工组织各级负责人，包括项目经理、施工队长、班组长及所有施工人员组成了施工项目实施的完整组织系统。

(3)施工项目进度控制组织系统

为了保证施工项目进度顺利实施还需有一个项目进度的检查控制系统。自公司经理、项目经理，一直到作业班组都设有专门职能部门或人员负责检查汇报、统计整理实际施工进度的资料，并与计划进度比较分析和进行调整。当然不同层次人员负有不同进度控制职责，分工协作，形成一个纵横连接的施工项目控制组织系统。事实上有的领导可能是计划的实施者又是计划的控制者。实施是计划控制的落实，控制是保证计划按期实施。

6.1.10.3　信息反馈原理

信息反馈是施工项目进度控制的主要环节，施工的实际进度通过信息反馈给基层，施工项目进度控制的工作人员，在分工的职责范围内，经过对其加工，再将信息逐级向上反馈，直到主控制室。主控制室整理统计各方面的信息，经比较分析作出决策，调整进度计划，仍使其符合预定工期目标。若不应用信息反馈原理，不断地进行信息反馈，则无法进行计划控制。施工项目进度控制的过程就是信息反馈的过程。

6.1.10.4　弹性原理

施工项目进度计划工期长、影响进度的原因多，其中有的已被人们掌握，可以根据统计、经验估计出影响的程度和出现的可能性，并在确定进度目标时，进行实现目标的风险分析。在计划编制者具备了这些知识和实践经验之后，编制施工项目进度计划时就会留有余地，即使施工进度计划具有弹性。在进行施工项目进度控制时，便可以利用这些弹性，缩短有关工作的时间，或者改变它们之间的搭接关系，使检查之前拖延的工期，通过缩短剩余计划工期的方法，达到预期的计划目标。

6.1.10.5　封闭循环原理

项目的进度计划控制的全过程是计划、实施、检查、比较分析、确定调整措施、再计划。从编制项目施工进度计划开始，经过实施过程中的跟踪检查，收集有关实际进度的信息，比较和分析实际进度与施工计划进度之间的偏差，找出产生原因和解决的办法，确定调整措施，再修改原进度计划，形成一个封闭的循环系统。

6.1.10.6　网络计划技术原理

在施工项目进度的控制中先利用网络计划技术原理编制进度计划，再根据收集的实际进度信息，比较和分析进度计划，利用网络计划的工期优化、工期与成本优化和资源优化的理论调整计划。网络计划技术原理是施工项目进度控制的完整的计划管理和分析计算理论基础。

6.1.11　施工项目进度控制的方法

施工项目进度控制方法主要是计划、控制和协调。计划是指确定施工项目总进度控制目标和分进度控制目标，并编制其进度计划。控制是指在施工项目实施的全过程中，进行施工实际进度与施工计划进度的比较，出现偏差及时采取措施调整。协调是指协调与施工进度有关的单位、部门和工作队组之间的进度关系。

6.1.12　施工项目进度控制的内容

6.1.12.1　施工前进度控制

(1)确定施工进度控制的工作内容和特点、控制方法和具体措施、进度目标实现的风险分析，以及还有哪些尚待解决的问题。

(2)编制施工组织总进度计划，对工程准备工作及各项任务做出时间上的安排。

(3)编制工程进度计划，重点考虑以下内容：

①所动用的人力和施工设备是否能满足完成计划工程量的需要；

②基本施工工作程序是否合理、实用；

③施工设备是否配套，规模和技术状态是否良好；

④如何规划运输通道；

⑤工人的工作能力如何；

⑥工作空间分析；

⑦预留足够的清理现场时间，材料、劳动力的供应计划是否符合进度计划的要求；

⑧分包施工计划；

⑨临时施工计划；

⑩竣工、验收计划；

⑪可能影响施工进度的环境和技术问题。

6.1.12.2 施工过程中进度控制

(1)定期收集数据，预测施工进度的发展趋势，实行进度控制。进度控制的周期应根据计划的内容和管理目的来确定。

(2)随时掌握各施工过程持续时间的变化情况以及设计变更等引起的施工内容的增减，施工内部条件与外部条件的变化等，及时分析研究，采取相应措施。

(3)及时做好各项施工准备，加强作业管理和调度。在各施工过程开始之前，应对施工技术物资供应，施工环境等做好充分准备。应该不断提高劳动生产率，减轻劳动强度，提高施工质量，节省费用，做好各项作业的技术培训与指导工作。

6.1.12.3 施工后进度控制

施工后进度控制是指完成工程后的进度控制工作，包括组织工程验收，处理工程索赔，工程进度资料整理、归类、编目和建档等。

6.1.13 施工项目进度控制的任务

施工项目进度控制的主要任务是：

(1)编制施工总进度计划并控制其执行，按期完成整个施工项目的任务；

(2)编制单位工程施工进度计划并控制其执行，按期完成单位工程的施工任务；

(3)编制分部分项工程施工进度计划，并控制其执行，按期完成分部分项工程的施工任务；

(4)编制季度、月(旬)作业计划，并控制其执行，完成规定的目标等。

6.1.14 工程项目进度控制的影响因素

由于工程项目的施工特点，尤其是较大和复杂的施工项目工期较长，影响进度因素较多。编制计划和执行控制施工进度计划时必须充分认识和估计这些因素，才能克服其影响，使施工进度尽可能按计划进行，当出现偏差时，应考虑有关影响因素，分析产生的原因。其主要影响因素有：

(1)项目各参与方的影响

施工项目的主要施工单位对施工进度起决定性作用，但是建设单位与业主，设计单位，银行信贷单位，材料设备供应部门，运输部门，水、电供应部门及政府的有关主管部门都可能给施工某些方面造成困难而影响施工进度。其中设计单位图纸不及时和有错误以及有关部门或业主对设计方案的变动是影响施工进度最大的因素。材料和设备不能按期供应,或质量、规格不符合要求,都将使施工停顿。造成资金不能保证,施工速度减慢等。

(2)施工条件的变化

施工中工程地质条件变化也会使施工进度中断或水文地质条件与勘察设计不符,如地质断层、溶洞、地下障碍物、软弱地基以及恶劣的气候、暴雨、高温和洪水等都对施工进度产生影响,造成临时停工或破坏。

(3)技术失误

施工单位采用技术措施不当,施工中发生技术事故;应用新技术、新材料、新结构缺乏经验,不能保证质量等都会影响施工进度。

(4)施工组织管理不利

流水施工组织不合理、劳动力和施工机械调配不当、施工平面布置不合理等将影响施工进度计划的执行。

(5)意外事件的出现

施工中如果出现意外的事件,如战争、严重自然灾害、火灾、重大工程事故、工人罢工等,都会影响施工进度计划。

6.1.15　施工项目进度管理的程序

项目经理部应按下列程序进行进度管理:

(1)制订进度计划。

(2)进行进度计划交底,落实责任。

(3)实施进度计划,在实施中进行跟踪检查,对存在的问题分析原因并纠正偏差,必要时对进度计划进行调整。

(4)编制进度报告。

这个程序实际上就是我们通常所说的PDCA管理循环过程。P—编制计划,D—执行计划,C—检查,A—处置。在进行管理的时候,每一步都是必不可少的。因此施工项目的进度管理的程序与所有管理的程序基本上都是一样的。通过PDCA循环,可不断提高进度管理水平,确保最终目标实现。

6.1.16　施工项目进度管理的措施

施工进度管理的措施主要有组织措施、管理措施、经济措施、技术措施和合同措施。

(1)组织措施

组织措施是目标能否实现的首要考虑因素。为实现施工项目的进度目标,应首先建立健全施工项目管理的组织体系,具体包括:在施工项目组织结构中,应由专门的施工项目部和符合进度管理岗位资格的专人负责的进度管理工作;进度管理的工作任务和管理职能应在任务分工表和管理职能分工表中标示并落实;应编制施工进度的工作流程,如确定施工进度计划系统的组成及各类进度计划的编制程序、审批程序和计划调整程序等;应进行有关进度管理会议的组织设计,以明确会议的类型、召开时间、主持人、参加单位和人员,以及各类会议文件的整理、分发和确认等。

(2)管理措施

管理措施涉及管理思想、管理方法、管理手段、承发包模式、合同管理和风险管理等。应树立正确的管理观念,包括进度计划系统观念、动态管理观念、进度计划多方案比较和选优的观念;运用科学的管理方法,选择合适的承发包模式;重视合同管理在进度管理中的应用;采取风险管理措施。

(3)经济措施

经济措施涉及编制与进度计划相适应的资源需求计划和加快施工进度的经济激励措施。

(4)技术措施

技术措施涉及选用对实现施工进度目标有利的、可行的、经济的施工技术。

(5)合同措施

合同措施涉及在进行承包合同、分包合同、采购合同或租赁合同等签订时,应当考虑相关单位违背合同后,给施工进度所带来的影响,通过合同的措施加强施工进度的管理。

任务 6.2 施工项目进度计划的实施、检查与调整

任务背景

某项目建设工程可分解为 15 个工作,根据工作的逻辑关系绘成的双代号网络图见图 6.6。工程实施至 12 天末进行检查时,A、B、C 三项工作已完成,D 和 G 工作分别实际完成 5 天的工作量,E 工作完成了 4 天的工作量。

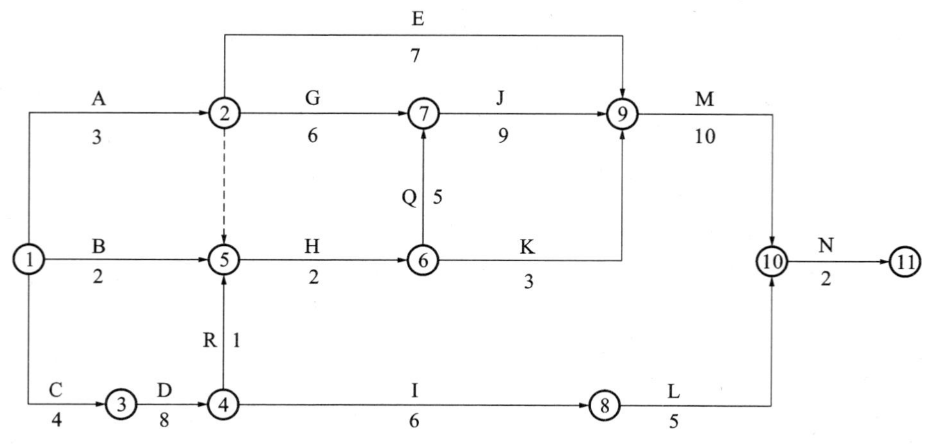

图 6.6 某项目双代号网络图

【工作任务】

1. 分析网络时间参数。

2. 按工作最早完成时间计,D、E、G 三项工作是否已推迟?各为多少天?详述理由。哪

一个工作对工程如期完成会构成威胁？工期是否要推迟？可能推迟多少天？详述理由。

3. 分析工程现状发现：A工作期间，因暴风雨停工3天；B工作期间，因烧毁吊车电机停工4天；C工作期间，因施工图变更停工2天。如果后续工作都不可能缩短持续时间，那么工期推迟的责任该谁承担？施工方有无提出工期索赔的可能？详述理由。

【任务目标】

1. 掌握时间参数的计算。

2. 掌握施工进度计划的检查与调整。

相关知识

6.2.1　施工项目进度计划的实施

施工项目进度计划的实施就是施工活动的进展，也就是用施工进度计划指导施工活动、落实和完成计划。施工项目进度计划逐步实施的进程就是施工项目建造的逐步完成过程。为了保证施工项目进度计划的实施，并且尽量按编制的计划时间逐步进行，为了保证各进度目标的实现，应做好如下工作：

(1)施工项目进度计划的贯彻，具体内容如下：

①检查各层次的计划，形成严密的计划保证系统。施工项目的所有施工进度计划，如施工总进度计划、单位工程施工进度计划、分部分项工程施工进度计划，都是围绕一个总任务而编制的。它们之间关系是高层次的计划为低层次计划的依据，低层次计划是高层次计划的具体化。在其贯彻执行时应当首先检查是否协调一致，计划目标是否层层分解，互相衔接，组成一个计划实施的保证体系，以施工任务书的方式下达施工队以保证实施。

②层层签订承包合同或下达施工任务书。施工项目经理、施工队和作业班组之间分别签订承包合同，按计划目标明确规定合同工期、相互承担的经济责任、权限和利益，或者下达施工任务书，将作业下达到施工班组，明确具体施工任务、技术措施、质量要求等内容，使施工班组必须保证按作业计划时间完成规定的任务。

③计划全面交底，发动群众实施计划。施工进度计划的实施是全体工作人员的共同的行动，要使有关人员都明确各项计划的目标、任务、实施方案和措施，使管理层和作业层协调一致，将计划变成群众的自觉行动，充分发动群众，发挥群众的干劲和创造精神。在计划实施前要进行计划交底工作，可以根据计划的范围召开全体职工代表大会或各级生产会议进行交底落实。

(2)在进度计划实施过程中，应进行下列工作：

①跟踪检查，收集实际进度数据；

②将实际数据与进度计划对比；

③分析计划执行的情况；

④对产生的进度变化，采取措施予以纠正或调整计划；

⑤检查措施的落实情况；

⑥进度计划变更前须与有关单位和部门及时沟通。

6.2.2 施工项目进度计划的检查与调整

(1)施工进度计划的检查应按统计周期的规定定期进行,并应根据需要进行不定期的检查。施工进度计划检查的内容包括:

①检查工程量的完成情况;

②检查工作时间的执行情况;

③检查资源使用及与进度保证的情况;

④前一次进度计划检查提出问题的整改情况。

(2)施工进度计划检查后应按下列内容编制进度报告:

①进度计划实施情况的综合描述;

②实际工程进度与计划进度的比较;

③进度计划在实施过程中存在的问题及其原因分析;

④进度执行情况对工程质量、安全和施工成本的影响情况;

⑤将采取的措施;

⑥进度的预测。

(3)施工进度计划的调整应包括下列内容:

①工程量的调整;

②工作(工序)起止时间的调整;

③工作关系的调整;

④资源提供条件的调整;

⑤必要目标的调整。

6.2.3 施工项目进度控制的总结

通常进度控制总结的依据包括下列资料:施工进度计划,施工进度计划执行的实际记录,施工进度计划检查结果,施工进度计划的调整资料。以上资料都是在进度控制中产生的,只要注意积累,就不难得到。

施工进度控制总结应包括下列内容:合同工期目标及计划工期目标完成情况,施工进度控制经验,施工进度控制中存在的问题及分析,科学的施工进度计划方法的应用情况,施工进度控制的改进意见。

(1)目标完成情况

①时间目标完成情况,可以通过计算以下指标进行分析:

合同工期节约值=合同工期－实际工期

指令工期节约值=指令工期－实际工期

定额工期节约值=定额工期－实际工期

缩短工期的经济效益=缩短一天产生的经济效益×缩短工期天数

缩短工期的原因大致有以下几种:计划编制得积极可靠;执行认真,控制得力;协调及时有效;劳动效率高等。

②资源利用情况,所使用的指标有:

单方用工=总用工数/建筑面积

劳动力不均衡系数=最高日用工数/平均日用工数

节约工日数=计划用工工日-实际用工工日

主要材料节约量=计划材料用量-实际材料用量

主要机械台班节约量=计划主要机械台班数-实际主要机械台班数

资源节约的原因大致有以下几种:计划编制得积极可靠;资源优化效果好;按计划保证供应;认真制定并实施了节约措施;协调及时得力。

③成本情况,主要指标有:

降低成本额=计划成本-实际成本

节约成本的主要原因大致如下:计划编制得积极可靠;成本优化效果好;认真制订并执行了节约成本措施;工期缩短;成本核算及成本分析工作效果好。

(2)进度控制中问题的总结

这里所指的问题是:某些进度控制目标没有实现,或在计划执行中存在缺陷。在总结时,可以定量地计算,其指标与前项相同;也可以定性地分析。对产生问题的原因也要从编制和执行计划中去找。遗留的问题应反馈到下一控制循环解决。

进度控制中出现问题的种类大致有以下几种:工期拖后,资源浪费,成本浪费,计划变化太大等。

控制中出现上述问题的原因大致是:计划本身的原因、资源供应和使用中的原因、协调方面的原因、环境方面的原因等。

(3)进度控制中经验的总结

经验是指对成绩及其取得的原因进行分析以后,归纳出来的可以为以后进度控制借鉴的本质的、规律性的东西。总结进度控制的经验可以从以下几方面进行:

①怎样编制计划,编制什么样的计划才能取得更大效益,包括准备、绘图、计算等。

②怎样优化计划才更有实际意义,包括优化目标的确定、优化方法的选择、优化计算、优化结果的评审、电子计算机应用等。

③怎样实施、调整与控制计划,包括组织保证、宣传、培训、建立责任制、信息反馈、调度、统计、记录、检查、调整、修改、成本控制方法、资源节约措施等。

④进度控制工作的新创造。总结出来的经验应有应用价值,通过企业有关领导部门审查批准,形成规程、标准或制度,作为以后工作必须遵守或参照执行的文件。

(4)提高进度控制工作水平的措施

措施即办法,是在总结进度控制中的问题及其产生的原因的基础上,有针对性地提出解决遗留问题的办法,其中应包括对已总结的经验的推行,应包括以下一些措施:

①编制更好的计划的措施;

②更好地执行计划的措施;

③有效的控制措施。

(5)总结的方法

①在计划编制、执行中,应积累资料,作为总结的基础;

②在总结之前应进行实际调查,取得原始资料中没有的情况或信息;

③召开总结分析会议；

④提倡采用定量的对比分析法；

⑤尽量采用计算机，以提高总结分析的速度和准确性；

⑥总结分析资料要分类归档。

项目7　施工项目成本控制与实训

【教学目标】

1. 熟悉施工项目成本的概念，掌握施工成本的构成和分类；
2. 掌握施工项目成本管理的内容，熟悉施工项目成本管理的程序；
3. 了解施工项目成本计划的分类和编制方法；
4. 熟悉施工项目成本控制的步骤和成本核算的原则；
5. 掌握施工项目成本分析的方法，了解成本考核的内容、方法和程序。

【技能要求】

结合任务背景，能够完成成本计划的编制，掌握成本控制的措施并应用到实际工程中。

任务7.1　施工项目成本控制概述

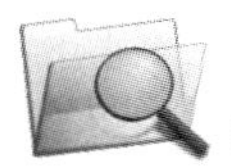

相关知识

7.1.1　施工项目成本概念

施工项目成本是指建筑企业以施工项目作为成本核算对象的施工过程中所耗费的生产资料转移价值和劳动者必要劳动所创造的价值的货币表现形式，即某施工项目在施工过程中所发生的全部费用的总和。

7.1.2　施工成本的构成

按照现行的工程造价费用组成内容，建筑产品的成本由直接费和间接费所构成，这是建筑产品的完全成本，其中直接工程费、措施费和用于现场施工组织与管理的部分企业管理费，是在工程项目实施期间发生的，构成了工程项目成本，是工程项目成本管理的对象。工程项目成本由直接成本和间接成本两大部分组成。

7.1.2.1　直接成本

直接成本是指施工过程中耗费的构成工程实体或有助于工程形成的各项费用，其具体包括：

(1)直接工程费，又包括人工费、材料费和施工机械使用费。

①人工费。指直接从事建筑安装工程施工的生产工人开支的基本工资、工资性补贴、辅助工资、职工福利费、劳动保护费等各项费用。

②材料费。是指施工过程中耗费的构成工程实体的原材料、辅助材料、构配件、零件、半成品的费用。

③施工机械使用费。是指施工机械作业所发生的机械使用费以及机械安拆费和场外

运费。

(2)措施费,指为完成工程项目施工,发生于该工程施工前和施工过程中非工程实体项目的费用。主要有:

①环境保护费。是指施工现场为达到环保部门要求所需要的各项费用。

②文明施工费。是指施工现场文明施工所需要的各项费用。

③安全施工费。是指施工现场安全施工所需要的各项费用。

④临时设施费。是指施工企业为进行建筑工程施工所必须搭设的生活和生产用的临时建筑物、构筑物和其他临时设施费用等。

⑤夜间施工费。是指因夜间施工所发生的夜班补助费、夜间施工降效、夜间施工照明设备摊销及照明用电等费用。

⑥二次搬运费。是指因施工场地狭小等特殊情况而发生的二次搬运费用。

⑦大型机械设备进出场及安拆费。是指机械整体或分体自停放场地运至施工现场或由一个施工地点运至另一个施工地点,所发生的机械进出场运输和转移费用及机械在施工现场进行安装、拆卸所需的人工费、材料费、机械费、试运转费和安装所需的辅助设施的费用。

⑧混凝土、钢筋混凝土模板及支架费。是指混凝土施工过程中需要的各种钢模板、木模板、支架等的支、拆、运输费用及模板、支架的摊销(或租赁)费用。

⑨脚手架费。是指施工需要的各种脚手架搭、拆、运输费用及脚手架的摊销(或租赁)费用。

⑩已完工程及设备保护费。是指竣工验收前,对已完工程及设备进行保护所需的费用。

⑪排水、降水费。是指为确保工程在正常条件下施工,采取各种排水、降水措施所发生的各种费用。

7.1.2.2 间接成本

间接成本是指项目经理部为工程项目施工准备,组织施工生产和管理所需的各种费用,其计算是以相应的计费基础乘以相应的费率。具体包括以下各项:

(1)规费:政府和有关权力部门规定必须缴纳的费用(简称规费)。包括:

①工程排污费。是指施工现场按规定缴纳的工程排污费。

②工程定额测定费。是指按规定支付工程造价(定额)管理部门的定额测定费。

③社会保障费,其中,养老保险费是指企业按规定标准为职工缴纳的基本养老保险费;失业保险费是指企业按照国家规定标准为职工缴纳的失业保险费;医疗保险费是指企业按照规定标准为职工缴纳的基本医疗保险费。

④住房公积金。是指企业按规定标准为职工缴纳的住房公积金。

⑤危险作业意外伤害保险费。是指按照《中华人民共和国建筑法》规定,企业为从事危险作业的建筑安装施工人员支付的意外伤害保险费。

(2)现场施工组织管理费。包括管理人员工资;办公费;差旅交通费;固定资产使用费;工具用具使用费;劳动保险费;工会经费;职工教育经费;财产保险费用;财务费;税金;其他。

7.1.3 工程项目成本的分类

7.1.3.1 按成本的发生时间划分

(1)承包成本。指反映企业竞争水平的一项费用。

(2)计划成本。指施工项目经理根据计划期的有关资料,在实际成本发生前预先计算的费用。

(3)实际成本。指施工项目在报告期内实际发生的各项生产费用的总和。

7.1.3.2　按生产费用与工程量的关系划分

(1)固定成本。指在一定期间和一定的工程量范围内所发生的,费用额不受工程量增减变动的影响而相对固定的费用。

(2)变动成本。指发生总额随着工程量的增减变动而成比例变动的费用。

7.1.3.3　按成本控制要求分

(1)事前成本。指在实际成本发生和工程结算之前所计算和确定的成本,带有计划和预测性。

(2)事后成本。即实际成本,指施工项目在报告期内实际发生的各项生产费用的总和。

7.1.3.4　按施工项目成本费用目标划分

(1)生产成本。指完成某工程项目所必须消耗的费用。

(2)质量成本。指施工项目部为保证和提高建筑产品质量而发生的一切必要的费用,以及因未到达质量标准而蒙受的经济损失。

(3)工期成本。指施工项目部为实现工期目标或合同工期而采取相应措施所发生的必要费用以及工期费用的总和。

(4)不可预见成本。指施工项目部在施工生产过程中所发生的除生产成本、质量成本、工期成本之外的成本,诸如扰民费、资金占用费、人员伤亡等安全事故损失费、政府部门罚款等不可预见的费用。此项成本可发生,也可不发生。

7.1.4　施工项目成本的影响因素

(1)施工方案

施工方案与工程项目成本之间存在着相互依赖、相互制约的关系。具体地说,施工方法的正确确定可以反映施工技术水平,加快施工进度;施工机械的合理选择可以充分发挥机械的使用效率。而且,合理的施工组织、施工顺序等都可以达到降低成本的目的。

(2)施工进度

施工进度与工程项目成本是既相互联系又相互制约的关系,并符合中间低、两头高的鞍形曲线。一般来讲,在保证目标工期的前提下,应尽量降低工程项目成本,在工程项目目标成本控制下,应尽量加快施工进度。

(3)施工质量

一般来讲,施工质量与工程项目成本的关系也是符合鞍形曲线的,即质量标准过高或过低都将造成工程项目成本的上升。因此,项目经理部应当按照施工合同、项目管理目标责任书的要求,确定并实现适宜的质量水平。

(4)施工安全

施工安全直接影响工程项目成本。即施工安全性越好,处理安全事故支出的费用就越少,施工所受干扰也越小。因此,项目经理部应当切实抓好施工安全工作。

(5)施工现场管理

科学合理的施工现场平面管理，可以实现施工过程互不干扰、有序实施，达到各项资源与服务设施间的高效组合、安全运行；通过减少二次搬运费用、提高劳动生产率，降低工程项目成本。同时，施工现场的场容、环境保护、卫生防疫等也对工程项目成本有着重大影响。

7.1.5　施工项目成本管理的内容

施工项目成本管理是施工项目管理系统中的一个子系统。在施工项目成本管理的过程中应包括施工项目成本预测、施工项目成本计划、施工项目成本控制、施工项目成本核算、施工项目成本分析、施工项目成本考核六项内容。

(1)施工项目成本预测

施工项目成本预测是通过项目成本信息和施工项目的具体情况，运用专门的方法对未来的费用水平及其可能发展趋势做出科学的估计，其实质就是在施工以前对成本进行核算。通过成本预测，可以使项目经理部在满足建设单位和施工企业要求的前提下，选择成本低、效益好的最佳成本方案，并能够在施工项目成本形成过程中，针对薄弱环节加强成本控制，克服盲目性，提高预见性。由此可见，施工项目成本预测是施工项目成本决策与计划的依据。

(2)施工项目成本计划

施工项目成本计划是项目经理部对项目施工成本进行计划管理的工具。它是以货币形式编制施工项目在计划期内的生产成本、成本水平、成本降低率以及为降低成本所采取的主要措施和规划的书面方案，是建立施工项目成本管理责任制、开展费用控制和核算的基础。作为一个施工项目成本计划，应包括从开工到竣工所必需的施工成本，它是该施工项目降低成本的指导文件，是设立目标成本的依据。

(3)施工项目成本控制

施工项目成本控制是指在施工过程中对影响施工项目成本的各种因素加强管理，并采取各种有效措施，将施工中实际发生的各种消耗和支出严格控制在成本计划范围内，随时提示并及时反馈，严格审查各项费用是否符合标准，计算实际成本和计划成本之间的差异并进行分析，消除施工中的损失浪费现象，发现和总结先进经验，通过成本控制达到预期目的和效果。

(4)施工项目成本核算

施工项目成本核算是指对施工项目所发生的成本支出和工程成本形成的核算。项目经理部应认真组织成本核算工作。成本核算提供的资料是成本分析、成本考核和成本评价以及成本预测的根据。

(5)施工项目成本分析

施工项目成本分析是对施工项目实际成本进行分析、评价，为以后的成本预测和降低成本指明努力方向。成本分析要贯穿于项目施工的全过程。

(6)施工项目成本考核

施工项目成本考核是对成本计划执行情况的总结和评价。建筑施工项目经理部应根据现代化管理的要求，建立健全成本考核制度，定期对各部门完成的计划指标进行考核、评比，并把成本管理经济责任制和经济利益结合起来，通过成本考核有效地调动职工的积极性，为降低施工项目成本、提高经济效益，做出自己的贡献。

7.1.6　施工项目成本管理的程序

施工项目成本管理的程序是指从成本估算开始，然后经过编制成本计划，采取降低成本的措施，进行成本控制，直到成本核算与分析为止的一系列管理工作步骤。施工项目成本管理的一般程序如图7.1所示。

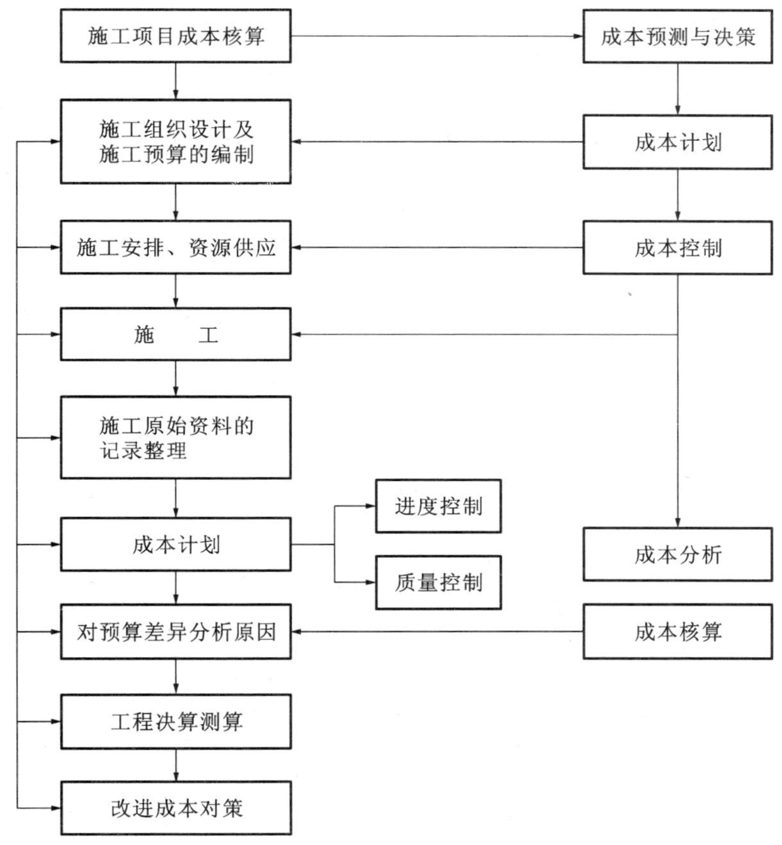

图7.1　施工项目成本管理的一般程序

任务7.2　施工项目成本控制内容

某住宅小区工程成本控制案例。

一、项目概况

某住宅小区建筑面积41465m²，由3栋框剪小高层(12层)和3栋砖混楼(五层)、1栋框架商业楼组成(5层)。中标价格为4710万元,平均价格1135.89元/m^2。合同形式为固定总价合同。工期10个月。质量标准为合格。合同要求:工程款根据确定的工程计量结果,发包人按照每月验收的计价金额的80%支付工程进度款,当工程款支付达到合同金额的85%时,停止支付,待工程全部竣工验收合格且工程结算完成后,支付工程结算额的95%,余下的5%待工程保修期满后支付。对于费用的增加或减少按照设计变更单项5000元(含5000元)以上调整,5000元以下不调整。

工程范围包含:场地清理;周边临时围墙及临时出入口;管桩基础工程;结构、初装修;除专业分包工程及独立工程以外的全部机电工程,包括强电及照明系统,弱电工程线槽、线管预埋。

初装修包括:墙体砌筑;所有外装修;楼面、墙面及顶棚找平层或抹灰及公共区域装修工程;防水地面、墙面及屋面的防水层及防水保护层工程;屋面工程;所有防火门(入户门)及防火卷帘门;所有散水、坡道及台阶。

另外业主指定了部分项目和材料的价格。例如:预应力管桩直径300mm为40元/m、直径400mm为50元/m;60mm厚屋面挤塑聚苯板为30元/m^2;成套外墙保温技术(50mm厚挤塑聚苯板)全价50元/m^2;花岗岩石材40元/m^2;入户三防门800元/樘;玻璃幕墙500元/m^2;塑钢门窗300元/m^2、地板采暖30元/m^2。指定项目由业主和施工方共同商定确认分包商,价格超出部分由业主承担。

二、成本控制措施

由于市场竞争比较激烈,建筑企业能否在市场竞争中立于不败之地,关键在于能否为社会提供质量优、工期短、成本低的产品,而企业能否获得一定的经济效益,关键在于有无低廉的成本。本小区原清单预算为5400万元,考虑到目前市场状况和企业的自身情况,管理费考虑为3%,利润考虑为5%,投标压价共为15%。因此有组织、有计划地进行控制、核算、考核、分析等以降低成本为宗旨的工作,是决定项目是否盈利的关键。本项目由施工经验较为丰富的项目经理及班组承担,共计管理人员18人。公司要求盈利目标为200万元以上。

本项目经理部根据公司现有状况并结合目前市场情况,安装部分以130元/m^2由长期合作的专业队伍分包,并得到业主认可。

本案例以土建部分为主,以人工费、材料费、机械费、其他直接费的控制和过程控制为主线进一步分析说明成本控制措施。表7.1提供的数据均为土建部分内容。

表7.1 本小区工程土建分析表

项目名称	建筑面积(m^2)	总价(元)	单方造价(元/m^2)	人工费(元)	材料费(元)	机械费(元)	规费(元)	管理费(元)	利润(元)	税金(元)
1#楼(框剪)	5723.67	5966032	1042.34	727476	4184285	268050	323808	183510	86692	192210
2#楼(框剪)	8476.33	8884181	1048.12	1023018	6330989	388214	464248	261441	132070	284200
3#楼(框剪)	5723.67	6020873	1051.93	739816	4216726	266742	333756	181836	87698	194299
4#楼(砖混)	4756.05	4142596	871.02	514488	2899082	184845	229006	124988	62727	127460
5#楼(砖混)	6725.4	5811225	864.07	757303	3993977	268994	337071	178398	88540	186942
6#楼(砖混)	5773.2	5589555	968.19	701801	3891088	253695	312376	172143	86142	172309

续表 7.1

项目名称	建筑面积 (m^2)	总价 (元)	单方造价 (元/m^2)	人工费 (元)	材料费 (元)	机械费 (元)	规费 (元)	管理费 (元)	利润 (元)	税金 (元)
7#楼(框架)	4287	5295045	1235.14	562232	3790219	288030	259155	152545	80941	161924
合计	41465.32	41709508	1005.89	5026135	29306366	1918570	2259420	1254862	624810	1319344
占总造价(%)				12.05	70.26	4.60	5.42	3.01	1.50	3.16

(一)人工费控制

除安装工程已分包外，土建部分人工费占土建全部工程费用12.05%。土建人工费用主要从用工数量方面控制。通过以下的做法，达到了降低工日消耗，控制工程成本的目的。

(1)有针对性地减少某些工序的工日消耗量或缩短工期，并将安全生产、文明施工及零星用工按一定比例(6%)一起包给班组，进行包干控制。

(2)提高生产工人的技术水平和班组的组织管理水平，合理进行劳动组织，杜绝窝工返工现象，提高劳动效率，并有意识地精减部分人员。

(3)技术含量较低的项目和专业性较强的项目分包给分包商，采取包干控制，降低工费。例如：土方工程8元/m^3和防水工程24元/m^2等。

本小区在施工过程中依据工程分部分项内容，对每天用工数量连续记录，完成一个分项工程后，与清单报价中的用工数量进行对比，找出存在的问题，采取相应的措施，对控制指标加以修正。每月完成几个分项工程后都同清单报价中的用工数量对比，考核控制指标完成情况。本小区土建预算总用工175600个，通过这种对比控制节约了用工1500个工日，虽然节约不多，但在目前大部分项目人工费基本上都亏损的情况下，本项目降低了人工费的支出，也就意味着控制住了人工成本。降低人工成本为1500×29元/工日＝43500元。

(二)材料费的控制

土建材料费占土建全部工程费的70.26%，直接影响工程成本和经济效益。材料成本控制包括材料订购控制、材料价格控制和材料用量控制三个方面内容。

(1)材料订购控制，应考虑资金的时间价值，减少资金占用，合理确定进货批量和批次，尽可能减少材料储备。比如按照工程进度及材料价值所占比例大小分出重点控制材料、一般控制材料、只须采取简单控制的材料三类。不同类型材料采用不同的采购原则、领料制度。例如钢筋、混凝土为重点控制材料，沙石料、砌块等为一般控制材料，腻子、铅丝等为简单控制材料。

(2)材料价格控制包括：①买价控制。通过市场行情的调查研究，在保质保量的前提下，货比三家，择优购料。②运费控制。合理组织运输，就近购料，选用最经济的运输方法，以降低运输成本。③考虑资金、时间价值，减少资金占用，合理确定进货批量和批次，尽可能降低材料储备。

(3)材料用量控制包括：①坚持按定额确定的材料消耗量实行限额领料制度，各班组只能在规定限额内分期分批领用，如超出限额领料，要分析原因，及时采取纠正措施；也有因预算量不准确而导致材料量大或小的情况发生，因此要正确对待，认真核实，把损失降到最低。②改进施工技术，推广使用降低料耗的各种新技术、新工艺、新材料。例如：非承重墙的砌块等。③在对工程进行功能分析、对材料进行性能分析的基础上，力求用价格低的材料代替价格高的材料；尤其是用在临时设施的材料上。④认真计量验收。坚持余料回收，降低料耗水平。⑤加强现场管理，合理堆放，减少搬运，降低堆放、仓储损耗。

表 7.2 所示为投标报价时的主要材料价格。

表 7.2 投标报价时的主要材料价格表

序号	名称及规格	单位	材料价格	备注
1	C10 商品混凝土	元/m^3	(255)240	含泵送，()内价格为基础部分价格
2	C15 商品混凝土	元/m^3	(255)240	含泵送，()内价格为基础部分价格
3	C20 商品混凝土	元/m^3	(270)255	含泵送，()内价格为基础部分价格
4	C25 商品混凝土	元/m^3	(285)270	含泵送，()内价格为基础部分价格
5	C30 商品混凝土	元/m^3	(300)285	含泵送，()内价格为基础部分价格
6	C35 商品混凝土	元/m^3	(315)300	含泵送，()内价格为基础部分价格
7	C40 商品混凝土	元/m^3	(330)315	含泵送，()内价格为基础部分价格
8	C15 商品混凝土	元/m^3	250	含泵送
9	钢筋 Φ10 以内	元/t	3096	
10	钢筋 Φ10 以外	元/t	3177	
11	钢筋 Φ20 以内	元/t	3177	
12	钢筋 Φ20 以外	元/t	3177	
13	钢筋 Φ	元/t	3177	
14	水泥	元/t	235	
15	页岩砖(240×115×53)	元/千块	380	
16	页岩多孔砖(240×115×90)	元/千块	450	
17	页岩空心砖(240×240×115)	元/千块	828	
18	白灰	元/kg	0.12	
19	砂子	元/t	45	
20	陶粒	元/m^3	75	

中标后，通过与混凝土供应商的谈判及沟通，商品混凝土按表 7.2 中的价格降价 10 元/m^3，钢筋比预估市场价格均低 4%，相应分包项目通过协商有所降低。其他部分材料经过货比三家，择优购料等降低了采购价格。通过采取以上的方法控制降低了材料费用 1021392 元，其中：

混凝土降低了：16000m^3×10 元/m^3＝160000 元

钢筋降低了：1270t×3177 元/t×4%＝161392 元

其他材料及分包降低了：480000 元

利用及节约为：220000 元

（三）机械费的控制

机械费占全部工程费的4.6%，本工程主要从四个方面入手进行控制：

一是根据自身的施工生产特点，向公司或项目经理部申请配备必需的施工机械，充分利用现有机械设备、内部合理调度，力求提高主要机械的利用率；而对那些特种施工机械，可以采用从外部租用的办法，这样可减少折旧、维修保养费在工程成本中的开支，并且租用的机械利用率高，各栋号穿插使用；因此塔吊实际发生成本只有25万元。

二是严格控制机械设备利用定额和油料消耗定额，开展单机、单车等多种形式的内部经济承包核算，从而达到增加机械设备的作业产量和进一步减少配件和油料的消耗。

三是加强对机械设备的日常性管理工作，平时编制好机械设备运转、维修、保养计划，做好设备管理保养工作，保证机械设备正常运转，提高设备完好率、利用率和使用效果，减少大修费用的支出。

四是做好操作人员与现场施工人员的协调配合，提高机械台班产量效率。

按照以上四点的要求和控制，机械费用整体降低了60%，为767428元。

（四）其他直接费的控制

其他直接费是从项目工程耗用水、电、风、气的管理和辅助生产的临时措施费等方面加以控制，严格执行成本开支，加强节约，制止可能发生的浪费。使得本项目其他直接费未超过投标时的预算价格。例如：工程中损坏的模板用废旧木方钉成铺板加以利用等。其他直接费投标报价中含2310000元，实际使用1760000元，节约550000元。

报价预估成本具体为：

管理费（项目班组人员工资等）70万元；临时道路10万元；临时设施60万元；围挡8万元；临时设施用电15万元；水电费用50万元；电变费7万元；试验费3万元；其他费用8万元。

实际节约成本为：临时设施26万元；围挡5万元；临时设施用电8万元；水电费用3万元；试验费1万元；其他费用2万元。

（五）加强造价全过程控制管理

(1)在合理工期，质量满足要求的条件下，与业主、监理单位一同执行好项目的造价具体目标及相应实施的规章制度。在此基础上，做好资金计划表，科学确定工程预付款额度与工程款拨付时间。

(2)与监理一道做好施工单位已完成工作的内容及其工作量的确认，使监理与公司在造价签证方面互相监督，及时弥补各自的失误。例如，在土方施工中，由于遇到废旧管沟需要处理，经过认真、细致地测量，实际数量比原清单数量多600m^3，后经业主、监理、公司三方共同复测证实后，得以更正，增加造价13万元。

(3)做好施工现场经济技术签证的审核，设计变更的经济比较，并确定由此而引起的造价增减，并且及时调整工程拨付款额度。

(4)认真处理好工程造价方面的索赔，使因此而产生的造价最大限度地追回。例如：原7#楼屋顶装饰架图纸仅为示意图，报价是根据施工方案提供的内容及类似项目市场价格为20万元，施工中业主提供的实际施工图与原投标图出入较大，提出索赔金额10万元。

(5)随时做好材料、设备采购价，运杂费等费用的确认工作，防止出现漏洞。

(6)每月根据已完成工作量进行结算，审核报量，及时收回工程款以保证项目顺利进行，防止因工程款未到位而影响到材料采购及工人的工资支付等。

(7)竣工后及时协助业主做好经济技术资料的移交工作并报送结算书。

通过与业主及时沟通谈判，最终结算金额为4831万元。实现盈利为2412130元，降低成本1787320元(本工程报价预留利润624810元)，占总造价5.12%。达到了利润总额超过200万元的目标。

【工作任务】

掌握案例中的成本控制措施并能够应用到实际工程中。

【任务目标】

掌握施工项目成本控制的内容。

相关知识

7.2.1 施工成本计划

7.2.1.1 施工成本计划的编制依据

(1)合同报价书，施工预算，施工组织设计或施工方案。

(2)人、机市场价格，承包商颁布的材料的指导价格，承包商内部机械台班价格，劳动力内部挂牌价格，周转设备内部租赁价格，摊销损耗标准。

(3)已签订的工程合同、分包合同、结构件外加工计划和合同。

(4)有关财务成本核算制度和财务历史资料，以及其他相关资料。

7.2.1.2 施工成本计划的类型

对于一个工程项目而言，其成本计划是一个不断深化的过程。在这一过程的不同阶段形成深度和作用不同的成本计划，按其作用可分为三类。

(1)竞争性计划成本

竞争性计划成本即工程投标及合同阶段的估算成本计划。这类成本计划是以招标文件为依据、投标竞争策略与决策为出发点，按照预测分析，采用估算或概算定额、指标等编制而成的。竞争性成本计划虽也着力考虑降低成本的途径和措施，甚至作为商业机密参与竞争，但总体上都较为粗略。

(2)指导性计划成本

指导性计划成本即选派工程项目经理阶段的预算成本计划。这是在总结项目投标过程合同评审、部署项目实施时，以合同标书为依据，以组织经营方针目标为出发点，按照设计预算标准提出的项目经理的责任成本目标，且一般情况下只是确定责任总成本指标。

(3)实施性计划成本

实施性计划成本即项目施工准备阶段的施工预算成本计划。它以项目实施方案为依据、以落实项目经理责任目标为出发点，采用组织施工定额，通过施工预算的编制而形成的实施性项目成本计划。

以上三类计划成本互相衔接和不断深化，构成了整个工程项目成本的计划过程。其中，竞争性计划成本带有成本战略的性质，是项目投标阶段商务标书的基础，而有竞争力的商务标书又是以其先进合理的技术标书为支撑的。因此,它奠定了项目成本的基本框架和水平。指导性计划成本和实施性计划成本,都是战略性计划成本的进一步展开和深化,是对战略性成本计划的战术安排。此外,根据项目管理的需要,施工成本计划又可按工程进度、控制时间和控制主体等不同范围和对象进行编制。

7.2.1.3 施工成本计划的编制方法

(1)按施工成本组成编制施工成本计划

施工成本可以按成本构成分解为人工费、材料费、施工机械使用费、措施费和间接费。

(2)按子项目组成编制施工成本计划

大中型的工程项目通常是由若干个分部分项工程构成的,而每个单项工程包括多个单位工程,每个单位工程又是由若干个分部分项工程组成的,因此首先要将项目总施工成本分解到单项工程和单位工程中,再进一步分解到分部工程和分项工程中。

(3)按工程进度编制施工成本计划

编制按时间进度的施工成本计划,通常可利用控制项进度的网络图进一步扩充而得。即在建立网络图时,一方面确定完成各项工作所需花费的时间,另一方面同时确定完成这一工作的合适的施工成本支出计划。在实践中,将工程项目分解为既能方便地表示时间,又能方便地表示施工成本支出计划的工作是不容易的,通常如果项目分解程度对时间控制合适的话,则对施工成本支出计划可能分解过细,以至于不可能对每项工作确定其施工成本支出计划;反之亦然。因此,在编制网格计划时,应在充分考虑进度控制对项目划分要求的同时,还要考虑确定施工成本支出计划对项目划分的要求,做到两者兼顾。

以上三种编制施工成本计划的方法并不是相互独立的。在实践中,往往是将这几种方法结合起来使用,从而达到扬长避短的效果。

7.2.2 施工项目成本控制

7.2.2.1 施工项目成本控制的概念

施工项目成本控制是指在项目生产成本形成过程中,采用各种行之有效的措施和方法,对生产经营的消耗和支出进行指导、监督、调节和限制,使项目的实际成本能控制在预定的计划目标范围内,及时纠正将要发生和已经发生的偏差,以保证计划成本得以实现。

7.2.2.2 施工项目成本控制的依据

(1)工程承包合同

工程成本控制要以工程承包合同为依据,围绕降低工程成本这个目标,从预算收入和实际成本两方面,努力挖掘增收节支潜力,以求获得最大的经济效益。

(2)施工成本计划

施工成本计划是根据施工项目的具体情况制定的施工成本控制方案。它既包括预定的具体成本控制目标,又包括实现控制目标的措施和规划,是施工成本控制的指导文件。

(3)进度报告

进度报告提供了每一时刻工程实际完成量、工程施工成本实际支付情况等重要信息。施工成本控制工作正是通过实际情况与施工成本计划相比较,找出两者之间的差别,分析偏差产生的原因,从而采取措施改进以后的工作。

(4)工程变更

施工成本管理人员应当通过对变更要求当中各类数据的计算、分析，随时掌握变更可能带来的索赔额度等。

除了上述之外，施工组织设计、分包合同文本等都是工程项目成本控制的依据。

7.2.2.3 施工项目成本控制的内容

(1)成本控制的组织工作

在施工项目经理部，应以项目经理为主，下设专职的成本核算员，全面负责项目成本管理工作，并在其他各管理职能人员协助配合下，负责日常控制的组织管理工作，制订有关的成本控制制度，把日常控制工作落实到各有关部门和人员，使他们都明确自己在成本控制中应承担的具体任务与相应的经济责任。

(2)成本开支的控制工作

为了控制施工过程中的消耗和支出，首先必须要按照一定的原则和方法制订出各项开支的计划、标准和定额，然后严格控制一切开支，以达到节约开支、降低工程成本的目标。

(3)加强施工项目实际成本的日常核算工作

施工项目成本的日常核算工作，是通过记账和算账等手段，对施工耗费和施工成本进行价格核算，及时提供成本开支和成本信息资料，以随时掌握和控制成本支出，促使项目成本的降低。

(4)加强项目成本控制偏差的分析工作

项目成本控制偏差一般有两种，即实际成本小于计划成本的有利偏差和实际成本超过计划成本的不利偏差。偏差分析是运用一定方法研究偏差产生的原因，用以总结经验，不断提高成本控制的水平。

7.2.2.4 施工项目成本控制的步骤

在确定了项目施工成本计划后，必须定期地进行施工成本计划值与实际值的比较，当实际值偏离计划值时，分析产生偏差的原因，采取适当的纠偏措施，以确保施工成本控制目标的实现。其步骤如下：

(1)比较

按照某种确定的方式将施工成本计划值与实际值逐项进行比较以发现施工成本是否已超支。

(2)分析

在比较的基础上，对比较的结果进行分析，找出偏差的严重性及偏差的原因，从而采取有针对性的措施，减少或避免相同原因的再次发生或减少由此造成的损失。

(3)预测

根据项目实施情况估算整个项目完成时的施工成本。预测的目的在于为决策提供支持。

(4)纠偏

当施工项目的实际施工成本出现偏差，应当根据施工项目的具体情况、偏差分析和预测的结果，采取适当的措施，以期达到使施工成本偏差尽可能小的目的，纠偏是施工成本控制中最具实质性的一步。只有通过纠偏，才能最终达到有效控制施工成本的目的。

(5)检查

它是指对工程的进展进行跟踪和检查,及时了解工程进展状况以及纠偏措施的执行情况和效果,为今后的工作积累经验。

7.2.2.5　施工项目成本核算的概念

工程项目成本核算就是定期地确认、记录施工过程中发生的费用支出,以反映工程项目发生的实际成本。建立项目成本核算制,明确项目成本核算的原则、范围、程序、方法、内容责任及要求,可以反映、监督项目成本计划的完成情况,为项目成本预测、施工与技术决策提供可靠的资料,并将促进工程项目改善管理、降低成本、提高经济效益。

7.2.2.6　施工项目成本核算的要求

成本核算是一个复杂、细致而又联系广泛的过程。为了确保成本核算质量,全面、及时、准确地反映工程项目的实际成本,实施项目成本核算的过程中必须遵循有关原则。根据工程项目成本核算的原则,结合项目特点,在核算中一般应满足以下基本要求:

(1)划清资本性成本与收益性成本的界限

购置固定资产的资本性支出,不能计入项目成本;收益性支出,即为取得本期收益而发生的工资、水电费等支出,不能计入固定资产成本,而应计入项目成本;属于非资本、非收益性的支出,如滞纳金、罚款等,不能计入项目成本。

(2)划清各种成本、费用的界限

为了明确允许计入成本、费用开支范围的具体项目和内容,应当划清相互之间的界限。

①本期费用与下期费用的界限。凡应由本期负担而尚未发生的费用,应作为预提费用计入本期成本;已经支出,但应由本期与以后各期负担的费用,应作为待摊费用,分期摊销。

②不同成本核算对象之间的界限。凡是能够直接计入有关成本核算对象的成本费用,应直接计入;与几个成本核算对象相关的成本费用,必须选择合理的分配标准,在不同的成本核算对象之间正确分配。

③已经结算项目成本和未结算项目成本的界限。尚未按照合同规定办理结算的工程,均应作为未完项目结算处理,不得计入已完结算项目;反之亦然。

(3)加强成本核算的基础工作

加强成本核算的基础工作包括建立各种物资的收发、领退、转移、报废、清查、盘点、索赔制度,健全与成本核算相关联的原始记录与统计工作,改进用工、材料等各种资源的消耗定额及内部结算指导价格,严格计量检验制度,完善检测计量设施等。

(4)成本核算必须有账有据

为了保证成本核算资料的真实、准确、及时、完整,首先要求原始凭证手续齐全、审核无误。同时,按照成本核算对象、成本项目进行分类、归集,设置必要的生产费用账册以及成本辅助台账。

7.2.3　施工项目成本核算

(1)确认原则

只要是为了经营目的所发生的或预期要发生的,并要求得以补偿的一切支出都作为成本加以确认。

(2)分期核算原则

施工生产是不间断地进行,项目为了取得一定时期的施工项目成本,就必须将施工生产划分为若干时期,并分期计算各期项目成本。

(3)相关性原则

施工项目成本核算要为项目成本管理目的服务,成本核算不只是简单的计算问题,而要与管理融为一体,“算”为“管用”。

(4)连贯性原则

连贯性原则是指项目成本核算所采用的方法应前后一致。

(5)实际成本核算原则

实际成本核算原则是指施工项目成本核算要采用实际成本计价。

(6)及时性原则

及时性原则是指项目成本核算、结转和成本信息的提供应当在要求时期内完成。

(7)配比原则

配比性原则是指营业收入与其对应的成本、费用应当配合。

(8)权责发生制原则

权责发生制原则是指凡是在当期已经实现的收入和已经发生或应当负担的费用,不论款项是否收付,都应作为当期的收入和费用;凡是不属于当期的收入和费用,即使款项已经当期收付,也不应作为当期的收入和费用。

7.2.4 施工项目成本分析

7.2.4.1 施工项目成本分析的概念

施工项目的成本分析,是根据统计核算、业务核算和会计核算提供的资料,对项目成本的形成过程和影响成本升降的因素进行分析,以寻求进一步降低成本的途径,包括项目成本中有利偏差的挖掘和不利偏差的纠正。通过成本分析,可以利用账簿、报表反映的成本现象看清成本的实质,从而提高项目成本的透明度和可控性,为加强成本控制,实现项目成本目标创造条件。

施工项目成本分析,应该随着项目施工的进展,动态地、多形式地开展,而且要与生产诸要素的经营管理相结合。这是因为成本分析必须为生产经营服务,即通过成本分析,及时发现矛盾,解决矛盾,从而改善生产经营,又可从中找出降低成本的途径。

7.2.4.2 施工项目成本分析的依据

(1)会计核算

会计核算主要是价值核算。会计是对一定单位的经济业务进行计量、记录、分析和检查,做出预测,参与决策,实行监督,旨在实现最优经济效益的一种管理活动。它通过设置账户、复式记账、填制和审核凭证、登记账簿、成本计算、账产清查和编制会计报表等一系列有组织有系统的方法,来记录企业的一切生产经营活动,然后据以提出一些用货币来反映的有关各种综合经济指标的数据。资产、负债、所有者权益、营业收入、成本、利润等会计六要素指标,主要是通过会计来核算。由于会计记录具有连续性、系统性、综合性等特点,因此它是施工成本分析的重要依据。

(2)业务核算

业务核算是各业务部门根据业务工作的需要而建立的核算制度，它包括原始记录和计算登记表，如单位工程及分部分项工程进度登记，质量登记，工效、定额计算登记，物资消耗定额记录，测试记录等。

(3)统计核算

统计核算是利用会计核算资料，把企业生产经营活动客观现状的大量数据，按统计方法加以系统整理，表明其规律性。它的计量尺度比会计的宽，可以用货币计算，也可以用实物或劳动量计量。它通过全面调查和抽样调查等特有的方法，不仅能提供绝对数指标，还能提供相对数和不均数指标，可以计算当前的实际水平，确定变动速度，可以预测发展趋势。

7.2.4.3　施工成本分析的方法

通常情况下可采用对比法、因素分析法、差额计算法、比率法等，分别计算出构成相应核算对象的工程量、消耗量、价格等各因素对成本的影响情况与大小。

(1)对比法

对比法又称比较法，就是通过技术经济指标的对比，检查计划的完成情况，分析产生的差异及原因，从而进一步挖掘项目内部潜力的方法。这种方法通俗易懂、简便易行、便于掌握，但必须注意各项技术经济指标之间的可比性。

应用对比法时，通常有以下几种形式。

①实际指标与计划指标对比

此项对比主要包括实际工程量与预算工程量的对比分析、实际消耗量与计划消耗量的对比分析、实际采用价格与计划价格的对比分析、各种费用实际发生额与计划支额的对比分析。

②本期实际指标与上期实际指标对比

此项对比可以研究相应指标发展的动态情况，反映项目管理的改善程度。

③与本行业平均水平、先进水平对比

此项对比可以反映本项目管理水平与平均水平、先进水平的差距，以便采取措施，不断提高。

【例 7.1】　某工程项目本期计划节约材料费 10000 元，实际节约 12000 元，上期实际节约 9500 元，本企业先进水平节约为 13000 元。请将本期实际数与本期计划数、上期实际数、企业先进水平作对比。

【解】　制作材料费分析表如表 7.3 所示。

表 7.3　材料费分析表

指标	本期计划数	上期实际数	企业先进水平	本期实际数	对比差异		
					与计划比	与上期比	与先进比
节约数额(元)	10000	9500	13000	12000	＋2000	＋25000	－1000

通过分析表可以得出，实际数比计划数和上期实际数均有所增加，但是比本企业先进水平还少 1000 元，尚有潜力可挖。

(2)因素分析法

因素分析法又称连环替代法或连锁置换法，它将某成本项目分解为若干个相互联系的原始因素，并用来分析各个因素变动对成本形成的影响程度，进而针对主要因素，查明原因，提出改进措施，达到降低成本的目的。应用连环替代法进行分析时，每次均考虑单一因素变动，即首先假定众多因素中的一个因素发生了变化，而其他因素不变，然后逐个替换、比较结果，以确定各个因素的变化对成本的影响程度。其具体步骤如下：

①确定分析对象，并计算出实际数与计划数的差异。

②确定各个影响因素，并按其相互关系进行排序。

③以计划(预算)数为基础，将各个因素的计划(预算)数相乘，并作为分析代替的基数。将各个因素的实际数按照上述排序，逐一进行替换计算，并将替换后的实际数保留下来。

④将每次替换所得的结果与前一次的计算结果相比较，两者的差异作为该因素对分析对象的影响程度。

⑤各个因素的影响程度之和，应与分析对象的总差异相等。

【例 7.2】 某现浇混凝土分项工程，商品混凝土的计划成本与实际成本对比数据见表 7.4。试利用连环替代法分析其成本增加原因。

表 7.4 商品混凝土的计划成本与实际成本的对比

项目	计量单位	计划数	实际数	差异
产量	m^2	500	520	+20
单价	元	700	720	+20
消耗率	%	4	2.5	−1.5
成本	元	364000	383760	+19760

【解】 商品混凝土成本变动因素分析结果见表 7.5。

表 7.5 商品混凝土成本变动因素分析结果

顺序	连环替代计算	差异	因素分析
计划数	500×700×1.04=364000	—	—
第一次替代产量	520×700×1.04=378560	+14560	由于产量增加 $20m^2$，成本增加 14560 元
第二次替代单价	520×720×1.04=389376	+10816	由于单价提高 20 元，成本增加 10816 元
第三次替代消耗量	520×720×1.025=383760	−5616	由于消耗率下降 1.5%，成本减少 5616 元
合计	14560+10816−5616	19760	

在应用连环替代法时，各个因素的排序应固定不变；否则，将会得出不同的结论。而且，在找出主要因素后，还要利用其他方法进行深入、具体分析。

(3)差额计算法

差额计算法是因素分析法的一种简化形式。它利用各个因素实际数据与计划数的差额，来反映其对成本的影响程度。

【例 7.3】 以劳动生产率为例，并参考表 7.6 中有关数据，说明差额计算法。

表 7.6　劳动生产率实际数与计划数对比

项目	计量单位	计划数	实际数	差异
月平均工作时间	小时	208	182	−26
工作效率	元/小时	10	12	＋2
月平均劳动效率	元	2080	2184	＋104

【解】 从表 7.6 中可以发现，作为分析对象的劳动生产率提高了 104 元。其中，月平均工作时间的影响是：−26×10＝−260 元，工作效率的影响是 2×182＝364 元，364−260＝104 元。即两者相抵使得月劳动生产率提高了 104 元。

(4)比率法

比率法是指用两个以上的指标的比例进行分析的方法。它的基本特点是：先把对比分析的数值变成相对数，再观察其相互之间的关系。常用的比率法有以下几种：

①相关比率。由于项目经济活动的各个方面是互相联系，互相依存，又互相影响的，因而将两个性质不同而又相关的指标加以对比，求出比率，并以此来考察经营成果的好坏。例如，产值和工资是两个不同的概念，但它们的关系又是投入与产出的关系。在一般情况下，都希望以最少的人工费支出完成最大的产值。因此，用产值工资率指标来考核人工费的支出水平，就很能说明问题。

②构成比率，又称比重分析法或结构对比分析法。通过构成比率，可以考察成本总量的构成情况以及各成本项目占成本总量的比重，同时也可看出量、本、利的比例关系（即预算成本、实际成本和降低成本的比例关系），从而为寻求降低成本的途径指明方向。

③动态比率。动态比率法就是将同类指标在不同时期时的数值进行对比，求出比率，以分析该项指标的发展方向和发展速度。动态比率的计算，通常采用基期指数（或稳定比指数）和环比指数两种方法。

7.2.5　施工项目成本考核

7.2.5.1　施工项目成本考核的要求

项目成本管理的绩效评价与考核，是贯彻项目成本管理责任制和激励机制的重要措施，这种评价与考核既是对项目成本管理过程所进行的经验与教训总结，也是对项目成本管理的绩效所进行的审查与确认，对于调动各级项目管理者的积极性、责任性，以及进行项目成本管理的持续改进将产生积极的推动作用。要做好项目成本管理的绩效考评工作，组织必须有一套相关的健全的制度、考评指标和工作方法。

(1)组织应建立健全项目成本考核制度，对考核的目的、时间、范围、对象、方式、依据、指标、组织领导、评价与奖惩原则等作出规定。

(2)组织应以项目成本降低额和项目成本降低率作为成本考核的主要指标。项目经理部应设置成本降低额和成本降低率等考核指标。

(3)组织应对项目经理部的成本和效益进行全面审核、审计、评价、考核与奖惩。

7.2.5.2 项目成本管理绩效考评的内容与依据

工程项目成本管理的绩效考评是工程项目管理总体绩效考评的重要组成部分，也是贯彻项目经理责任制和评价项目管理组织工作业绩的重要环节。因此，项目成本管理的绩效考评，通常是与工程项目管理业绩的综合评价一起进行评价的方式，根据需要可分为阶段性考评和项目终结考评。

(1)项目成本管理绩效考评的内容

①项目经理责任目标成本完成的情况。可使用经企业组织审计核定确认的实际总成本与责任目标总成本进行比较，反映项目经理责任目标总成本的降低额或降低率。

②项目经理部计划成本目标的完成情况。即使用经组织审计核定确认的各项成本实际值与计划值进行比较，反映项目经理部计划成本的实际降低额或降低率。

③工程进度款结算、竣工结算及工程款的回收情况。

④项目经理部对企业所提出的项目成本管理的各项技术组织措施贯彻执行情况及其效果，在增收节支、克服浪费等方面的具体贡献。

⑤成本失控、效益流失、财务纪律等方面存在的问题。

⑥是否正确处理项目成本管理与项目其他目标管理的关系，即成本管理绩效应与项目质量、安全、进度等目标相联系进行评价。

(2)项目成本管理绩效考评的依据

①项目施工合同或工程总承包合同文件。

②项目经理目标责任书。

③项目管理实施规划及项目施工组织设计文件。

④项目成本计划文件。

⑤项目成本核算资料与成本报告文件。

7.2.6 项目成本管理绩效考评的方式与程序

(1)项目成本管理绩效考评的方式

项目成本管理绩效考评无论是阶段性的考评还是项目终结考评，一般均可采用当事人自评和组织考评相结合的方式进行。具体说就是在项目经理部自评的基础上再由组织的有关职能部门进行考评。

(2)项目成本管理绩效考评的程序

①组织主管领导或部门发出考评通知书，说明考评的范围、具体时间和要求。

②项目经理部按考评通知书的要求，做好相关范围成本管理情况的总结和数据资料的汇总，提出自评报告。

③组织主管领导签发项目经理部的自评报告，交送相关职能部门和人员进行审阅评。

④及时进行项目审计，对项目整体的综合效益作出评估。

⑤按规定时间召开组织考评会议，进行集体评价与审查并形成考评结论。

任务7.3　建筑工程施工费用索赔

任务背景

某施工单位(乙方)与某建设单位(甲方)签订了某项工业建筑的地基处理与基础工程施工合同。由于工程量无法准确确定,根据施工合同专用条款的规定,按施工图预算方式计价,乙方必须严格按照施工图及施工合同规定的内容及技术要求施工。乙方的分项工程首先向监理工程师申请质量认证,取得质量认证后,向造价工程师提出计量申请和支付工程款。

工程开工前,乙方提交了施工组织设计并得到批准。

【工作任务】

1.在工程施工过程中,当进行到施工图所规定的处理范围边缘时,乙方在取得在场的监理工程师认可的情况下,为了使夯击质量得到保证,将夯击范围适当扩大。施工完成后,乙方将扩大范围内的施工工程量向造价工程师提出计量付款的要求,但遭到拒绝。试问造价工程师拒绝承包商的要求是否合理?为什么?

2.在工程施工过程中,乙方根据监理工程师指示就部分工程进行了变更施工。试问工程变更部分合同价款应根据什么原则确定?

3.在开挖土方过程中,有两项重大事件使工期发生较大的拖延:一是土方开挖时遇到了一些工程地质勘探没有探明的孤石,排除孤石拖延了一定的时间;二是施工过程中遇到数天季节性大雨后又转为特大暴雨引起山洪暴发,造成现场临时道路、管网和施工用房等设施以及已施工的部分基础被冲坏,施工设备损坏,运进现场的部分材料被冲走,乙方数名施工人员受伤,雨后乙方用了很多工时清理现场和恢复施工条件。为此乙方按照索赔程序提出了延长工期和费用补偿要求。试问造价工程师应如何审理?

【任务目标】

1.熟悉违约承担的方式;

2.掌握施工索赔的程序和解决争议的方法。

相关知识

7.3.1　建筑工程施工索赔的概念

7.3.1.1　工程索赔的内涵

在工程承包合同履行过程中,若当事人一方由于另一方未履行合同所规定的义务而遭受损失时,根据法律、合同规定及惯例,对不应由自己承担责任的情况所造成的损失,可以向另一方提出赔偿的要求,这种行为就叫作工程索赔。索赔是双方向的,一般我们把承包商向业主提出的索赔行为称为施工索赔。因此,索赔的性质属于一种经济补偿行为,而不是责罚。

它的索赔目的主要是工期和费用，而对于业主向承包商提出的索赔或者业主对承包商的索赔要求根据合同条款进行评议，否定其索赔要求中的不合理部分，称为“反索赔”，除承包商与业主之间的索赔外，在建设工程中，较常见的还有承包商同分包商之间的索赔，承包商同供货商之间的索赔等。

工程索赔是工程合同管理的重要环节，它以合同作为索赔的根本依据，同时结合法律法规，是合同双方之间发生的正当管理业务，也是双方互相交流合作的一种方式。做好工程索赔工作有利于培养和完善建设市场及合同双方素质及管理水平的提高。

7.3.1.2 索赔的依据

由于工程与建设环境的复杂性，索赔的原因也极为复杂，但不论是何种原因造成的索赔事件，如果要使之最终实现，索赔的依据是必不可少的，这是决定索赔是否成功的关键因素。常见的索赔依据如下：

(1)原始依据：指构成合同的原始文件，合同的原始文件是承包商投标报价的基础，承包商在投标书中对合同涉及费用的内容均进行了详细的计算分析，是施工索赔的重要依据。同时，承包商提出施工索赔时，必须明确说明所依据的具体合同条款，包括合同文件、招标文件、投标文件和工程师批准的施工进度计划等。

(2)后续合同：一般是工程师在施工过程中根据具体情况随时发布的一些书面或口头指示，承包商必须执行工程师的指示，同时也有权获得执行该指示而发生的额外费用。另外，合同实施期间，参与项目各方会有大量的涉及工程技术问题的往来函件，以及商讨解决合同施工中的有关问题的会议记录，由于多方的签核，这些也就构成了合同的后续合约。

(3)施工记录。包括施工现场记录、工程财务记录、现场气象与环境变化记录等。

(4)辅助资料。如市场信息资料与政策法令文件。

(5)索赔额度计算依据。这是索赔成功的重要保证文件，也是索赔成功的核心文件与依据，对于常规的经济索赔与工期索赔，索赔的计算依据分别包括：承包商对本工程的基本资料分析说明；工程计划网络图。

总的来说，这几类索赔的依据中，分别可以概括为：①源于合同体系的依据，如原始依据、后续合约；②一般记录依据，如施工记录与辅助资料；③计算体系的依据，如工料分析明细与工期计算说明。

7.3.1.3 工程索赔的重要性

从索赔的基本含义，可以看出索赔具有以下基本特征：

(1)索赔是双向的，不仅承包人可以向发包人索赔，发包人同样也可以向承包人索赔。由于实践中发包人向承包人索赔发生的频率相对较低，而且在索赔处理中，发包人始终处于主动和有利地位，对承包人的违约行为他可以直接从应付工程款中扣抵、扣留保留金或通过履约保函向银行索赔来实现自己的索赔要求。因此在工程实践中，大量发生的、处理比较困难的是承包人向发包人的索赔，也是工程师进行合同管理的重点内容之一。

(2)只有实际发生了经济损失或权利损害，一方才能向对方索赔。经济损失是指因对方因素造成合同外的额外支出，如人工费、材料费、机械费、管理费等额外开支；权利损害是指虽然没有经济上的损失，但造成了一方权利上的损害，如由于恶劣气候条件对工程进度的不利影响，承包人有权要求工期延长等。因此发生了实际的经济损失或权利损害，应是一方提出索赔的一个基本前提条件。有时上述两者同时存在,如发包人未及时交付合格的施工现场,既造成承包人的经济损失,又侵犯了承包人的工期权利。因此,承包人既要求经济赔偿,又要求工期延长。有时两者则可单独存在,如恶劣气候条件影响、不可抗力事件等,承包人根据合同规定或惯例则只能要求工期延长,不应要求经济补偿。

(3)索赔是一种未经对方确认的单方行为。它与我们通常所说的工程签证不同。在施工过程中签证是承发包双方就额外费用补偿或工期延长等达成一致的书面证明材料和补充协议,它可以直接作为工程款结算或最终增减工程造价的依据,而索赔则是单方面行为,对对方尚未形成约束力,这种索赔要求最终能否得到满足,必须要通过确认(如双方协商、谈判、调解或仲裁、诉讼)才能得出结果。

索赔是一种正当的权利或要求,是合情、合理、合法的行为,它是在正确履行合同的基础上争取合理的偿付,不是无中生有,无理争利。索赔同守约、合作并不矛盾、对立,索赔本身就是市场经济中合作的一部分,只要是符合有关规定的、合法的或者符合有关惯例的,就应该理直气壮地、主动地向对方索赔。大部分索赔都可以通过协商谈判和调解等方式获得解决,只有在双方坚持己见而无法达成一致时才会提交仲裁或诉诸法院求得解决。

对于一个施工企业来讲,工程索赔是维护自身合法权益的重要手段,当前的建筑市场,竞争激烈,承包商不断地压低报价以期中标,但在实际工程中由于各风险的存在,使得施工企业往往面临工程亏损的局面,若企业掌握先进的索赔管理手段,那么不仅能够扭转企业亏损的局势,同时还可以提高企业的合同管理水平,另外,工程索赔工作的实施,还有利于工程施工过程中的风险的转移,当工程面临风险损失时,通过索赔,可将风险损失转移给业主单位或适合承担该风险的第三方。工程索赔是工程造价管理中的一个重要组成部分,也是正当、合法的营利行为,索赔管理水平的高低,已经成为施工企业经营管理水平及合同管理水平的外在表现,是施工企业在市场竞争中立于不败之地的根本保证。

7.3.2　索赔的原因及索赔的类型

7.3.2.1　索赔的原因

(1)风险引起的索赔

风险一般包括合同风险、政治风险、经济风险,如物价暴涨、自然条件的变化、施工现场条件复杂、各种法律法规的变化、涉外项目的货币汇兑风险等。由于在当前的建筑市场中,业主始终处于主导地位,在招标和合同签订时,采用不正当或不合法手段,把本该由业主承担的风险转嫁到承包商身上,导致承包商承担的风险比例增大,因此此类施工索赔往往由承包商提出,而且双方的分歧往往较大。近年来,由于我国建设工程施工队伍不断扩大,绝大部分施工企业存在着任务严重不足的现象,建筑市场竞争日趋激烈,建设单位在招投标和合同签订时,采用了种种不正当手段,表面上承包商和业主的权利和义务是平等的,但在各种实质性条款和附加条件上存在着不平等。

(2)施工条件变化引起的索赔

工程在施工过程中,不可避免地出现新的变化,尤其是设计变更。承包商的报价是以原招标文件和设计图纸为基础计算的。根据合同条款,施工图纸中改变任何工作的数量和性质,或改变了工程任何部分的施工程序或施工方案,都是变更,如果此类变更影响了承包商的费用，承包商就可要求重新估价，并提出延长工期的要求。在实际施工中，此类索赔也经常引起争议，主要是业主和承包商因为各自利益角度的不同，对合同条款中“一个有经验的承包商无法预见的事件”理解的偏差。

(3)工程量变化太大引起的索赔

实际施工时，完成的工程量往往与设计工程量有出入，《FIDIC合同条款》明确规定，当合同价变更增减超过15%时，允许对有效合同价进行调整，引起合同价变化的原因就是工程量的变化，引起的索赔主要有以下几方面：第一，承包商施工设备失调造成的损失。由于承包商在投标时，根据招标文件和合同文件所述的工程量和施工要求，制定施工方案，确定应配备的施工设备的数量、种类、型号并据此组织订货，运输进场，而工程量的大量增加，势必要求增加新的施工机械，或增加原有机械的数量，引起承包商计划外的投资，提高了工程的计划成本。如果工程量大量削减，则引起原有设备的窝工或弃置不用，导致承包商的亏损，同时，工程量的变化还使承包商已准备好的建筑材料数量变化，引起索赔。第二，工程量变化引起原定工期的变化，从而引起工期延长或赶工，引起索赔。

(4)工期延长和延误的索赔

工期延长和延误的索赔通常包括两个方面：一是承包商要求延长工期，二是承包商要求偿付非承包商的原因导致工程延误而引起的损失。工程施工中，由于天气、水文、地质等因素影响，工程延误因素较多。当承包商额外支出的费用得不到补偿时，势必引起索赔。

(5)加速施工的索赔

当工程项目计划进度受到干扰，影响了总目标工期的实现，导致项目不能按时竣工，业主的经济效益受到影响，业主通过分析认为工程的推迟完工将给自己带来重大的经济损失或政治影响时，或由于部分工程的延期导致一系列工程的延期时，业主可采用赶工措施，发布加速施工指令，要求承包商投入更多资源来完成该工程项目，保证总目标工期的实现，这必然导致承包商工程成本的增加，引起承包商的索赔。

(6)其他原因引起的索赔

业主违约未按规定及时提供施工场地，不按时支付工程款，导致承包商施工队伍未能及时进场施工，或承包商资金周转困难，影响工程进度，引起索赔。

7.3.2.2 索赔的类型

(1)按索赔的合同依据分类

①合同中明示的索赔。指承包人所提出的索赔要求，在该工程项目的合同文件中有文字依据，承包人可以据此提出索赔要求，并取得经济补偿。这些在合同文件中有文字规定的合同条款，称为明示条款。

②合同中默示的索赔。承包人的该项索赔要求，虽然在工程项目的合同条款中没有专门的文字叙述，但可以根据该合同的某些条款的含义，推论出承包人有索赔权。这种索赔要求同样有法律效力，有权得到相应的经济补偿。默示条款是一个广泛的合同概念，它包含合同明示条款中没有写入、但符合双方签订合同时设想的愿望和当时环境条件的一切条款。这些默示条款，或者从明示条款所表述的设想愿望中引申出来，或者从合同双方在法律上的合同关系引申出来，经合同双方协商一致，或被法律和法规所指明，都成为合同文件的有效条款，要求合同双方遵照执行。

(2)按索赔目的分类

①工期索赔。由非承包人责任的原因而导致施工进程延误,要求批准顺延合同工期的索赔,称为工期索赔。工期索赔形式上是对权利的要求,以避免在原定合同竣工日不能完工时,被发包人追究拖期违约责任。一旦获得批准合同工期顺延后,承包人不仅免除了承担拖期违约赔偿费的严重风险,而且可能提前工期得到奖励,最终仍反映在经济收益上。

②费用索赔。费用索赔的目的是要求经济补偿。当施工的客观条件改变导致承包人增加开支,要求对超出计划成本的附加开支给予补偿,以挽回不应由他承担的经济损失。

(3)按索赔事件的性质分类

①工程延误索赔。发包人未按合同要求提供施工条件,如未及时交付设计图纸、施工现场、道路等,或发包人指令工程暂停或不可抗力事件等原因造成工期拖延的,承包人对此提出索赔。

②工程变更索赔。发包人或监理工程师指令增加或减少工程量或增加附加工程、修改设计、变更工程顺序等,造成工期延长和费用增加,承包人对此提出索赔。

③合同被迫终止的索赔。发包人或承包人违约以及不可抗力事件等原因造成合同非正常终止,无责任的受害方因其蒙受经济损失而向对方提出索赔。

④工程加速索赔。发包人或工程师指令承包人加快施工速度,缩短工期,引起承包人人、财、物的额外开支而提出的索赔。

⑤意外风险和不可预见因素索赔。在工程实施过程中,人力不可抗拒的自然灾害、特殊风险以及一个有经验的承包人通常不能合理预见的不利施工条件或外界障碍,如地下水、地质断层、溶洞、地下障碍物等引起的索赔。

⑥其他索赔。如货币贬值、汇率变化、物价和工资上涨、政策法令变化等原因引起的索赔。

7.3.3　索赔的程序与原则

7.3.3.1　索赔的程序

(1)承包人的索赔程序

①承包人提出索赔要求

a.发出索赔意向通知。索赔事件发生后,承包人应在索赔事件发生后的28天内向工程师递交索赔意向通知,声明将对此事件提出索赔。该意向通知是承包人就具体的索赔事件向工程师和发包人表示的索赔愿望和要求。如果超过这个期限,工程师和发包人有权拒绝承包人的索赔要求。索赔事件发生后,承包人有义务做好现场施工的同期记录,工程师有权随时检查和调阅,以判断索赔事件造成的实际损害。

b.递交索赔报告。索赔意向通知提交后的28天内,或工程师可能同意的其他合理时间,承包人应递送正式的索赔报告。索赔报告的内容应包括:事件发生的原因,对其权益影响的证据资料,索赔的依据,此项索赔要求补偿的款项和工期展延天数的详细计算等有关材料。

如果索赔事件的影响持续存在,28天内还不能算出索赔额和工期展延天数时,承包人应按工程师合理要求的时间间隔(一般为28天),定期陆续报出每一个时间段内的索赔证据资料和索赔要求。在该项索赔事件的影响结束后的28天内,报出最终详细报告,提出索赔论证资料和累计索赔额。

②工程师审核索赔报告

a.工程师审核承包人的索赔申请。接到正式索赔报告以后,工程师应认真研究承包人报送的索赔资料。首先在不确认责任归属的情况下,客观分析事件发生的原因,重温合同的有关条款,研究承包人的索赔证据,并检查他的同期记录;其次通过对事件的分析,工程师再依据合同条款划清责任界限,如果必要时还可以要求承包人进一步提供补充资料。尤其是对承包人与发包人或工程师都负有一定责任的事件,更应划出各方应该承担合同责任的比例。最后再审查承包人提出的索赔补偿要求,剔除其中的不合理部分,拟定自己计算的合理索赔款额和工期顺延天数。

b.判定索赔成立的原则。工程师判定承包人索赔成立的条件为:

ⓐ与合同相对照,事件已造成了承包人施工成本的额外支出,或总工期延误。

ⓑ造成费用增加或工期延误的原因,按合同约定不属于承包人应承担的责任,包括行为责任或风险责任。

ⓒ承包人按合同规定的程序提交了索赔意向通知和索赔报告。

上述三个条件没有先后主次之分,应当同时具备。只有工程师认定索赔成立后,才处理应给予承包人的补偿额。

c.对索赔报告的审查。

ⓐ事态调查。通过对合同实施的跟踪、分析,了解事件经过、前因后果,掌握事件详细情况。

ⓑ损害事件原因分析。即分析索赔事件是由何种原因引起,责任应由谁来承担。

ⓒ分析索赔理由。主要依据合同文件判明索赔事件是否属于未履行合同规定义务或未正确履行合同义务导致,是否在合同规定的赔偿范围之内。只有符合合同规定的索赔要求才有合法性,索赔才能成立。

ⓓ实际损失分析。即为索赔事件的影响分析,主要表现为工期的延长和费用的增加。

ⓔ证据资料分析。主要分析证据资料的有效性、合理性、正确性,这也是索赔要求有效的前提条件。如果工程师认为承包人提出的证据不足以说明其要求的合理性时,可以要求承包人进一步提交索赔的证据资料。

d.确定合理的补偿额。

③工程师与承包人协商补偿

工程师核查后初步确定应予以补偿的额度往往与承包人的索赔报告中要求的额度不一致,甚至差额较大。主要原因大多为对承担事件损害责任的界限划分不一致;索赔证据不充分;索赔计算的依据和方法分歧较大等。因此双方应就索赔的处理进行协商。通过协商达不成共识时,承包人仅有权得到所提供的证据满足工程师认为索赔成立那部分的付款和工期顺延。

工程师收到承包人送交的索赔报告和有关资料后,于28天内给予答复或要求承包人进一步补充索赔理由和证据。如果在28天内既未予答复,也未对承包人作进一步要求的话,则视为承包人提出的该项索赔要求已经被认可。

对于持续影响时间超过 28 天以上的工期延误事件，当工期索赔条件成立时，对承包人每隔 28 天报送的阶段索赔临时报告审查后，每次均应作出批准临时延长工期的决定，并于事件影响结束后 28 天内承包人提出最终的索赔报告后，批准顺延工期总天数。应当注意的是，最终批准的总顺延天数，不应少于以前各阶段已同意顺延天数之和。

④发包人审查索赔处理

当工程师确定的索赔额超过其权限范围时，必须报请发包人批准。发包人首先根据事件发生的原因、责任范围、合同条款审核承包人的索赔申请和工程师的处理报告，再依据工程建设的目的、投资控制、竣工投产日期要求以及针对承包人在施工中的缺陷或违反合同规定等的有关情况，决定是否同意工程师的处理意见。索赔报告经发包人同意后，工程师即可签发有关证书。

⑤承包人是否接受最终索赔处理

承包人接受最终的索赔处理决定，索赔事件的处理即告结束。如果承包人不同意，就会导致合同争议。通过协商双方得到互谅互让的解决方案是处理争议的最理想方式。如达不成谅解，承包人有权提交仲裁或诉讼解决。

(2)发包人的索赔

承包人未能按合同约定履行自己的各项义务或发生错误而给发包人造成损失时，发包人也应按合同约定向承包人提出索赔。

7.3.3.2　工程师处理索赔应遵循的原则

(1)公平合理地处理索赔

工程师作为施工合同的管理核心，必须公平地行事。以没有偏见的方式解释和履行合同，独立地作出判断，行使自己的权力。公平合理地处理索赔要注意如下几个方面：

①从工程整体效益、工程总目标的角度出发作出判断或采取行动。使合同风险分配，干扰事件责任分担，索赔的处理和解决不损害工程整体效益并不违背工程总目标。

②按照合同约定行事。工程师应该准确理解、正确执行合同，在索赔的解决和处理过程中应贯穿合同精神。

③从事实出发，实事求是。按照合同的实际实施过程、干扰事件的实情、承包人的实际损失和所提供的证据作出判断。

(2)及时作出决定和处理索赔

在工程施工中，工程师必须及时地(在合同规定的时间，或在合理的时间内)作出决定，下达通知、指令，表示认可等。这有如下重要作用：

①可以减少承包人的索赔机会。因为如果工程师不能迅速及时地行事，造成承包人的损失，必须给予工期或费用的补偿。

②防止干扰事件影响的扩大。若不及时行事会造成承包人停工处理指令，或承包人继续施工，造成更大范围的影响和损失。

③在收到承包人的索赔意向通知后应迅速作出反应，认真研究，密切注意干扰事件的发展。一方面可以及时采取措施降低损失；另一方面可以掌握干扰事件发生和发展的过程，掌握第一手资料，为分析、评价承包人的索赔作准备。

④不及时解决索赔问题将会加深双方的不理解、不一致和矛盾。如果不能及时解决索

赔问题，会导致承包人资金周转困难，积极性受到影响，施工进度放慢，对工程师和发包人缺乏信任感；而发包人会抱怨承包人拖延工期，不积极履约。

⑤不及时行事会造成索赔解决的困难。单个索赔集中起来，索赔额积累起来，不仅给分析、评价带来困难，而且会带来新的问题，使索赔解决复杂化。

(3)尽可能通过协商达成一致

工程师在处理和解决索赔问题时应及时地与发包人和承包人沟通，保持经常性的联系。特别是调整价格、决定工期和费用补偿前，应充分地与合同双方协商，最好达成一致，取得共识。如果他的协调不成功使索赔争执升级，则对合同双方都是损失，将会严重影响工程项目的整体效益。

(4)诚实守信

工程师有很大的工程管理权力，对工程的整体效益有关键性的作用。发包人出于信任，将工程管理的任务交给他；承包人希望他公平行事。

7.3.3.3 工程师审查索赔应注意的问题

(1)审查索赔证据

工程师对索赔报告审查时，首先判断承包人的索赔要求是否有理、有据。承包人可以提供的证据包括下列证明材料：

①合同文件中的条款约定；

②经工程师认可的施工进度计划；

③合同履行过程中的来往函件；

④施工现场记录；

⑤施工会议记录；

⑥工程照片；

⑦工程师发布的各种书面指令；

⑧中期支付工程进度款的单证；

⑨检查和试验记录；

⑩汇率变化表；

⑪各类财务凭证；

⑫其他有关资料。

(2)审查工期顺延要求

①对索赔报告中要求顺延的工期，在审核中应注意以下几点：

a.划清施工进度拖延的责任。承包人的原因造成施工进度滞后，属于不可原谅的延期；只有承包人不应承担任何责任的延误，才是可原谅的延期。有时工期延期的原因中可能包含双方责任，此时工程师应进行详细分析，分清责任比例，只有可原谅延期部分才能批准顺延合同工期。

b.被延误的工作应是处于施工进度计划关键线路上的施工内容。但有时也应注意，既要看被延误的工作是否在批准进度计划的关键路线上，又要详细分析这一延误对后续工作的可能影响。因为若对非关键路线工作的影响时间较长，超过了该工作可用于自由支配的时间，也会导致进度计划中非关键路线转化为关键路线，其滞后将影响总工期的。此时，应充分考虑该工作的自由时间，给予相应的工期顺延，并要求承包人修改施工进度计划。

c.无权要求承包人缩短合同工期。工程师有审核、批准承包人顺延工期的权力，但他不可以扣减合同工期。也就是说，工程师有权指示承包人删减掉某些合同内规定的工作内容，但不能要求他相应缩短合同工期。如果要求提前竣工的话，这项工作属于合同的变更。

②审查工期索赔

a.网络分析法是利用进度计划的网络图，分析其关键线路。

b.比例计算法。

对于已知部分工程的延期时间：

$$\text{工期索赔值}=\frac{\text{受干扰部分的合同价}}{\text{原合同总价}}\times\text{该受干扰部分工期拖延时间}$$

对于已知额外增加工程量的价格：

$$\text{工期索赔值}=\frac{\text{受干扰部分的合同价}}{\text{原合同总价}}\times\text{原合同总工期}$$

(3)审查费用索赔要求

费用索赔的原因，可能是与工期索赔相同的内容，即属于可原谅并应予以费用补偿的索赔，也可能是与工期索赔无关的理由。工程师在审核索赔的过程中，除了划清合同责任以外，还应注意索赔计算的取费合理性和计算的正确性。

①承包人可索赔的费用。费用内容一般可以包括以下几个方面：

a.人工费。包括增加工作内容的人工费、停工损失费和工作效率降低的损失费等累计，但不能简单地用计日工费计算。

b.设备费。可采用机械台班费、机械折旧费、设备租赁费等几种形式统计。

c.材料费。

d.保函手续费。工程延期时，保函手续费相应增加，反之，取消部分工程且发包人与承包人达成提前竣工协议时，承包人的保函金额相应折减，则计入合同价内的保函手续费也应扣减。

e.贷款利息。

f.保险费。

g.利润。

h.管理费。此项又可分为现场管理费和公司管理费两部分，由于两者的计算方法不一样，因此在审核过程中应区别对待。

②审核索赔取费的合理性。费用索赔涉及的款项较多、内容庞杂。承包人都是从维护自身利益的角度解释合同条款，进而申请索赔额。工程师应做到公平地审核索赔报告申请，挑出不合理的取费项目或费率。FIDIC施工合同条件中，按照引起承包商损失事件原因的不同，对承包商索赔可能给予合理补偿工期、费用和利润的情况，分别作出了相应的规定。其具体条款可参见表7.7。

(4)审核索赔计算的正确性。

①审核所采用的费率是否合理、适度。主要注意的问题包括：

a.工程量表中的单价是综合单价，不仅含有直接费，还包括间接费、风险费、辅助施工机械费、公司管理费和利润等项目的摊销成本。在索赔计算中不应有重复取费。

表 7.7 可以合理补偿承包商索赔的条款

序号	条款号	主要内容	可补偿内容		
			工期	费用	利润
1	1.9	延误发放图纸	√	√	√
2	2.1	延误移交施工现场	√	√	√
3	4.7	承包商依据工程师提供的错误数据导致放线错误	√	√	√
4	4.1	不可预见的外界条件	√	√	
5	4.2	施工中遇到文物和古迹	√	√	
6	7.4	非承包商原因检验导致施工的延误	√	√	√
7	8.4(a)	变更导致竣工时间的延长	√		
8	8.4(c)	异常不利的气候条件	√		
9	8.4(d)	传染病或其他政府行为导致工期的延误	√		
10	8.4(e)	业主或其他承包商的干扰	√		
11	8.5	公共当局引起的延误	√		
12	10.2	业主提前占用工程	√	√	√
13	10.3	对竣工检验的干扰	√	√	√
14	13.7	后续法规引起的调整	√	√	
15	18.1	业主办理的保险未能从保险公司获得补偿部分		√	
16	19.4	不可抗力事件造成的损害	√	√	

b.停工损失中,不应以计日工费计算人工费,通常采取人工单价乘以折算系数计算,闲置人员不应计算在此期间的奖金、福利等报酬。停驶的机械费补偿应按机械折旧费或设备租赁费计算,不应包括运转操作费用。

②区分停工损失与工程师临时改变工作内容或作业方法的功效降低损失。凡可改作其他工作的,不应按停工损失计算,但可以适当补偿降效损失。

7.3.3.4 工程师预防和减少索赔的方法

索赔虽然不可能完全避免,但通过努力可以减少发生。工程师预防和减少索赔应该注意的问题有:

(1)正确理解合同规定。由于施工合同通常比较复杂,因而"理解合同规定"就有一定的困难。双方站在各自立场上对合同规定的理解往往不可能完全一致,总会或多或少地存在某些分歧。这种分歧经常是产生索赔的重要原因之一,所以发包人、工程师和承包人都应该认真研究合同文件,以便尽可能在诚信的基础上正确、一致地理解合同的规定,减少索赔的发生。

(2)做好日常监理工作,随时与承包人保持协调。做好日常监理工作是减少索赔的重要手段。工程师应善于预见、发现和解决问题,能够在某些问题对工程产生额外成本或其他不良影响以前,就把它们纠正过来,就可以避免发生与此有关的索赔。

(3)尽量为承包人提供力所能及的帮助。承包人在施工过程中肯定会遇到各种各样的困难。虽然从合同上讲,工程师没有义务向其提供帮助,但从共同努力建设好工程这一点来讲,还是应该尽可能地提供一些帮助。这样,不仅可以免遭或少遭损失,从而避免或减少索赔。而且承包人对某些似是而非、模棱两可的索赔机会,还可能基于友好考虑而主动放弃。

(4)建立和维护工程师处理合同事务的威信。工程师自身必须有公正的立场、良好的合作精神和处理问题的能力,这是建立和维护其威信的基础。如果承包人认为工程师明显偏袒发包人或处理问题能力较差甚至是非不分,他就会更多地提出索赔,而不管是否有足够的依据,以求"以量取胜"或"蒙混过关"。如果工程师处理合同事务立场公正,有丰富的经验知识、有较高的威信,就会促使承包人在提出索赔前认真做好准备工作,只提出那些有充足依据的索赔,"以质取胜",从而减少提出索赔的数量。发包人、工程师和承包人应该从一开始就努力建立和维持相互关系的良性循环,这对合同顺利实施是非常重要的。

7.3.4 索赔的方法及技巧

7.3.4.1 索赔谈判的前期准备

(1)创造索赔机遇,即指收集索赔的原始凭证及相关资料。

(2)做好谈判准备,包括:

①组建谈判小组;

②事先了解对手;

③确定基本谈判方针;

④认真准备谈判文件;

⑤作好谈判的心理准备。

7.3.4.2 索赔过程中的谈判技巧

(1)索赔谈判的原则性技巧

①原则性索赔谈判是指坚持实质性利益,对业主持温和态度的原则性索赔谈判方式,是温和态度方式与强硬态度方式的折中产物。

②原则性索赔谈判方式可归纳为四个基本要素:

a. 将谈判者与谈判问题分开。

b. 把谈判注意力集中于双方共同利益,而不集中于各自的观点。

c. 在达成协议之前,为双方的共同利益设想出多种多样可供选择的解决办法。

d. 坚持采用客观标准和国际惯例。

③原则性索赔谈判的基础是对双方利益和期望的分析。

a. 承包商的目标利益为:

第一,使工程顺利通过验收,交付业主使用,尽快完成合同履约责任,结束合同关系;

第二,向业主提出索赔请求,取得费用损失补偿,争取更多利益;

第三,对业主的索赔进行反索赔,减少费用损失;

第四,进行工期索赔,免除承包商拖延工期的法律责任。

b. 业主的目标利益为:

第一,顺利完成工程项目,及早投入使用,实现投资价值;

第二，提高工程质量，增加服务项目；

第三，针对承包商的索赔请求提出反索赔，尽量减少项目投资；

第四，对承包商的违约行为提出索赔。

(2)双赢是索赔谈判的最佳目标

第一，要达成一个明智的协议，核心就是双赢，在可能达成协议的原则下，双方都应做出必要的让步；

第二，谈判方式必须有效率；

第三，谈判应该可以改善或至少不损害承包商和业主之间的关系。

7.3.4.3 索赔谈判的基本思路

(1)纵向谈判。是指在确定谈判的主要问题后，逐个讨论每一个问题和条款，讨论一个问题，解决一个问题，一直到谈判结束。

其优点有：

①程序明确，不复杂问题简单化；

②每次只谈一个问题，讨论详尽，解决彻底；

③避免多头牵制，议而不决的弊端；

④适用于原则性谈判。

其不足有：

①议程确定过于死板，不利于双方沟通交流；

②讨论问题时不能相互通融，当某一问题陷入僵局后，不利于其他问题的解决；

③不能充分发挥谈判人员的想象力、创造力，不能灵活、变通地处理谈判中的问题。

(2)横向谈判。是指在确定谈判的主要问题后，开始逐个讨论预先确定的问题，在某一问题上出现矛盾或分歧时，就把这一问题放在后面，讨论其他问题，如此周而复始地讨论下去，直到所有内容都谈妥为止。

其优点有：

①议程灵活，方法多样；

②多项议题同时讨论，有利于寻找变通的解决办法；

③有利于充分发挥谈判人员的想象力、创造力，更好地运用谈判策略和谈判技巧。

其不足有：

①加剧双方讨价还价的现象，容易促使谈判双方做不对等的让步；

②容易使谈判人员陷入枝节问题中，而忽略了主要问题。

项目8　建设工程项目风险管理与实训

【教学目标】

1.熟悉风险的类型以及风险产生的原因；

2.掌握项目建设过程中的风险控制。

【技能要求】

能结合任务背景，分析风险产生的原因并能进行预防、监控和管理。

任务8.1　风险及风险管理概述

任务背景

某联合体在承建非洲某公路项目时，由于风险管理不当而造成工程严重拖期，亏损严重，同时也影响了中方承包商的声誉。该项目业主是该非洲国政府工程和能源部，出资方为非洲开发银行和该国政府，项目监理是英国监理公司。

在项目实施的四年多时间里，中方遇到了极大的困难，尽管投入了大量的人力、物力，但由于种种原因，合同于2005年7月到期后，实物工程量只完成了35%。2005年8月，业主和监理工程师不顾中方的反对，单方面启动了延期罚款，金额每天高达5000美元。为了防止国有资产的进一步流失，维护国家和企业的利益，中方承包商在我国驻该国大使馆和经商处的指导和支持下，积极开展外交活动。2006年2月，业主致函我方承包商同意延长3年工期，不再进行工期罚款，条件是中方必须出具由当地银行开具的约1145万美元的无条件履约保函。由于保函金额过大，又无任何合同依据，且业主未对涉及工程实施的重大问题做出回复，为了保证公司资金安全，维护我方利益，中方不同意出具该保函，而用中国银行出具的400万美元的保函来代替。但是，由于政府对该项目的干预往往得不到项目业主的认可，2006年3月，业主在监理工程师和律师的怂恿下，不顾政府高层的调解，无视中方对继续实施本合同所做出的种种努力，以中方不能提供所要求的1145万美元履约保函的名义，致函终止了与中方公司的合同。针对这种情况，中方公司积极采取措施并委托律师，争取安全、妥善、有秩序地处理好善后事宜，力争把损失降至最低。

【工作任务】

1.该项目的风险主要有哪些？

2.项目失败的原因主要在哪些方面？

【任务目标】

1.熟悉项目风险的概念。

2.熟悉工程项目风险的类型。

3. 能够分析项目风险的类型。

相关知识

8.1.1 风险的概念

风险的定义最初出现于1901年美国的A. M.威利特所著的博士论文《风险与保险的经济理论》中:风险是关于不愿意发生事件发生的不确定性的客观体现。这一定义强调风险的客观性和不确定性。其后许多专家学者在此基础上给风险下了各种大同小异的定义。

虽然风险的定义很多,但大致可分两类:第一类定义强调风险的不确定性;第二类定义强调风险损失的不确定性。

事实上,风险是一个事件的不确定性和它可能带来不确定结果的综合效应。

8.1.2 风险的本质

在讨论风险的本质时,除涉及风险的定义和一般概念外,还应明确下列概念:风险因素、风险事故、损失,以及三者的关系。

(1)风险因素——能增加发生损失频率和损失幅度的要素,例如建筑物所用的建筑材料和建筑结构,一个人的年龄和健康状况等。一般常把风险因素分为三种:

①物理风险因素,是有形的因素,并能直接影响某事物的物理性质,如汽车的厂牌、规格、刹车系统和发动机性能等。

②道德风险因素,是无形的因素,与人的品德修养有关,如欺骗行为。

③心理风险因素,它与人的心理状态有关,也是一种无形因素,例如投保后不够在意对损失的防范。

(2)风险事故——在风险管理中直接或间接造成损失的事故,因此可以说风险事故是损失的媒介物,但应把风险事故和风险因素区分开来。例如汽车的刹车系统失灵导致车祸中人员伤亡,这里刹车失灵是风险因素,而车祸为风险事故,不过有时两者很难区分。

(3)损失——它在风险管理中是指非故意的、非计划的和非预期的经济价值的减少,通常以货币形式来衡量。损失可分为直接损失和间接损失两种。直接损失应理解为实质性的损失,间接损失则包括额外费用损失、收入损失和责任损失三种。例如,某企业因遭受火灾而导致设备损毁属于直接损失。额外费用损失是指必须修理或重置而支出的费用;收入损失是指该企业设备损毁以致无法生产成品而减少的利润;责任损失是指由于过失或故意而致使他人遭受伤害或财产损失的侵权行为,依法应当负赔偿责任或指无法履行合同造成的损失。

风险因素、风险事故和损失三者的关系可通过风险的链条表示,见图8.1。

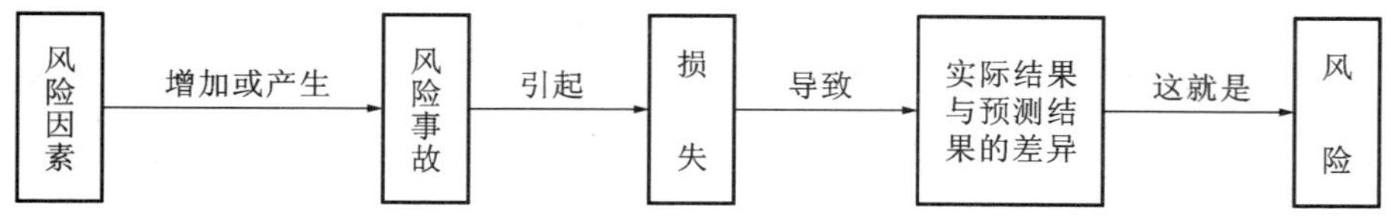

图8.1 风险因素、风险事故和损失三者的关系

认识风险作用链条对预防风险、降低风险损失有着十分重要的意义。需要注意的是，在一般场合下，可用风险因素表示风险的名称，需要在一定的风险发生的背景下才有意义。

8.1.3　工程项目风险

(1)工程项目风险的定义

工程风险管理专家对工程项目的风险定义为：工程项目风险是所有影响工程项目目标实现的不确定因素的集合。

工程项目在其寿命周期中的风险，即工程项目在决策、勘察设计、施工以及竣工后投入使用各阶段，造成实际结果与预期目标的差异性及其发生的概率。项目风险的差异性包括损失的不确定性和收益的不确定性，工程项目风险管理通常研究的是损失的不确定性。

(2)工程项目风险的特点

①风险存在的客观性和普遍性。作为损失发生的不确定性，风险是不以人的意志而转换的客观存在，而且在项目的全生命周期内，风险是无处不在、无时不有的。只能降低风险发生的概率和减少风险造成的损失，而不能从根本上完全消除风险。

②风险的影响常常不是局部的、某一段时间或某一个方面的，而是全局的。例如，反常的气候条件造成工程的停滞，会影响整个后期计划，影响后期所有参加者的工作。

③不同的主体对同样风险的承受能力是不同的。人们的承受能力与收益的大小、投入的大小、项目活动的主体的地位和拥有的资源有关。

④工程项目的风险一般是很大的，其变化是复杂的。工程项目的设计与建设是一个既有确定因素，又含有随机因素、模糊因素和未知因素的复杂系统，风险的性质、造成的后果在工程建设中极有可能发生变化。

8.1.4　风险产生的原因

(1)信息的不完全性与不充分性：信息在质与量两个方面不能完全或充分地满足预测未来的需要，而获取完全、大量、充分的信息要耗费大量金钱与时间，不利于经济、及时地作出决策。

(2)人的有限理性：人的有限理性决定了人不可能准确无误地预测未来的一切。人的能力等主观因素的限制加上预测工具以及工作条件的限制，决定了预测结果与实际情况肯定有或大或小的偏差。

8.1.5　风险产生的客观原因

(1)市场供求变化的影响。项目的建设期比较长，投产后的经济寿命较长。在市场经济条件下，商品供求关系主要靠价值规律调节，人们的需求结构变化、需求数量变化，产品供求结构、供给数量变化频繁且难以预测，尽管可以通过分析目前的投入及投入结构来预测未来的供给，但要做到这点是很困难的。因此由市场供求关系引起的项目投入与产出价格的变化，将成为影响项目经济分析的最重要的因素。

(2)技术变化的影响。现代科学技术飞速发展，新材料、新技术、新工艺的发展日新月异，尽管投资者在投资时所采用的技术工艺是最先进的，但可能很快就有新的技术、工艺来替代它，每一种新技术都会给某些行业带来新的市场机会，同时也会给某些行业的企业造成环境威胁。在项目可行性研究和项目评估时，不可能对新技术的出现及其影响有准确的预测，这就造成了项目建设的不确定性。因此，对技术发展的预测，是一种降低投资风险的手段，在投资决策时应该力求做好。

(3)经济环境变化的影响。在市场经济条件下，国家的宏观经济调控政策、各种改革措施以及经济发展本身对项目有着重要影响，都会影响项目的效益，使投资具有风险性。

此外，社会、政策、法律、文化、自然条件和资源方面的影响也会增加投资项目的风险。

8.1.6 风险的分类

8.1.6.1 根据风险的性质不同，分为纯粹风险和投机风险

纯粹风险是指有损失或者不损失两种可能性的风险。各种自然灾害、意外事故的发生，都能导致社会财富的损失或人员的伤亡，都属于纯粹风险。纯粹风险具有一定的规律性，可以通过大数法则进行测算。保险人通常将纯粹风险视为可保风险。

投机风险是既有盈利可能性也有损失可能性的风险。投机风险有三种结果：损失、获利和无变化。

纯粹风险与投机风险的区别：

①保险公司只承保纯粹风险；

②大数法则在纯粹风险中更容易应用；

③纯粹风险造成的损失对社会肯定是有害的，但投机风险造成的损失却有可能对社会有利。

8.1.6.2 根据风险的对象不同，分为财产风险、人身风险、责任风险和信用风险

财产风险是导致一切有形财产损毁、灭失和贬值的风险。财产损失一般包括直接损失和间接损失。

人身风险是人们因生老病死等而遭受损失的风险。

责任风险是个人或团体因行为上的疏忽或过失，造成他人的财产损失或人身伤亡，依照法律、合同或道义应负经济赔偿责任的风险。

信用风险是在经济交往中，权利人与义务人之间，由于一方的违约或违法行为而给对方造成经济损失的风险。

8.1.6.3 根据风险产生的环境不同，分为静态风险和动态风险

静态风险是指在社会政治经济环境正常的情况下，由于自然力的不规则变动或人们行为的错误或失当而导致的风险。

动态风险是指由于人类社会变动而产生的各种风险。

静态风险与动态风险的区别：

①静态风险一般为纯粹风险，对社会而言是实实在在的损失，而动态风险既包含纯粹风险也包含投机风险，即对社会而言并不一定都是损失。

②静态风险影响的范围较动态风险影响的范围小，一般只对少数个体产生。影响：静态风险在一定条件下呈现出规律性，能通过大数法则进行测算，但动态风险很难找到其规律。

8.1.6.4 根据风险的影响程度不同，分为基本风险和特定风险

基本风险是指特定的社会个体所不能控制或预防的风险。它是一种团体风险，恐怖袭

击风险成为一种新的基本风险。

特定风险是指与特定的社会个体有因果关系的风险，由特定的因素引起。

8.1.6.5 根据风险是否可以保险，分为可保风险和不可保风险

可保风险是指通过保险的方式可以管理的风险。能被保险公司承保的条件：纯粹性、偶然性、意外性、大量性及可测性。

不可保风险是无法通过保险的方式来管理的风险。

8.1.7 建筑工程项目风险的类型

8.1.7.1 按责任方分类

按责任方不同可以把风险划分为：发包方风险、承包方风险以及第三方风险等。这三种风险既可能独立存在，也可能共同构成，即混合风险。

发包人风险又称为业主风险。此类风险主要包括的内容有：经济实力不强，抵御施工项目风险能力差；经营状况恶化，支付能力差或撤走资金，改变投资方向或项目目标；缺乏诚信，不能履行合同；不能及时交付场地、供应材料、支付工程款；管理能力差，不能很好地与项目相关单位协调沟通，影响施工顺利进行；业主违约、苛刻刁难，发出错误指令，干扰正常施工活动。

承包方的风险主要内容包括：企业经济实力差，财务状况恶化，处于破产境地，无力采购和支付工资；对项目环境调查、预测不准确；错误理解业主意图和招标文件，投标报价失误；项目合同条款遗漏、表达不清，合同索赔管理工作不力；施工技术、方案不合理，施工工艺落后，施工安全措施不当；工程价款估算错误、结算错误；没有适合的项目经理和技术专家，技术、管理能力不足，造成失误，工程中断；项目经理部没有认真履行合同和保证进度、质量、安全、成本目标的有效措施；项目经理部初次承担施工技术复杂的项目，缺少经验，控制风险能力差；项目组织结构不合理、不健全，人员素质差，纪律涣散，责任心差；项目经理缺乏权威，指挥不力；没有选择好合作伙伴（分包商、供应商），责任不明，产生合同纠纷和索赔。

第三方风险主要是指由监理方、设计方等第三方所带来的风险。其主要内容包括：起草错误的招标文件、合同条件；管理组织能力低，不能正确执行合同，下达错误指令，要求苛刻；缺乏职业道德和公正性；设计内容不全，有错误、遗漏，或不能及时交付图纸，造成返工或延误工期；分包商、供应商违约，影响工程进度、质量和成本；中介人的资信、可靠性差，水平低难以胜任其职，或为获私利不择手段；权力部门（主管部门、城市公共部门：水、电部门）的不合理干预和个人需求；施工现场周边居民、单位的干预。

8.1.7.2 按风险因素的主要方面分类

按风险因素的主要方面，又可将建设工程项目所面临的风险分为技术与环境方面的风险、经济方面的风险以及合同签订和履行方面的风险等三种。

（1）技术与环境方面的风险

①地质地基条件。工程发包人一般应提供相应的地质资料和地基技术要求，但这些资料有时与实际出入很大，处理异常地质情况或遇到其他障碍物都会增加工作量和延长工期。

②水文气象条件。主要表现在异常天气的出现，如台风、暴风雨、雪、洪水、泥石流、坍方等不可抗力的自然现象和其他影响施工的自然条件，都会造成工期的拖延和财产的损失。

③施工准备。由于业主提供的施工现场存在周边环境等方面自然与人为的障碍或“三通一平”等准备工作不足，导致建筑企业不能做好施工前期的准备工作，给工程施工正常运行带来困难。

④设计变更或图纸供应不及时。设计变更会影响施工安排，从而带来一系列问题。设计图纸供应不及时，会导致施工进度延误，造成承包人工期推延和经济损失。

⑤技术规范。尤其是技术规范以外的特殊工艺，由于发包人没有明确采用的标准、规范，在工序过程中又没有较好地进行协调和统一，影响以后工程的验收和结算。

⑥施工技术协调。工程施工过程出现与自身技术专业能力不相适应的工程技术问题，各专业间又存在不能及时协调的困难等；由于发包人管理工程的技术水平差，对承包人提出需要发包人解决的技术问题没有作出及时答复。

(2)经济方面的风险

①招标文件。这是招标的主要依据，特别是投标者须知、设计图纸、工程质量要求、合同条款以及工程量清单等都存在着潜在的经济风险，必须仔细分析研究。

②要素市场价格。要素市场包括劳动力市场、材料市场、设备市场等，这些市场价格的变化，特别是价格的上涨，直接影响着工程承包价格。

③金融市场因素。金融市场因素包括存贷款利率变动、货币贬值等，也影响着工程项目的经济效益。

④资金、材料、设备供应。主要表现为发包人供应的资金、材料或设备不及时或质量不合格。

⑤国家政策调整。国家对工资、税种和税率等进行宏观调控，都会给建筑企业带来一定风险。

(3)合同签订和履行方面的风险

①存在缺陷、显失公平的合同。合同条款不全面、不完善，文字不细致、不严密，致使合同存在漏洞。如在合同条款上，存在不完善或没有转移风险的担保、索赔、保险等相应条款，缺少因第三方影响而造成工期延误或经济损失的条款，存在单方面的约束性、过于苛刻的权利等不平衡条款。

②发包人资信因素。发包人经济状况恶化，导致履约能力差，无力支付工程款；发包人信誉差、不诚信，不按合同约定进行工程结算，有意拖欠工程款。

③分包方面。选择分包商不当，遇到分包商违约，不能按质按量按期完成分包工程，从而影响工程的进度。

④履约方面。合同履行过程中，由于发包人派驻工地代表或监理工程师的工作效率低，不能及时解决遇到的问题，甚至发出错误指令等。

8.1.7.3 按风险对项目管理目标的影响分类

以风险对项目管理目标的影响不同，建设工程项目的风险又可以分为：工期风险、质量风险、费用风险、信誉风险等。

(1)工期风险：造成局部或整个工程的工期延长，项目不能及时投产。

(2)质量风险：包括材料、工艺、工程不能通过验收、试生产不合格，工程质量评价为不合格。

(3)费用风险：包括报价风险、财务风险、利润降低、成本超支、投资追加、收入减少等。

(4)信誉风险：对企业形象和信誉造成损害。

8.1.8 风险管理的理论模式

风险管理是最大限度地减少风险带来的损失和破坏，是管理者通过进行风险识别、风险估测、风险评价、风险控制，以减少风险。也可以说风险管理是在项目实施期间，识别和控制可能引起不希望转化成风险事件的组织系统形式方法。

风险管理的目标就是努力防范、减少、转移和分散风险，最终消除或减少风险，顺利实现工程项目的目标。传统的风险管理着重对风险发生时的反应，不重视风险的前因后果。应该通过寻找风险根源、本质及表现形式，并分析它们所造成的影响，通过降低风险和缓冲管理来更好地进行风险管理，以迅速有效地减轻风险的损害。

关于风险管理的理论模式，很多专家已经做了大量的研究工作，比如约翰·邦尼德提出了风险管理的壳层模型，弗朗西斯科提出了风险管理的战略模型，马瑞金提出了风险管理的信息沟通模型。这些都是风险管理的重要模式，但这些研究知识对单一要素进行分析，缺乏全面的动态的管理模式的分析。因此需要对风险管理的模式进行全面整合。风险管理的理论模式的主要构成因素在于以下几个方面：

(1)全方位风险的管理

风险管理要从单一的风险因素管理，转化为动态的、全方位的、系统的风险管理方式，包括制定统一的风险管理模式、风险管理计划、风险管理资源统筹等。全方位的风险管理是利用有限的信息资源达到风险管理的最优效果。

(2)风险管理的发展途径

全面整合风险管理的模式从根本上说是将一切风险定义为人为的。在面临各类风险的时候，风险才能转化为机遇，不造成任何损失，因此只有成功地应对风险才能将不适应风险管理的控制方式去除。风险管理使整个工程项目的管理做出有效的规划、管理和减弱风险的影响，以及尽可能地预防风险的出现，其本质是通过发展风险管理理论进行风险管理。

(3)风险管理的资源配置

风险管理的重点在风险准备上，包括风险消除、风险计划、风险资源储备等，这几个阶段是相互联系制约的，只有运用系统的方法，确认、分析、处理风险过程中的资源配置和资源管理，发展有效的方法以降低风险，预防、缓解风险带来的损失。

(4)以绩效为基础的风险管理

为实现有效的风险管理，需要项目主管人员以绩效为基础的管理，实现有效的风险管理，促进风险管理的可持续性、相关性和及时性。此外风险管理的绩效指标能够反映社会经验等，比如风险绩效的衡量、监控和改进。

8.1.9 建设项目风险管理的特征

建设项目风险管理是指建设项目的当事人对可能遇到的风险进行风险识别、风险估测、风险评价和风险控制，以求减少风险的负面影响，以最低的成本获得最大安全保障的决策及行动过程。良好的风险管理能获得巨大的经济效果，同时它有助于企业竞争能力、素质和管理水平的提高。建设项目风险管理具有以下特征：

(1)建设项目风险管理的主体是建设项目的当事人。

(2)建设项目风险管理是由建设项目风险的识别、估测、评价、控制和效果评价等环节构成,其核心是优化组合各种建设项目风险管理技术。

(3)建设项目风险管理的目标是以最低的成本获得最大安全保障。为此,在建设项目风险管理决策时要处理好成本与效益的关系,搞好经济决策。

(4)建设项目风险管理是一个动态化的过程。在建设项目风险管理方案的实施过程中,必须根据风险状态的变化及时调整工程风险管理的方案,以获得好的建设项目风险管理效果。

8.1.10 建设项目全面风险管理

(1)依据建设项目特点选用风险管理方法。建设项目全面风险管理从项目的整体角度出发,是对建设项目总体风险的分析与控制。因此,全面风险管理是以建设项目的复杂性、规模、工艺程度、建设项目的类型以及项目所处的地域等因素为依据的。

(2)以信息的有效传递和信息共享为条件。建设项目全面风险管理是以信息的有效传递和信息共享为前提条件的,当信息流无法实现快速和有效传递时,全面风险管理将很难实现。

(3)注重知识和经验的系统化和信息化。虽然风险管理在很大程度上已经从凭直觉、凭经验管理上升到理性管理方式,但是就全面风险管理的实际运行而言,人的主观因素的影响仍然占有很大的比重。这不仅包括对风险范围、规律的认识,还包括对风险的描述、处理和思维方式等。因此,建设项目全面风险管理中非常强调知识和经验的及时总结,使之系统化、规范化,并通过信息的传递加以确认和推广。

(4)与建设项目中的其他子系统紧密相关。建设项目全面风险管理是一种较高层次的综合性管理工作,包括战略和战术两个层次的规划。它涉及项目管理的各个阶段和方面,与项目管理的其他各子系统紧密相关。因此,建设项目风险管理必须与合同管理、成本管理、工期管理、质量管理等融为一体。

任务 8.2 项目风险管理内容及防范策略

任务背景

某 28 层(地下两层,地上 26 层)大型、综合性办公楼建筑,位于某市中心大道,其总建筑面积约为 26801m^2,建筑高度为 84.85m。合同工期为二年,工程的建筑安装工程合同造价为 9000 万元。

【工作任务】

1. 试对项目背景中的施工项目做风险的分析与预防。
2. 应对施工项目做哪些重点的监控和管理?

【任务目标】

1. 掌握项目风险管理的内容。
2. 掌握工程项目风险防范策略。

相关知识

8.2.1　建设项目风险管理的内容

(1)风险规划

风险规划就是项目风险管理的一整套计划,主要包括定义项目组及成员风险管理的行动方案及方式,选择合适的风险管理方法,确定风险判断的依据等,用于对风险管理活动的计划和实践形式进行决策。它的结果将是整个风险管理的战略性的和寿命期的指导性纲领。

(2)风险识别

风险识别就是确定何种风险事件可能影响项目,并将这些风险的特性整理成文档。是项目管理者识别风险来源、确定风险发生条件、描述风险特征并评价风险影响的过程。

(3)风险估计

风险估计就是根据项目风险的特点,对已确认的风险,通过定性和定量分析方法测量其发生的可能性和破坏程度的大小,对风险按潜在危险大小进行优先排序和评价、制订风险对策和选择风险控制方案有重要的作用。

(4)风险评价

风险评价是对项目风险进行综合分析,并依据风险对项目目标的影响程度进行项目风险分级排序的过程。它是在项目风险规划、识别和估计的基础上,通过建立项目风险的系统评价模型,对项目风险因素影响进行综合分析,并估算出各风险发生的概率及其可能导致的损失大小,从而找到该项目的关键风险,确定项目的整体风险水平,为如何处置这些风险提供科学依据,以保证项目的顺利进行。

(5)风险处理

风险处理就是综合考虑项目风险发生的概率、损失严重程度以及其他因素,对项目风险提出处置意见和办法。

(6)风险监控

风险监控就是通过对风险规划、识别、估计、评价,对全过程进行监视和控制,从而保证风险管理能达到预期的目标,它是项目实施过程中的一项重要工作。

8.2.2　施工项目风险防范策略

承包商在对施工项目进行风险识别和衡量之后,应根据施工项目风险的性质、发生概率和损失程度,以及承包商自身的状态和外部环境,针对各种风险采取不同的防范策略。常用的防范风险策略有回避风险、转移风险、自留风险、利用风险。

(1)回避风险

回避风险是指承包商设法远离、躲避可能发生风险的行为和环境,从而达到避免风险发生或遏制其发展的一种策略。

单纯回避风险是一种消极的风险防范手段,因为对于投机风险来讲,回避风险虽然避免了损失,但也意味着失去了获利的机会。另外,现代社会经济活动中广泛存在着各种风险,如果处处回避,只能是无所作为,实质上是承受了放弃发展的风险,因而单纯回避风险是有局限性的。积极回避风险策略是承担小风险回避大风险，损失一定小于利益，避免更大的损失，避重就轻，趋利避害，控制损失。

(2)转移风险

转移风险是承包商通过财务手段，寻求用外来资金补偿确实会发生或业已发生的风险，从而将自身面临的风险转移给其他主体承担，以保护自己的一种防范风险的策略。因而又称风险的财务转移，一般包括保险转移和非保险的合同转移。

所谓转移风险，不是转嫁风险，因为有些承包商无法控制的风险因素，在转移后并非给其他主体造成损失，或者是其他主体具有的优势能够有效地控制风险，所以转移风险是施工项目风险管理中非常重要而且广泛采用的一项策略。具体做法见表 8.1。

表 8.1 转移风险的措施及内容

转移风险措施	内容
合同转移	①通过与业主、分包商、材料设备供应商、设计方等非保险方签订合同(承包、分包、租赁)或协商等方式，明确规定双方工作范围和责任，以及工程技术的要求，从而将风险转移给对方； ②将有风险因素的活动、行为本身转移给对方，或由双方合理分担风险； ③减少承包商对对方损失的责任； ④减少承包商对第三方损失的责任； ⑤通过工程担保可将债权人违约风险损失转移给担保人
保险转移	承包商通过购买保险，将施工项目的可保风险转移给保险公司承担，使自己免受损失，工程承包领域的主要险别有： ①建筑工程一切险，包括建筑工程第三者责任险(亦称民事责任险)； ②安装工程一切险，包括安装工程第三者责任险； ③社会保险(包括人身意外伤害险)； ④机动车辆险； ⑤十年责任险(房屋建筑的主体工程)和两年责任险(细小工程)

(3)自留风险

自留风险是指承包商以自身的风险准备金来承担风险的一种策略。与风险控制损失不同的是，风险自留的对策并不能改变风险的性质，即不能改变其发生的频率和损失的严重性。

①自留风险一般有以下三种情况：

a. 被动自留，对风险的程度估计不足，认为该风险不会发生，或没有识别出这种风险的存在，但是在承包商毫无准备时风险发生了。

b. 被迫自留，即这种风险无法回避，而且又没有转移的可能性，承包商别无选择。

c. 主动自留，是经分析和权衡，认为风险损失微不足道，或者自留比转移更有利，而决定由自己承担风险。

其中被迫自留、主动自留又可称为计划自留，因为这时候承包商都已做好了应对风险的准备。

②采用自留风险策略的有利情况有：

a. 自留费用低于保险人的附加保费；

b. 项目的期望损失低于保险公司的估计；

c. 项目有许多风险位（意味着风险较小，承包商抵御风险能力较大）；

d. 项目的最大潜在损失与最大预期损失较小；

e. 短期内承包商有承受项目最大预期损失的经济能力；

f. 费用和损失支付分布于很长的时间里，因而导致很大的机会成本。

(4)利用风险

利用风险是指对于风险与利润并存的投机风险，承包商在确认可行性和效益性的前提下，所采取的一种承担风险并排除（减小）风险损失而获取利润的策略。如前所述，投机风险的不确定性结果表现为造成损失、没有损失、获得收益三种。因此利用风险并不一定保证次次利用成功，它本身也是一种风险。

①承包商采取利用风险策略的条件

a. 所面临的是投机风险，并具有利用的可行性；

b. 承包商有承担风险损失的经济实力，有远见卓识、善抓机遇的风险管理人才；

c. 慎重决策，权衡冒风险所付出的代价，确认利用风险的利大于弊；

d. 分析形势，事先制定利用风险的策略和实施步骤，并随时监测风险态势及其因素的变化，制定好应变的紧急措施。

②承包商利用风险的策略

利用风险的策略，因风险性质、施工项目特点及其内外部环境、合同双方的履约情况不同而多种多样，承包商应具体情况具体分析、因势利导、化损失为盈利，如：

a. 承包商通过采取各种有效的风险控制措施，降低实际发生的风险费用，使其低于不可预见费，这样原来作为不可预见的费用的一部分将转变为利润。

b. 承包商资金实力雄厚时，可冒承担代资承包的风险，获得承包工程而赢取利润。

c. 承包商利用合同对方（业主、供应商、保险公司等）工作疏漏，或履约不力，或监理工程师在风险发生期间无法及时审核和确认等弱点，抓住机遇，做好索赔工作。

d. 在（国际）工程承包中，对于时间性强的区域（国别）性风险，特别是政治风险，承包商可通过对形势的准确分析和判断，冒短时间的风险，较其他竞争对手提前进入，开辟新的市场，建立根基。这样虽难免蒙受一时的风险损失，但是，待形势好转，经济复苏之时，就可获得长远且可观的效益。

e. 承包商预测、关注宏观（国际、地区、国内）经济形势及行业的景气循环变动，在扩张时抓住机遇，紧缩时争取生存。

f. 在国际工程承包中，面对不同国家法律、经济、文化等方面的差异，或政局变化、权力部门腐败等现象，发现机遇，谋取利益。

g. 精通国际金融的承包商，在国际工程承包中，可利用不同国家及其货币的利息差、汇率差、时间差、不同计价方式等谋取获利机会，一旦成功获利巨大，但若造成损失也将是致命的，须谨慎操作。

h. 承包商可采取赠送、优惠等措施，冒一点小风险，做出一点利益牺牲，换取工程承包权，以及后续的供应权、维修权等，以获得更大收益。

项目9　BIM建筑信息模型简介

【教学目标】

1. 了解BIM给我们带来的好处；

2. 熟悉BIM在我国的发展现状；

3. 掌握BIM在我国的普及及影响力。

【技能要求】

能够正确理解BIM在我国的发展趋势。

任务9.1　BIM概述

相关知识

9.1.1　建筑信息模型BIM的概述

BIM的全称是Building Information Modeling，即建筑信息模型。BIM是以三维数字技术为基础，集成了建设工程项目各种相关信息的工程数据模型，BIM是对工程项目设施实体与功能特性的数字化表达。一个完善的信息模型，能够连接建设项目生命期不同阶段的数据、过程和资源，是对工程对象的完整描述，可被建设项目各参与方普遍使用。BIM具有单一工程数据源，可解决分布式、异构工程数据之间的一致性和全局共享问题，支持建设项目生命期中动态的工程信息创建、管理和共享。建筑信息模型同时又是一种应用于设计、建造、管理的数字化方法，这种方法支持建筑工程的集成管理环境，可以使建筑工程在其整个进程中显著提高效率和大量减少风险。

9.1.2　BIM具有的特征

(1)模型信息的完备性：除了对工程对象进行3D几何信息和拓扑关系的描述，还包括完整的工程信息描述，如对象名称、结构类型、建筑材料、工程性能等设计信息；施工工序、进度、成本、质量以及人力、机械、材料资源等施工信息；工程安全性能、材料耐久性能等维护信息；对象之间的工程逻辑关系等。

(2)模型信息的关联性：信息模型中的对象是可识别且相互关联的，系统能够对模型的信息进行统计和分析，并生成相应的图形和文档。如果模型中的某个对象发生变化，与之关联的所有对象都会随之更新，以保持模型的完整性和健壮性。

(3)模型信息的一致性：在建设项目生命期的不同阶段模型信息是一致的，同一信息无须重复输入，而且信息模型能够自动演化，模型对象在不同阶段可以简单地进行修改和扩展而无须重新创建，避免了信息不一致的错误。

9.1.3 BIM 给我们带来的好处

BIM是引领建筑业信息技术走向更高层次的一种新技术，它的全面应用，将为建筑业界的科技进步产生无可估量的影响，大大提高建筑工程的集成化程度。同时，也为建筑业的发展带来巨大的效益，使设计乃至整个工程的质量和效率显著提高，成本降低。具体而言，BIM的应用具有以下价值：

(1)解决当前建筑领域信息化的瓶颈问题

①建立单一工程数据源。工程项目各参与方使用的是单一信息源，确保信息的准确性和一致性。实现项目各参与方之间的信息交流和共享。从根本上解决项目各参与方基于纸介质方式进行信息交流形成的“信息断层”和应用系统之间“信息孤岛”问题。

②推动现代CAD技术的应用。全面支持数字化的、采用不同设计方法的工程设计，尽可能采用自动化设计技术，实现设计的集成化、网络化和智能化。

③促进建设项目生命期管理，实现建设生命期各阶段的工程性能、质量、安全、进度和成本的集成化管理，对建设项目生命期总成本、能源消耗、环境影响等进行分析、预测和控制。

(2)基于BIM的工程设计

①实现三维设计。能够根据3D模型自动生成各种图形和文档，而且始终与模型逻辑相关，当模型发生变化时，与之关联的图形和文档将自动更新；设计过程中所创建的对象存在着内部的逻辑关联，当某个对象发生变化时，与之关联的对象随之变化。

②实现不同专业设计之间的信息共享。各专业CAD系统可从信息模型中获取所需的设计参数和相关信息，不需要重复录入数据，避免数据冗余、歧义和错误。

③实现各专业之间的协同设计。某个专业设计的对象被修改，其他专业设计中的该对象会随之更新。

④实现虚拟设计和智能设计。实现设计碰撞检测、能耗分析、成本预测等。

(3)基于BIM的施工及管理

①实现集成项目交付IPD(Integrated Project Delivery)管理。把项目主要参与方在设计阶段就集合在一起，着眼于项目的全生命期，利用BIM技术进行虚拟设计、建造、维护及管理。

②实现动态、集成和可视化的4D施工管理。将建筑物及施工现场3D模型与施工进度相链接，并与施工资源和场地布置信息集成一体，建立4D施工信息模型。实现建设项目施工阶段工程进度、人力、材料、设备、成本和场地布置的动态集成管理及施工过程的可视化模拟。

③实现项目各参与方协同工作。项目各参与方信息共享，基于网络实现文档、图档和视档的提交、审核、审批及利用。项目各参与方通过网络协同工作，进行工程洽商、协调，实现施工质量、安全、成本和进度的管理和监控。

④实现虚拟施工。在计算机上执行建造过程，虚拟模型可在实际建造之前对工程项目的功能及可建造性等潜在问题进行预测，包括施工方法试验、施工过程模拟及施工方案优化等。

任务9.2 BIM的应用现状及在我国的发展

任务背景

杭州奥体中心主体育场的设计是由CCDI体育事业部和CCDI的BIM团队共同完成的。

1. BIM技术让“杭州奥体中心主体育场”项目的设计工作发生了变化

杭州奥体中心主体育场位于钱塘江与七甲河交汇处南侧，规划建筑面积22.9万m^2，可举办洲际性、全国性综合运动会及国际田径、足球比赛，拥有观众固定座席80000个。以优雅又富有张力的花瓣外形为表现形式，正是建筑师将活力动感与华贵美丽完美结合的创意，它似花非花、如梦如幻，却又卓尔不群、傲然挺立在钱塘江畔。

2. 模型设计发生的变化

作为一名建筑师，首先要真实地再现他们脑海中或精致，或宏伟，或灵动，或庄重的建筑造型，在使用BIM之前，CCDI体育事业部的建筑师们很多时候是通过泡沫、纸盒做的手工模型展示头脑中的创意，相应调整方案的工作也是在这样的情况下进行的，由创意到手工模型的工作需要较长的时间，而且设计师还会反复多次在创意和手工模型之间进行工作。

3. 专业设计发生的变化

杭州奥体中心主体育场项目，由于其兼具体育场和外观复杂的双重特性，因此只有采用三维建模方式进行设计，才能避免许多二维设计后期才会发现的问题。因此，CCDI设计团队采用了基于BIM技术的Revit系列软件做支撑，以预先导入的三维外观造型作定位参考，在Revit中建立体育场内部建筑功能模型、结构网架模型、机电设备管线模型。

4. 专业纠错的变化

杭州奥体中心主体育场项目建立了BIM模型，由于其真实的三维特性，它的可视化纠错能力直观、实际，对设计师很有帮助，这使施工过程中可能发生的问题，提前到设计阶段来处理，减少了施工阶段的反复，不仅节约了成本，更节省了建设周期。

5. 模型后续利用的变化

体育场馆的设计对防火、疏散、声音、温度等要求较高，这些都有非常专业的分析模拟软件，而BIM模型的建立有助于相关的分析研究。

杭州奥体中心主体育场项目利用完整的BIM模型信息，对体育场模型进行了声环境模拟分析，通过模拟预测体育场内的声环境，证明体育场座席区域的声压级分布均匀，通过模拟体育场在83Hz、125Hz、250Hz各个频带观众座席区声压级差分布，证明项目的设计无声场缺陷。该项目对体育场的风环境也作了分析，对平台行人活动区进行分析，结果是无严重的空气旋涡和流动死角；对主体育场与网球场之间区域进行分析，结果是两个建筑之间没有形成隧道风。该项目还对体育场的温度环境作了分析，直接将BIM模型导入到IES软件，分析无孔隙结构与孔隙结构外壳两种方式的温度分布变化，以确定外壳是否开孔以及开孔率。

应用基于BIM技术的软件是有一定难度的，如何让设计师尽快用上BIM产品，CCDI人有自己的模式，他们收获的不只是BIM技术带来的快捷精准、信息积存，更收获了一支BIM团队，如今他们已经有很多成功的体育场馆工程项目是通过BIM完成的。

CCDI应用BIM技术，从草图到BIM模型，再到各专业分析，全过程设计以BIM模型为核心，实现了BIM模型信息在设计流程中的有效传递，使设计者的灵感在BIM技术的辅助下发挥得淋漓尽致，除了前面介绍的杭州奥体中心主体育场以外，CCDI还有很多这方面的成功案例。

【工作任务】

1. 理解案例中应用BIM技术为实际工程带来的变化。
2. 了解应用BIM技术遇到的困难。

【任务目标】

1. 掌握BIM技术在我国的发展现状。
2、掌握BIM技术在我国的影响力及发展趋势。

相关知识

9.2.1　BIM技术在我国的发展

当前，有关建筑设计信息化的各种概念及术语已日趋普及，同时各地不断涌现出一些造型独特的地标性建筑，这一切似乎预示着建筑设计行业即将迎来一场技术变革。建筑设计信息化的具体内容是什么？主流技术正朝着什么方向发展？新技术是否意味着更多的“奇形怪状”的建筑作品，国内设计院所应何去何从？要回答这一系列的问题，我们不妨先从协同设计及BIM技术两方面谈起。

9.2.1.1　协同设计与BIM技术的融合

目前我们所说的协同设计，很大程度上是指基于网络的一种设计沟通交流手段，以及设计流程的组织管理形式。包括：通过CAD文件之间的外部参照，使得工种之间的数据得到可视化共享；通过网络消息、视频会议等手段，使设计团队成员之间可以跨越部门、地域甚至国界进行成果交流、开展方案评审或讨论设计变更；通过建立网络资源库，使设计者能够获得统一的设计标准；通过网络管理软件的辅助，使项目组成员以特定角色登录，可以保证成果的实时性及唯一性，并实现正确的设计流程管理；针对设计行业的特殊性，甚至开发出了基于CAD平台的协同工作软件等。

而BIM(建筑信息化模型)的出现，则从另一角度带来了设计方法的革命，其变化主要体现在以下几个方面：从二维(以下简称“2D”)设计转向三维(以下简称“3D”)设计；从线条绘图转向构件布置；从单纯几何表现转向全信息模型集成；从各工种单独完成项目转向各工种协同完成项目；从离散的分步设计转向基于同一模型的全过程整体设计；从单一设计交付转向建设项目全生命周期支持。BIM带来的是激动人心的技术冲击，而更加值得注意的是，BIM技术与协同设计技术将成为互相依赖、密不可分的整体。协同是BIM的核心概念，同一构件元素，只须输入一次，各工种共享元素数据并于不同的专业角度操作该构件元素。从这个意义上说，协同已经不再是简单的文件参照。可以说BIM技术将为未来协同设计提供底层支撑，大幅提升协同设计的技术含量。BIM 带来的不仅是技术，也将是新的工作流及新的行业惯例。

因此，未来的协同设计，将不再是单纯意义上的设计交流、组织及管理手段，它将与 BIM 融合，成为设计手段本身的一部分。借助于 BIM 的技术优势，协同的范畴也将从单纯的设计阶段扩展到建筑全生命周期，需要设计、施工、运营、维护等各方的集体参与，因此具备了更广泛的意义，从而带来综合效率的大幅提升。

然而，普遍接受的 BIM 新理念并未普及到实践之中，从理念到实践还须经历一个漫长的过程，并且多种现象表明该过程在中国可能要更长一些。

9.2.1.2 从二维设计到三维 BIM 设计

当前，2D 图纸是我国建筑设计行业最终交付的设计成果，这是目前的行业惯例。因此，生产流程的组织与管理均围绕着 2D 图纸的形成来进行。客观地说，这是阻碍 BIM 技术广泛应用的一个重要原因。

2D 设计通过投影线条、制图规则及技术符号表达设计成果，图纸需要人工阅读方能解释其含义。2D CAD 平台起到的作用是代替手工绘图，即我们常说的“甩图板”。2D 设计的优势在于四个方面：一是对硬件要求低（2D 平台是早期计算机唯一能够支持的 CAD 平台）；二是易于培训，建筑师和工程师在学习了 2D 基本绘图命令后，就可以开始工作了；三是灵活，用户可以随心所欲地通过图形线条表达设计内容，只要该建筑用 2D 图形可以表达，就不存在绘制不出来的问题，应该说，大多数的情况下，2D 的表达是可以满足建筑设计要求的；四是基于 2D CAD 平台有着大量的第三方专业辅助软件，这些软件大幅提高了 2D 设计的绘图效率。

除了日益复杂的建筑功能要求之外，人类在建筑创作过程中，对于美感的追求实际上永远是第一位的。尽管最能激发想象力的复杂曲面被认为是一种“高技术”和“后现代”的设计手法，实际上甚至远在计算机没有出现，数学也很初级的古代，人类就开始了对于曲面美的探索，并用于一些著名建筑之中。因此，拥有了现代技术的设计师们，自然更加渴望驾驭复杂多变、更富美感的自由曲面。然而，令 2D 设计技术汗颜的是，它甚至连这类建筑最基本的几何形态也无法表达。在这种情况下，3D 设计应运而生了。

3D 设计能够精确表达建筑的几何特征，相对于 2D 绘图，3D 设计不存在几何表达障碍，对任何复杂的建筑造型均能准确表现。例如，首都机场 3 号航站楼、国家大剧院、国家游泳中心等的共同特点是无法完全由 2D 图形表达，这也预示着 3D 将成为高端设计领域的必由之路。

尽管 3D 是 BIM 设计的基础，但不是其全部。通过进一步将非几何信息集成到 3D 构件中，如材料特征、物理特征、力学参数、设计属性、价格参数、厂商信息等，使得建筑构件成为智能实体，3D 模型升级为 BIM 模型。BIM 模型可以通过图形运算并考虑专业出图规则自动获得 2D 图纸，并可以提取出其他的文档，如工程量统计表等，还可以将模型用于建筑能耗分析、日照分析、结构分析、照明分析、声学分析、客流物流分析等诸多方面。

纯粹的 3D 设计，其效率要比 2D 设计效率低得多。可喜的是，为提高设计效率，主流 BIM 设计软件如 Autodesk Revit 系列、Bentley Building 系列以及 Graphisoft 的 ArchiCAD 均取得了不俗的效果。这些基于 3D 技术的专业设计软件，用于普通设计的效率达到甚至超过了相同建筑的 2D 设计效率。

这些 BIM 设计软件的出现本是激动人心的事情，然而在经历了相当长的时期之后，在我国并没有真正普及。实际上，即使在其他国家，例如邻国日本，BIM 设计技术也尚未广泛推广。

9.2.1.3　影响 3D BIM 普及的主要因素

(1)机制不协调

BIM 应用不仅带来技术风险，还影响到设计工作流程。因此，设计师应用 BIM 软件不可避免地会在一段时间内影响到个人及部门利益，并且一般情况下设计师无法获得相关的利益补偿。因此，在没有切实的技术保障和配套管理机制的情况下，强制在单位或部门推广 BIM 是不太现实的。

另外，由于目前的设计成果仍是以 2D 图纸表达的，BIM 技术在 2D 图纸成图方面仍存在着一定程度的细节不到位，表达不规范的现象。因此，一方面应完善 BIM 软件的 2D 图档功能，另一方面国家相关部门也应该结合技术进步，适当改变传统的设计交付方式及制图规范，甚至能做到以 3D BIM 模型作为设计成果载体。

(2)任务风险

我国普遍存在着项目设计周期短、工期紧张的情况，BIM 软件在初期应用过程中，不可避免地会存在技术障碍，这有可能导致无法按期完成设计任务。

(3)使用要求高，培训难度大

尽管主流 BIM 软件一再强调其易学易用性，实际上相对 2D 设计而言，BIM 软件培训难度还是比较大的，对于一部分设计人员来说熟练掌握 BIM 技术有一定难度。另外，复杂模型的创建甚至要求建筑师具备良好的数学功底及一定的编程能力，或有相关 CAD 程序工程师的配合，这无形中也提高了应用难度。

(4)BIM 技术支持不到位

BIM 软件供应商不可能对客户提供长期而充分的技术支持。通常情况下，最有效的技术支持是在良好的成规模的应用环境中客户之间的相互学习，而环境的营造需要时间和努力。各设计单位首先应建立自己的 BIM 技术中心，以确保本单位获得有效的技术支持。这种情况在一些实力较强的设计院所应率先实现，这也是有实力的设计公司及事务所的通用作法。在愈来愈强调分工协作的今天，BIM 技术中心将成为必不可少的保障部门。

(5)软件体系不健全

现阶段 BIM 软件存在一些弱点：本地化不够彻底，工种配合不够完善，细节不到位，特别是缺乏本土第三方软件的支持。软件的本地化工作，除原开发厂商结合地域特点增加自身功能特色之外，本土第三方软件产品也会在实际应用中发挥重要作用。2D 设计方面，在我国建筑、结构、设备各专业实际上均在大量使用国内研发的基于 AutoCAD 平台的第三方工具软件，这些产品大幅提高了设计效率，推广 BIM 应借鉴这些宝贵经验。

9.2.2　BIM 软件在我国的状况

BIM 技术无疑已成为未来的发展趋势，在这种背景下，我国的 CAD 产业也面临着新一轮的挑战。以浩辰、中望、CAXA 等为代表的一批国产 CAD 软件已实现了 2D 绘图平台的功能(其中CAXA甚至在三维设计领域也已独树一帜),并整合了一批专业软件,形成了"CAD联盟""CAD联合体"等组织,为国内设计行业提供了实用解决方案。这些解决方案来源于国内的实践,很适合中国国情,已经取得了很好的实际效果。对于国产CAD来说,当务之急是做好应对BIM技术的准备,做出更具前瞻性的决策。

目前,在市场上具有一定影响的BIM相关软件见表9.1。

表9.1 主要BIM相关软件

序号	BIM软件类型	主要软件产品 (可以跟BIM核心建模软件联合工作)	国产软件情况
1	BIM核心建模软件	Revit Architecture/Structural/MEP, Bentley Architecture/Strucural/Mechanical, ArchiCAD, Digital Project	空白
2	BIM方案设计软件	Onuma, Affinlty	空白
3	与BIM接口的几何造型软件	Rhino, SketchUP, FormZ	空白
4	可持续分析软件	Ecotech, IES, Green Building Studio, PKPM	
5	机电分析软件	Trane Trace, Design Master, IES Virtual Environment, 博超,鸿业	
6	结构分析软件	ETABS, STAAD, Robot, PKPM	
7	可视化软件	3DS MAX, Lightscape, Accurender, Artlantis	空白
8	模型检查软件	Slolbri	空白
9	深化设计软件	Tekla Structure(Xsteel),探索者	
10	模型综合碰撞检查	Navisworks, Projectwise Navigator, Solibri	空白
11	造价管理软件	Innovaya, Solibri, 鲁班	
12	运营管理软件	Archibus, Navisworks	空白
13	发布和审核软件	PDF,3D PDF,Design Review	空白

BIM核心建模软件(BIM Authoring Software)是BIM赖以产生和发展的前提,其余软件通过和BIM核心软件在不同程度上的信息交换,为项目不同参与方利用BIM提高各自的工作质量和效率服务,同时为实现BIM对整个工程建设行业价值最大化作出贡献,国内目前在BIM核心建模软件这个领域基本处于空白状态。

除了BIM核心建模软件缺失以外,在表9.1中列出的13类BIM和BIM相关软件中,国内目前处于空白状态的软件总共有8类之多,需要重复说明的是,表中只列出了目前能够和BIM核心建模软件通过信息交换进行联合工作的软件,表中的内容随时可能会有变化,但整体格局在未来2～3年甚至更长时间内不会有大的不同。

9.2.3 BIM软件中国战略目标探讨

讨论BIM软件的中国战略目标可以从下面几个角度去进行:

(1)BIM软件为整个工程建设行业产生最大价值的角度

我国建筑业软件市场规模不足建筑业本身这个市场规模的千分之一，而欧美的经验普遍认为BIM应该能够为建筑业带来10%的成本节省，即使我们把整个建筑业软件市场都归入BIM软件，那么从前面两个数字去分析，也有超过100倍投资回报的潜力。退一步考虑，哪怕通过BIM只降低1%的成本，从行业角度计算其投资回报也在10倍以上。

因此，站在工程建设行业整个行业的立场上，我国的BIM软件战略就应该是如何以最快速度、最低成本让BIM软件实现最大行业价值，在保证目前质量、工期、安全水平的前提下降低建设成本1%、5%、10%甚至更多，从而把BIM软件完全考虑为实现这个目标的工具和成本中心。

(2)BIM软件本身的市场影响力和占有率的角度

什么样的BIM软件组合才能够最大限度服务于中国工程建设行业，以实现建设质量、工期、成本、安全的最优结果呢？如果站在BIM软件本身这个市场的立场上，就是要研究我国需要一些什么类型和功能的BIM软件，这些BIM软件如何得到，这些软件各自的市场规模、市场影响力和市场占有率如何，等等。

BIM软件使用者和BIM软件开发者如何在博弈中获得共赢和平衡，是中国BIM软件战略需要考虑的又一个重要问题，而在上述两者之间还需政府行业主管部门监督。

根据上述分析，提出如图9.1所示的我国BIM软件战略目标。

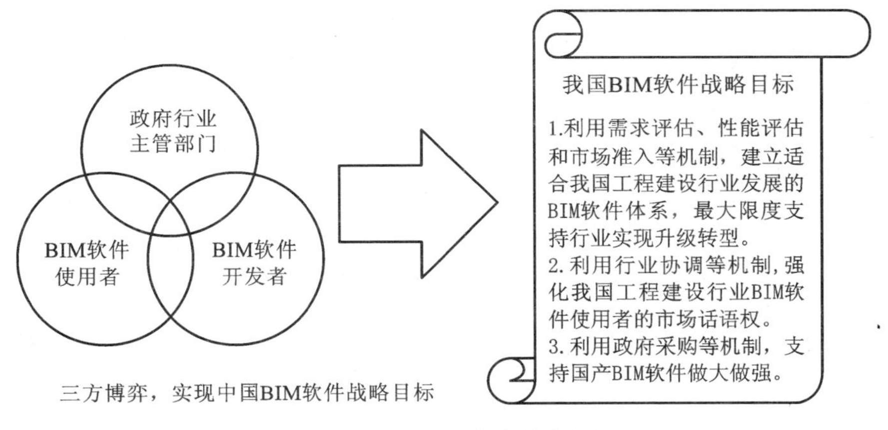

图9.1　我国BIM软件战略目标

9.2.4　BIM软件中国战略行动路线探讨

欧洲和美国的经验告诉我们，虽然BIM这个被行业广泛接受的专业名词的出现以及BIM在实际工程中的大量应用只有十余年的时间，但是欧美对这种技术的理论研究和小范围工程实践从20世纪70年代就开始了，而且一直没有中断过，佐治亚理工、斯坦福和宾夕法尼亚等大学在这方面做了大量的基础理论研究。如果从具有市场影响力的BIM核心建模软件来看，ArchiCAD是20世纪80年代的产品，Bentley Architecture(TriForma)、Revit和Digital Project则起始于20世纪90年代。

欧美形成了一个BIM软件研发和推广的良性产业链：大学和科研机构主导BIM基础理论研究，经费来源于政府支持和商业机构赞助，大型商业软件公司主导通用产品研发和销售，小型公司主导专用产品研发和销售，大型客户主导客户化定制开发。

我国的基本情况是：BIM基础理论研究基本处于空白，政府科研经费支持的大学和科研机构主要从事欧美BIM基础理论研究的本地化，以及在此基础上的通用产品雏形研发和小范围工程试验，研究成果大多停留在论文、非商品化软件、示范案例上，既缺乏机制形成商品化软件，其研究成果也无法为行业共享。另外，由于缺乏基础理论研究的支持和资金实力，国内大型商业软件公司只能从事专用软件开发，依靠中国市场和行业的独特性生存发展；至于小型商业公司就只好在客户化定制开发上寻找机会，而这种经营模式严重受制于平台软件的市场和技术策略，这使得小型商业公司的生存和发展变得极不稳定。

要从根本上改变我国在BIM软件领域的基本格局，需要软件参与方从图9.2的左图的现状转变到右图的良性状态上来。

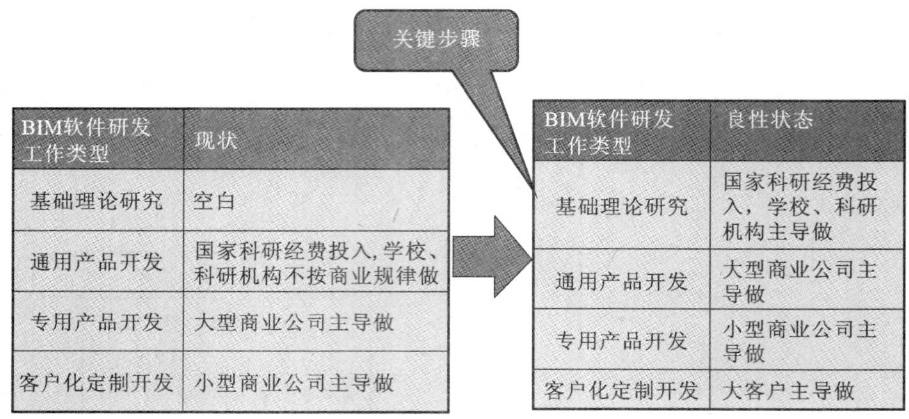

图9.2 BIM软件研发工作类型的转变

这种转变的关键步骤是要让国家科研经费支持的大学和科研机构回到基础理论研究上来，用这些研究成果吸引和支持大型商业公司投资研发通用软件产品，以此类推，从而形成良性互动和发展。

BIM是对工程项目信息的数字化表达，是数字技术在建筑业中的直接应用，它代表了信息技术在我国建筑业中应用的新方向。BIM涉及整个建筑工程全寿命周期各环节的完整实践过程，但它不局限于整个实践过程贯穿后才能实现其价值，而是可以由工程设计先行并实现阶段性的价值。基于此，我国建筑工程设计行业应努力克服非本土化的诸多应用障碍。随着我国建筑行业的快速发展、BIM技术不断完善以及业主对工程项目建设要求的日益提高，BIM必将得到更广泛的应用。

参 考 文 献

［1］ 曹吉鸣. 工程施工管理学. 北京：中国建筑工业出版社，2010.

［2］ 邓铁军. 工程项目管理(下). 武汉：武汉理工大学出版社，2008.

［3］ 丁士昭. 工程项目管理. 北京：中国建筑工业出版社，2006.

［4］ 成虎. 工程项目管理. 北京：中国建筑工业出版社，2001.

［5］ 任宏. 建筑工程管理概论. 武汉：武汉理工大学出版社，2008.

［6］ 李启明. 建筑工程合同管理. 北京：中国建筑工业出版社，2009.

［7］ 刘伊生. 工程项目进度计划与控制. 北京：中国建筑工业出版社，2008.

［8］ 何关培. BIM 总论. 北京：中国建筑工业出版社，2011.

［9］ 何清华. 项目管理. 上海：同济大学出版社，2011.

［10］ 曲昭嘉. 建筑工程施工项目管理手册. 北京：机械工业出版社，2005.

［11］ 中华人民共和国国家标准. 建设工程项目管理规范(GB/T 50326—2017). 北京：中国建筑工业出版社，2017.

［12］ 乐云. 建设工程项目管理. 北京：科学出版社，2013.

［13］ 全国一级建造师执业资格考试用书编委员. 建筑工程管理与实务. 北京：中国建筑工业出版社，2017.